普通高等教育新形态教材

KUAIJI XINXI YITIHUA JIAOCHENG
（YONGYOU ERP-U8V10.1 BAN）

会计信息一体化教程

（用友ERP-U8V10.1版）

王　琴　陈星宇　马　玲◎主　编
苏丽娟　缪　静　谢广霞　苑健斌◎副主编

清华大学出版社
北　京

内 容 简 介

本教材以实战为主导思想，以一个制造业企业的经济业务为原型，重点突出了手工账和信息化环境下企业财务及供应链业务的处理流程和处理方法。本书以模拟企业两个月的业务为主要素材进行编写，业务类型丰富且业务描述以原始单据形式呈现，对1月份的每一笔业务的处理都给出了较详细的处理流程和操作步骤，并配以相应的截图。

本教材共分为七章。第一章总体介绍了企业背景资料和期初数据；第二章到第四章介绍了手工账进行会计处理工作的整体流程；第五章到第七章介绍信息化环境下(用友 ERP—U8V10.1 版)进行建账和初始设置、日常业务及期末业务的处理。

本书可作为普通高等院校本科、高职院校会计以及相关专业的会计模拟实训及会计信息化课程教学或自学用书，也可供会计、财务人员实操培训使用。

本书封面贴有清华大学出版社防伪标签，无标签者不得销售。
版权所有，侵权必究。举报：010-62782989，beiqinquan@tup.tsinghua.edu.cn。

图书在版编目(CIP)数据

会计信息一体化教程：用友 ERP-U8V10.1 版/王琴，陈星宇，马玲主编. —北京：清华大学出版社，2021.8（2024.2重印）
普通高等教育新形态教材
ISBN 978-7-302-58734-7

Ⅰ.①会… Ⅱ.①王… ②陈… ③马… Ⅲ.①会计信息-财务管理系统-高等学校-教材 Ⅳ.①F232

中国版本图书馆 CIP 数据核字(2021)第 140413 号

责任编辑：刘志彬
封面设计：李伯骥
责任校对：宋玉莲
责任印制：刘海龙

出版发行：清华大学出版社
网　　址：https://www.tup.com.cn，https://www.wqxuetang.com
地　　址：北京清华大学学研大厦 A 座　　邮　编：100084
社 总 机：010-83470000　　邮　购：010-62786544
投稿与读者服务：010-62776969，c-service@tup.tsinghua.edu.cn
质量反馈：010-62772015，zhiliang@tup.tsinghua.edu.cn

印 装 者：天津安泰印刷有限公司
经　　销：全国新华书店
开　　本：185mm×260mm　　印　张：14.75　　字　数：338 千字
版　　次：2021 年 8 月第 1 版　　印　次：2024 年 2 月第 4 次印刷
定　　价：45.00 元

产品编号：093663-01

前　言

《会计信息一体化教程（用友 ERP—U8V10.1 版）》依循国家高等院校和高等职业教育"1＋X"复合型人才培养模式，构建了"业财一体化"综合实操框架。本教材以适应财务岗位信息化需求为目标，以提高学生的专业应用技能为主线，全面强化学生实操能力，培养掌握现代化管理手段的复合型、应用型、技能型人才。

本教材以现行《企业会计准则》、最新增值税税率及个人所得税税率政策为基础，以制造业企业的实际工作为实例，真实再现会计信息一体化的综合实操，具有很强的实用性。

本教材适用于应用型本科院校和高职院校财务会计专业的学生学习使用，亦可作为财务人员进行"业财一体化"实操培训教材或自学使用。

本教材具有以下特点。

（1）时效性强：根据新税制编写教材，有利于学生学以致用。

（2）实用性强：本书以城科童飞制造有限责任公司两个月的业务为主线编写，业务类型丰富且业务描述以原始单据形式呈现，能够更好地培养学生的财会操作能力。

（3）一体化思维：将手工账与信息化手段相结合，形成一体化思维，使用者可以系统了解、操作会计手工核算与信息化核算的完整流程。

（4）教学资源丰富：配图详尽，提供初始账套等丰富资料。

书中所提到的企业及其名称、业务数据和人名均为编写教材时虚构的模拟企业资料。

本教材由重庆大学城市科技学院教材编写组共同编写。编写过程中，得到了重庆大学城市科技学院教材编写委员会的悉心指导，也得到了新道科技股份有限公司、浙江衡信教育科技有限公司的大力支持。在此表示衷心的感谢。

由于编者的水平、经验有限，难免会存在不足，期待同人不吝指正。

编　者

目　录

第一章　企业相关基本信息及期初数据　1
第一节　工商及开户等相关基本信息　1
第二节　企业组织机构、岗位设置及人员分工　3
第三节　企业会计政策及内部会计制度　6
第四节　会计核算的流程　12
第五节　相关财务信息　13

第二章　期初建账　14
第一节　总分类账建账　14
第二节　明细分类账建账　15
第三节　日记账建账　18
第四节　建账实操资料　19

第三章　企业日常经济业务概述　22
第一节　原始凭证　22
第二节　记账凭证　27
第三节　登账　30
第四节　日常经济业务实操资料　37

第四章　期末会计事项处理概述　41
第一节　对账与结账　42
第二节　编制报表　43
第三节　装订　45

第五章　各模块系统初始设置　47
第一节　建立会计账套与人员操作权限分工　48
第二节　建立基础档案信息　61
第三节　财务系统基础设置　84

第四节　供应链子系统初始化设置…………………………………………117

第六章　日常经济业务处理实操　　128

第一节　实操模块介绍……………………………………………………128
第二节　日常经济业务处理实操演练……………………………………129

第七章　期末会计事项处理实操　　212

第一节　结账对账…………………………………………………………212
第二节　报表生成…………………………………………………………221
第三节　财务报表初步分析………………………………………………224

实训 & 附录　　228

课后练习……………………………………………………………………228
实训须知……………………………………………………………………228
附录…………………………………………………………………………228

第一章　企业相关基本信息及期初数据

职业能力目标

1. 了解企业的基本情况和生产工艺流程
2. 熟悉会计岗位与工作流程
3. 了解企业内部会计制度

工作任务

1. 了解企业基本情况
2. 熟悉会计岗位与工作流程
3. 了解企业内部会计制度

情境概述

2020年1月城科童飞制造有限责任公司购置用友U8V10.1财务软件用于财务处理,根据有关会计制度规定,要求手工账与信息化并行1个月。财务部主管会同用友软件工程师对企业现状进行调研,以便做好会计信息化初始设置工作。

情境分析

财务人员进行财务处理前必须了解企业具体情况,熟悉会计岗位设置和岗位职责,并正确执行企业内部会计制度。

任务分解

(1) 了解你所经营的企业
(2) 熟悉会计岗位与工作流程
(3) 设计企业内部会计制度

第一节　工商及开户等相关基本信息

书中所提到的企业及其名称、业务数据和人名等均为编写教材时虚构的模拟企业资料。

模拟企业基本信息

城科童飞制造有限责任公司(以下简称城科童飞),是专门从事婴幼儿童车生产及销售的制造业企业,主要产品为经济型童车。

企业基本信息如下:

企业注册登记日期:2015年1月4日

注册资金:15 000 000元

社会统一信用代码:1101088090186320018

企业法定代表人:赵成

企业注册地址:重庆市永川区光彩大道368号

邮政编码:102202

办公电话:023—6234—5678

公司生产组织与工艺流程:公司生产计划部下设一个生产计划办公室和两个生产车间,机加车间生产童车车架,组装车间生产童车。

企业的营业执照、开户许可证如图1-1、图1-2所示。

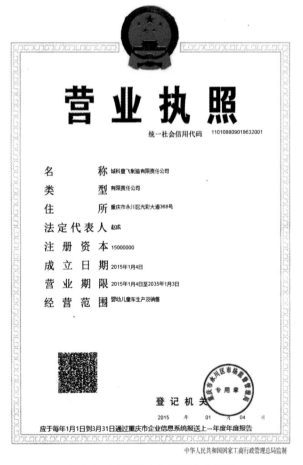

图1-1 城科童飞公司营业执照图

图 1-2 城科童飞公司开户许可证

第二节 企业组织机构、岗位设置及人员分工

一、企业组织机构

按照有限责任公司的规定,城科童飞公司的权力机构为股东会。公司设立董事会对股东会负责,董事长赵成为公司的法人代表,公司设总经理对董事会负责。该公司各部门组成如表 1-1 所示。

表 1-1 各部门组成

部门编号	部门名称		
1	企业管理部		
2	人力资源部		
3	财务部		
4	采购部		
5	仓储部		
6	市场营销部		
7	生产计划部	701	机加车间
		702	组装车间
		703	生产计划办公室

企业各部门的主要职责如下。

(1)企业管理部。在总经理的领导下,负责公司战略规划的制定和协助推行。负责督察督办公司各部门、车间分战略规划的制定和落实,检查战略规划的执行情况,并定时向总经理提交报告。负责公司年度综合性资料的汇总,负责公司年度、季度计划的编制。负责公司年度总结的撰写。负责公司制度建设和各项管理制度的制定、颁发与推行。负责公司各部门、各车间职能范围的制定；负责职务说明书与岗位职责的制定和修订。负责公司的标准化建设工作，负责管理标准的制定与推行。各部门、各车间的工艺标准，质量标准，设备运行、维护和检修标准等，由各主管部门制定，企管部审核，总经理批准后执行，企业管理部负责执行过程的督察考核。负责公司各项管理工作的督办督察工作等。

（2）人力资源部。负责企业行政管理、日常事务及人力资源管理工作。

（3）财务部。负责会计核算和会计监督工作。

（4）采购部。负责原材料采购。

（5）仓储部。负责材料库和成品库的管理工作。

（6）市场营销部。负责产品销售。

（7）生产计划部。主要包括机加车间、组装车间和生产计划办公室。生产计划办公室负责编写生产计划表并安排生产，机加车间主要负责经济型车架的生产，组装车间主要负责经济型童车的生产。

二、岗位设置及人员分工

该公司按照部门设置将其员工分为以下五类，如表1-2所示。

表1-2 人员类别

一级分类编码	二级分类编码	分类名称
101（正式工）	1011	企业管理人员
101（正式工）	1012	采购人员
101（正式工）	1013	销售人员
101（正式工）	1014	车间管理人员
101（正式工）	1015	生产人员

根据企业各部门的实际情况，设置相应岗位，全公司共设置58个岗位。企业岗位设置情况以及人员基本信息情况如表1-3所示：

表1-3 企业岗位设置及人员基本信息

人员编码	人员名称	雇用状态	所属部门	人员类别	性别	是否业务员	业务或费用部门
101	梁天	在职	企业管理部	企业管理人员	男	是	企业管理部
102	叶瑛	在职	企业管理部	企业管理人员	女	是	企业管理部
201	张万军	在职	人力资源部	企业管理人员	男	是	人力资源部
202	肖红	在职	人力资源部	企业管理人员	女	是	人力资源部
301	李斌	在职	采购部	采购人员	男	是	采购部
302	付海生	在职	采购部	采购人员	男	是	采购部
401	何明海	在职	仓储部	企业管理人员	男	是	仓储部

续表

人员编码	人员名称	雇用状态	所属部门	人员类别	性别	是否业务员	业务或费用部门
402	王宝珠	在职	仓储部	企业管理人员	女	是	仓储部
501	钱坤	在职	财务部	企业管理人员	男	是	财务部
502	刘自强	在职	财务部	企业管理人员	男	是	财务部
503	朱中华	在职	财务部	企业管理人员	男	是	财务部
504	赵丹	在职	财务部	企业管理人员	女	是	财务部
601	杨笑笑	在职	市场营销部	销售人员	女	是	市场营销部
602	马博	在职	市场营销部	销售人员	男	是	市场营销部
603	刘思羽	在职	市场营销部	销售人员	男	是	市场营销部
701	叶润中	在职	生产计划办公室	车间管理人员	男	是	生产计划办公室
702	周群	在职	生产计划办公室	车间管理人员	男	是	生产计划办公室
703	孙盛国	在职	生产计划办公室	车间管理人员	男	是	生产计划办公室
704	李良钊	在职	机加车间	生产人员	男	否	—
705	付玉芳	在职	机加车间	生产人员	女	否	—
706	张接义	在职	机加车间	生产人员	男	否	—
707	毕红	在职	机加车间	生产人员	女	否	—
708	吴淑敏	在职	机加车间	生产人员	男	否	—
709	毛龙生	在职	机加车间	生产人员	男	否	—
710	扈志明	在职	机加车间	生产人员	男	否	—
711	李龙吉	在职	机加车间	生产人员	男	否	—
712	吴官胜	在职	机加车间	生产人员	男	否	—
713	雷丹	在职	机加车间	生产人员	男	否	—
714	刘良生	在职	机加车间	生产人员	男	否	—
715	余俊美	在职	机加车间	生产人员	男	否	—
716	徐积福	在职	机加车间	生产人员	男	否	—
717	潘俊辉	在职	机加车间	生产人员	男	否	—
718	朱祥松	在职	机加车间	生产人员	男	否	—
719	刘文钦	在职	机加车间	生产人员	男	否	—
720	龚文辉	在职	机加车间	生产人员	男	否	—
721	王小强	在职	机加车间	生产人员	男	否	—
722	刘胜	在职	机加车间	生产人员	男	否	—
723	刘贞	在职	机加车间	生产人员	男	否	—

续表

人员编码	人员名称	雇用状态	所属部门	人员类别	性别	是否业务员	业务或费用部门
724	余永俊	在职	组装车间	生产人员	男	否	—
725	万能	在职	组装车间	生产人员	男	否	—
726	万俊俊	在职	组装车间	生产人员	男	否	—
727	张逸君	在职	组装车间	生产人员	男	否	—
728	言海根	在职	组装车间	生产人员	男	否	—
729	田勤	在职	组装车间	生产人员	男	否	—
730	肖鹏	在职	组装车间	生产人员	男	否	—
731	徐宏	在职	组装车间	生产人员	男	否	—
732	田军	在职	组装车间	生产人员	男	否	—
733	郑华珺	在职	组装车间	生产人员	男	否	—
734	洪梁	在职	组装车间	生产人员	男	否	—
735	冯奇	在职	组装车间	生产人员	男	否	—
736	黄聪	在职	组装车间	生产人员	男	否	—
737	薛萍	在职	组装车间	生产人员	男	否	—
738	张世平	在职	组装车间	生产人员	男	否	—
739	李小春	在职	组装车间	生产人员	男	否	—
740	蔡丽娟	在职	组装车间	生产人员	男	否	—
741	吴新祥	在职	组装车间	生产人员	男	否	—
742	胡首科	在职	组装车间	生产人员	男	否	—
743	邹建榕	在职	组装车间	生产人员	男	否	—

第三节 企业会计政策及内部会计制度

一、企业会计政策

(一)会计政策与人员设置

为加强企业财务管理，规范企业财务行为，提高会计核算水平，根据《中华人民共和国会计法》《企业会计准则》和其他法律、法规的有关规定，结合公司内部管理需要，制定如下制度：

(1)公司根据会计业务的需要设立财务部，并聘请专职的会计人员，财务部负责人由总经理任命，负责管理公司财务部日常工作；

(2)财务部根据会计业务的需要设置财务经理、会计、出纳工作岗位；

(3) 财务人员因工作调动或者离职，必须在办理完交接手续后方可调动或离职。

该公司财务部岗位设置情况如表1-4所示。

表1-4 财务岗位表

序 号	名 字	岗 位	岗位职责
1	钱坤	财务经理	①负责财务部组织管理工作；②协助企业管理部组织初始建账工作、定义转账凭证、修改报表格式和分工；③组织编制会计报表；④原始凭证、记账凭证和会计报表的审核；⑤财务分析工作；⑥会计档案管理。
2	刘自强	成本会计	主要负责线下成本核算
3	朱中华	财务会计	①会计核算岗位中的会计确认和计量工作；②根据信息会计各子系统的权限进行会计处理并及时输入记账凭证等会计数据。③会计核算岗位中各种账簿的登记工作；④编制会计报表；⑤对打印输出的账簿、报表进行确认审核
4	赵丹	出纳	①出纳岗位工作；②编制各种税收申报表和社会保险申报表；③企业申报税款、税款交纳、发票的领购和使用等工作。

(二) 内部控制

(1) 公司实行银行票据与银行预留印鉴分管制度。

(2) 非出纳人员不能办理现金、银行收付款业务。

(3) 库存现金和有价证券每月抽查盘点一次，由财务经理执行。

(4) 公司出纳不得兼管稽核、档案保管、收入、费用、资产类、负债类账目的登记工作。

(三) 会计核算和会计监督

(1) 本公司会计年度自公历1月1日起至12月31日止。

(2) 本公司采用权责发生制进行账务处理。

(3) 本公司会计核算以人民币为记账本位币。

(4) 本公司根据《企业会计准则》要求设置一级会计科目，在不影响对外报送报表和会计核算的前提下，根据实际情况自行设置和使用二、三、四级会计科目。

(5) 本公司会计核算以实际发生的经济业务为依据进行会计处理，会计指标口径一致，相互可比，会计处理方法前后一致。

(6) 财务部办理会计业务时必须按照《企业会计准则》的规定对原始凭证进行审核，对不真实、不合法的原始凭证不予接受；对记载不准确、不完整的原始凭证予以退回，并要求按照《企业会计准则》的规定更正、补充。

(7) 本公司记账凭证采用通用记账凭证。记账凭证要有制单人、审核人、记账人。

(8) 会计凭证打印后应装订成册，妥善保管。公司原始凭证不得外借，其他单位如特殊原因需借用原始凭证时，经公司负责人批准后方才可以借阅或复制。各种重要的经济合同、收据、涉外文件等应单独保管。

(9) 公司应委托会计师事务所对年度会计报表进行审计,并积极配合其工作,禁止授意或要求注册会计师出具不当或虚假的审计报告。

二、内部会计制度

(一) 货币资金管理制度

▶ 1. 库存现金管理

(1) 公司财务部库存现金控制在核定限额5万元以内,不得超限额存放现金。

(2) 严格执行现金盘点制度,做到日清月结,保证现金的安全。现金遇有长短款应及时查明原因,报告单位领导,并追究相关人员的责任。

(3) 不准白条抵库。

(4) 不准私自挪用、占用和借用公司现金。

(5) 到银行提取或送存现金(金额达3万元以上)的时候,需由两名人员同时前往。

(6) 出纳要妥善保管保险箱内存放的现金和有价证券,私人财物不得存放于保险箱。

(7) 出纳必须随时接受单位领导的检查、监督。出纳必须严格遵守、执行上述各条规定。

▶ 2. 银行存款管理

(1) 必须遵照中国人民银行的规定,办理银行基本账户和一般账户的开户和公司各种银行结算业务。结算方式采用现金结算、转账支票和电汇三种方式。原则上,日常经济活动,低于2 000元的可以使用现金,超过2 000元的一般使用转账支票结算(差旅费或支付给个人业务的除外),转账支票用于同一票据交换区内的结算,异地付款一般采用电汇方式。

(2) 必须认真贯彻执行《中华人民共和国票据法》《支付结算办法》等相关的结算管理制度。

(3) 公司应按每个银行开户账号建立一本银行存款日记账,出纳应及时将公司银行存款日记账与银行对账单逐笔进行核对。会计于次月初编制银行存款余额调节表。

(4) 空白银行支票与预留印鉴必须实行分管。由出纳登记支票使用情况,逐笔记录签发支票的用途、使用单位、金额、支票号码等。

(5) 企业使用的支票必须到银行购买,任何企业和个人不得自制支票。

(6) 从银行取得的支票,发生的费用计入财务费用中。

(7) 企业制定完善的票据使用登记制度,记入支票登记簿,以备检查。

(二) 费用审批制度

费用报销与员工借款严格执行公司审批制度,具体审批制度如下:

(1) 因公出差或经总经理批准借支公款,应在回单位后7天内结清,不得拖欠;

(2) 金额在1 000元以下(含1 000元),由主管部门经理签字之后交给财务经理复核、审批;金额在1 000元以上,由主管部门经理审核签字之后交给财务经理复核再由总经理审批;

（3）借款人必须按规定填写"借款单"，注明借款事由、借款金额，出纳应对借款事项专门设置台账进行跟踪管理；

（4）手续完整、填写无误的，出纳凭审批后的单据付款；

（5）正常的办公费用开支，必须有正式发票且印章齐全，有经手人、部门负责人签名；

（6）报销单填写必须完整，原始单据必须真实、合法，签章必须符合以上相关规定，出纳才给予报销。

（三）核算管理制度

▶ 1. 往来债权核算

（1）应收账款的管理：企业为加强对应收账款的管理，在总分类账的基础上，按客户的名称设置明细分类账，详细、序时地记载与各客户的往来情况，同时定期与客户进行核对。

制造业采用备抵法核算坏账损失。坏账准备每年按照年末应收账款账户余额的3‰提取。对于已经确认为坏账损失的应收账款，并不表明公司放弃收款的权利。如果未来某一时期收回已作坏账的应收账款，应该及时恢复债权，并按照正常收回欠款进行会计核算。

（2）借款的管理：公司各部门形成的出差借款、采购借款、各部门备用金，应于业务发生后及时归还销账。对于未归还的个人借款，财务部要及时核对，年末仍未还款的个人借款应统一替换新的借款单。

▶ 2. 存货核算

（1）会计设立库存商品数量金额明细账，记录库存商品的收发情况，并结出其结存数量。

（2）购入库存商品时，按买价加运输费、运输途中的合理损耗、入库前的挑选整理费用和按规定应计入成本的税金以及其他费用，作为实际成本。

（3）由于原材料价格稳定，库存商品的发出按全月一次加权平均法，一律以出库单的形式出库，在出库单上一般须注明产品名称、数量、领用部门等。

（4）每月月末及年终需对库存商品进行盘点，务必做到账、表、物三者相符。在盘点中发现的盘盈、盘亏、损毁、变质等情况，应及时查明原因。若因管理不善或无法查明原因造成的盘盈、盘亏，经相关领导审批后，计入当期损益。

▶ 3. 税费核算

（1）应交税费核算。该公司按照税法等规定计算应缴纳的各种税费，包括增值税、所得税、城市维护建设税、教育费附加、地方教育费附加、印花税，以及公司代扣代缴的个人所得税等。公司按应缴纳的税费进行明细核算，应交增值税明细账，根据规定设置"进项税额"等专栏进行明细核算。

增值税：销售货物和购进货物增值税率均为13%；运输服务增值税率均为9%；现代服务6%；基础电信服务9%；增值电信服务6%；金融服务6%。

企业所得税：按利润总额的25%缴纳；

个人所得税：个税免征额 5 000 元(工资薪金所得适用)，按照七级累进税率进行缴纳，个人所得税由企业代扣代缴，个人不自行缴纳个人所得税，七级累计税率如表 1-5 所示：

表 1-5　个人所得税税率

起征点	全年应纳税所得额	税率(%)	速算扣除数(元)
5 000 元	不超过 36 000 元的	3	0
	超过 36 000 元至 144 000 元	10	2 520
	超过 144 000 元至 300 000 元	20	16 920
	超过 300 000 元至 420 000 元	25	31 920
	超过 420 000 元至 660 000 元	30	52 920
	超过 660 000 元至 960 000 元	35	85 920
	超过 960 000 元	45	181920

城市维护建设税：增值税税额的 7%；

教育费附加：增值税税额的 3%。

印花税：每年年底计提并交纳。

(2) 企业为一般纳税人开具增值税专用发票。

(3) 取得的增值税专用发票，增值税进项税额需要进行申报、抵扣联认证、缴纳；购销双方的结算必须以增值税发票为依据，不取得发票的不能进行结算。

(4) 税务局有定期的发票使用情况检查，税务局有权对发票使用不合法的企业进行行政罚款。

(5) 该企业为增值税一般纳税人。应交增值税分别按"进项税额""销项税额""转出未交增值税"等设置明细科目。月份终了，企业计算当月应交未交增值税，借记"应交税费——应交增值税(转出未交增值税)"科目，贷记"应交税费——未交增值税"科目。次月申报缴纳上月应交的增值税时，借记"应交税费——未交增值税"科目，贷记"银行存款"等科目。

▶ 4. 固定资产核算

(1) 固定资产取得方式及折旧。固定资产均通过购买的方式取得。固定资产购买当月不计提折旧，从次月开始计提折旧，出售当期须计提折旧，下月不提折旧。固定资产折旧按照直线法计提。

(2) 固定资产的管理由财务部和企业管理部共同负责，财务部设立固定资产明细账，企业管理部建立固定资产卡片，定期对账。

(3) 每年年终，由财务部牵头，组织使用部门对固定资产进行盘点，编制盘点表。

▶ 5. 往来债务核算

(1) 应付账款是指公司因购买存货而发生的负债，按照实际发生额入账，并按债权人设置明细账核算增减情况。"应付职工薪酬"用以核算根据有关规定应付给职工的各种薪酬，按工资、员工福利、社保费、住房公积金等进行明细核算。月末将本月工资进行分配，分别计入相关成本费用账户。

（2）往来债务的管理。

公司各部门因采购或接受劳务形成的应付账款，应及时进行账务处理，登记相应的账簿，定期与供应商对账，保证双方账账相符。

▶ 6．成本费用核算

（1）成本费用的归集。

生产计划部与生产成本相关。其中，机加车间主要生产经济型车架，组装车间主要生产经济型童车，生产计划办公室主要对两大生产车间进行管理。机加车间发生的直接材料费用计入"生产成本——经济型车架——直接材料"，直接人工费用计入"生产成本——经济型车架——直接人工"，固定资产折旧、水电费、办公费等其他费用计入"生产成本——经济型车架——制造费用"；组装车间发生的直接材料费用计入"生产成本——经济型童车——直接材料"，直接人工费用计入"生产成本——经济型童车——直接人工"，固定资产折旧、水电费、办公费等其他费用计入"生产成本——经济型童车——制造费用"；生产计划办公室发生的各项费用均计入"制造费用"。

（2）成本费用的分配。

1）成本核算规则。

产品成本包括直接材料、直接人工和制造费用。

完工产品和在产品之间费用的分配方法：在产品所耗原材料计算法。

月末在产品只计算其所耗用的原材料费用，不计算制造费用和人工费用。即产品的加工费用全部由完工产品成本负担。

生产计划部产生的制造费用按经济型车架和经济型童车的完工数量进行分配，计入"生产成本——经济型车架——制造费用"和"生产成本——经济型童车——制造费用"。

2）成本归集规则。

直接材料成本归集按照材料出库单的发出数量乘以全月一次加权平均单价得到。

人工成本为当月计算的生产车间生产工人工资、单位应交五险一金、福利等。

3）半成品核算规则。

经济型车架为自制半成品，车架成本核算的范围为车架原材料、生产车架发生的人工费，以及分摊的相关生产制造费用。

4）产品之间费用分配。

经济型童车为产成品，童车成本核算的范围为童车生产领用的原材料、经济型车架的生产成本、发生的人工费，以及分摊的相关生产制造费用。

▶ 7．所有者权益核算

（1）实收资本核算投资者投入的资本。

（2）本年利润核算公司当期实现的净利润（或发生的净亏损）。年度终了，应将本年收入和支出相抵后结出的本年实现的净利润，转入"利润分配"科目。

公司实现当期利润，应当按照法定程序进行利润分配。根据公司章程规定，按照当期净利润的 10%提取法定公积金，根据董事会决议，自行提取任意公积金。

（3）利润分配核算公司利润的分配（或亏损的弥补）和历年分配（或弥补）后的余额。公司在"利润分配"科目下设置"未分配利润"明细科目。

▶ 8. 损益核算

（1）主营业务收入核算销售商品、提供劳务等主营业务的收入。公司在商品已经发出、劳务已经提供，在同时收讫价款或取得价款权利的凭证时，确认收入的实现并开具发票结算。

（2）主营业务成本核算在当月公司确认销售商品、提供劳务等主营业务收入的月末进行，采取全月一次加权平均法结转已销产品成本。

（3）税金及附加核算企业经营主要业务应负担的城市维护建设税、教育费附加等。

（4）销售费用核算公司销售商品过程中发生的各项费用，按运输费、折旧费、工资社保费、住房公积金、差旅费、广告费等进行明细核算。

（5）管理费用核算公司为组织和管理企业生产经营所发生的各项费用。按差旅费、办公费、租金、折旧费、工资、社保费、住房公积金、福利费、业务招待费、水电费、保险费、通信费等进行明细核算。

（6）财务费用核算公司为筹集生产经营所需资金而发生的费用，按利息支出、利息收入、手续费等项目设置明细账，进行明细核算。

（7）营业外收入和营业外支出核算与公司生产经营活动无直接关系的各种收入和支出。

（8）所得税费用核算公司根据所得税准则确认的应从当期利润总额中扣除的所得税费用，需要在利润表中反映。

（9）以前年度损益调整核算公司本年度发生的调整以前年度损益的事项。

（四）财务报告

公司财务报告分为月报、季报、半年报、年报，在内容上包括资产负债表、利润表、现金流量表。

（五）核算的其他规定

会计数据计算过程中，要求精确到小数位后 2 位（成本费用分配率除外）如果存在尾差，按业务需要进行调整。

第四节　会计核算的流程

一、会计工作组织形式

城科童飞公司的会计工作组织形式采用财务部集中核算形式。记账方法采用借贷记账法，账务处理采用科目汇总表核算程序，每旬编制科目汇总表并登记总账，明细账根据记账凭证逐笔登记。

公司采用通用记账凭证，会计凭证按月连续编号。

公司开设总分类账、明细账及日记账。总账和日记账均采用三栏式账簿，明细账根据要求分别选用数量金额式、多栏式和三栏式。

公司按规定编制资产负债表、利润表、现金流量表和所有者权益变动表。

二、账务处理流程

会计人员在了解企业相关信息及期初数据后，就可以根据经济业务进行账务处理。如图 1-3 所示，具体账务处理流程为：审核原始凭证或汇总原始凭证；填制相应的记账凭证；审核记账凭证；根据审核后的记账凭证填写明细账和登记 T 形账；根据 T 形账编制科目汇总表；根据科目汇总表登记总分类账；编制相关的会计报表。

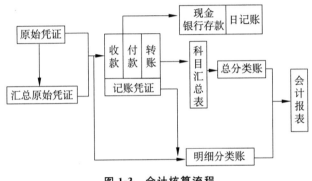

图 1-3 会计核算流程

第五节 相关财务信息

企业的存货档案与期初数据、供应商基本信息、客户基本信息、固定资产期初余额、会计科目与期初数据参见附录 A"企业基本财务信息"（扫描二维码）。

第二章　期初建账

职业能力目标

1. 掌握建立账簿体系的原理、规范和基本技能
2. 掌握登记账簿期初余额的基本知识和操作技能

实操任务

1. 填写账簿启用及交接表
2. 建立总分类账、明细分类账、日记账等，填写期初余额。根据本章第四节"建账实操资料"，新建总分类账、明细分类账、库存现金和银行存款日记账，并登记各账户期初余额。

第一节　总分类账建账

一、填写账簿启用及交接表

操作说明如下：

（1）"主办会计"和"记账"处填写公司会计的名字，盖章略；

（2）"负责人"处填写公司财务经理的名字，盖章略；

（3）右上角处的公司盖章略。

账簿启用及交接表填写示范如图 2-1 所示。

二、总账账页填写

按照会计科目及期初余额表（表 2-2）的一级科目设置总分类账账页，每张账页（两面）设置一个总分类账科目，并按会计科目及期初余额表（表 2-2）顺序依次填写，按表中的期初余额设置总分类账的期初余额。总分类账账页填写范例如图 2-2 所示。

特别说明：为养成良好的工作习惯，若资产类、负债类科目期初无余额，建议学员在登记账簿的年初余额时，也要在余额栏"元、角、分"位置登记"0"；损益类科目年初无余额，建账时可不填写年初数。

账簿启用表

机构名称	城科童飞制造有限责任公司			印鉴	
账簿名称	总账		（第1册）	（财务专用章）	
账簿编号	001				
账簿页数	本账簿共计100 页	本账簿页数 钱坤 检点人签章			
启用日期	公元 年 月 日				

经管人员	负责人		主办会计		复核		记账	
	姓名	盖章	姓名	盖章	姓名	盖章	姓名	盖章
	赵飞		钱坤		钱坤		朱中华	

接收记录	经管人员		接管				交出			
	职别	姓名	年	月	日	盖章	年	月	日	盖章

备注	

图 2-1 账簿启用及交接表填写示范

总分类账
GENERAL LENDGER

第 1 页
会计科目及编号 库存现金1001
ACCOUNT NO

2020年		凭证字号	摘要	借方 亿千百十万千百十元角分	贷额 亿千百十万千百十元角分	方向	余额 亿千百十万千百十元角分	√
月	日							
1	1		期初余额			借	3 0 0 0 0 0	

图 2-2 总分类账账页填写示范

第二节 明细分类账建账

  明细分类账也称明细账。在实务工作中，明细分类账是活页式，一般到年底时统一装订成册。学生在操作过程中可利用夹子先固定，账目完成后利用针线装订成册。

  该企业设置以下三类明细账，每种明细账的具体建账操作如下。

一、数量金额式明细账

  (1) 填写账簿启用及交接表。账簿名称为"数量金额式明细账"。

  (2) 按会计科目及期初余额表(表2-2)中各库存商品明细科目设置账页，每张账页(两面)设置一个明细科目。

(3) 按会计科目及期初余额表(表 2-2)中各库存商品明细科目的期初数设置数量金额式明细账的期初数量、单价与金额。若期初无余额,为养成良好的工作习惯,建议学员在登记账簿的年初余额时,余额栏"元、角、分"位置登记"0"。填写范例如图 2-3 所示。

数量金额明细账

SUBSIDIARY LENDGER OF INVENTORG

第 4 页

编码 B0003　产地 重庆　单位 个　规格 HJM500　品名 原材料－毛毯

2020年		凭证字号	摘要	收入			发出			结存			√
月	日			数量	单价	金额(千百十万千百十元角分)	数量	单价	金额(千百十万千百十元角分)	数量	单价	金额(千百十万千百十元角分)	
1	1		期初余额							5400	80.18	4 3 2 9 7 2 0 0	

图 2-3 数量金额式明细账账页填写示范

二、多栏式明细账

该企业设置 2 本多栏式明细账,分别核算期间费用和应交税费——应交增值税的明细账。

(一)期间费用

期间费用明细账用于核算管理费用、销售费用和财务费用的明细发生情况。其启用步骤如下。

(1) 填写账簿启用及交接表。账簿名称填写"多栏式明细账"。

(2) 填写账页信息。

1) 填写账户名称及科目信息。首页不填写(多栏式明细账账簿由打开后同一界面的两页账页组成),在第二页填写对应账户名称"管理费用"以及科目明细;隔 2 张账页填写对应账户名称"销售费用"以及科目明细;再隔 2 张账页填写对应账户名称"财务费用"以及科目明细。

特别说明:实务中,多栏式明细账一般为活页式,可根据需要随意添加账页(图 2-4)。本实操中,将期间费用都设置为 2 张账页,备以填制 2020 年 2 月的业务。

2) 填写专栏信息。在有设置账户名称的账页里的专栏里填写对应费用的明细科目;期间费用的明细科目请根据会计科目及期初余额表(表 2-2)设置,若专栏上有"( )方项目"均填写"(借)方项目"。

(3) 填写登账年份。由于费用类科目无余额,因此无须设置期初余额。

(二)应交税费——应交增值税

应交增值税明细账主要用于核算"应交税费——应交增值税"科目下的所有明细发生情况。其启用步骤如下。

(1) 填写账簿启用及交接表。账簿名称填写"应交税费——应交增值税明细账"。

(2) 填写账户名称及专栏信息。应交税费——应交增值税明细账账簿由打开后同一界

多栏式明细分类账
MULTI COLUMN LEDGER

第 1 页

科目编号 A/C NO: 6601　　明细科目 SUBLED A/D: 无　　总账科目 GENLED A/C: 销售费用

2020年		凭证字号	摘要	合计									借方发生额																√
													广告费								折旧费									
月	日			千	百	十	万	千	百	十	元	角	分	千	百	十	万	千	百	十	元	角	分	千	百	十	万	千	百	十	元	角	分	

图 2-4　多栏式明细账账页

面的 2 页账页组成，首页不需要填写。

（3）填写期初余额。按会计科目及期初余额表（表 2-2）的期初余额设置各明细账的期初余额。应交税费——应交增值税明细账账页填写示范，如图 2-5 所示。

应交税金（增值税）明细分类账
TAX PAYABLE (ADDED-VALUE TAX) SUBSIDIARY LEDGER

第 1 页

2020年		凭证字号	摘要	借方				贷方				方向	余额	√
月	日			合计	进项税额	已交税金	转出未交增值税	合计	销项税额	出口退税	进项税额转出			
1	1		期初余额									贷	204,413.79	

图 2-5　应交税费——应交增值税明细账账页填写示范

三、三栏式明细账

其启用步骤如下。

（1）填写账簿启用及交接表。账簿名称填写"三栏式明细账"。

（2）按会计科目及期初余额表中的各个明细科目设置账页，每张账页设置一个明细科目。如应收账款明细账，其一级科目为应收账款，二级科目为华晨商贸有限公司。

（3）按照会计科目及期初余额表各明细科目的期初数设置明细账的期初余额。三栏式明细账账页填写示范如图 2-6 所示。

特别说明：为养成良好的工作习惯，若资产类、负债类科目期初无余额，建议学员在登记账簿的年初余额时，余额栏"元、角、分"的位置登记"0"。损益类科目年初无余额，建账时不需填写年初数。

明细分类账
SUBSIDIARY LENDGER

2020年		凭证字号	摘要	借方 亿千百十万千百十元角分	贷方 亿千百十万千百十元角分	方向	余额 亿千百十万千百十元角分	√
月	日							
1	1		期初余额			贷	1 3 8 0 0 0 0	

图 2-6 三栏式明细账账页填写示范

由于三栏式明细账户较多，为方便查找，请在设置完账户后，准备一套标签纸并揭下来，对折贴在账页边缘，露出标签纸，并在标签上填写账户名称。每个账户只需贴一张，例如"应收账款"所有明细账的账页，只需在第一张账页上贴标签纸。

第三节 日记账建账

通常情况下，日记账由出纳人员进行登记。日记账的建账步骤如下：

（1）填写账簿启用及交接表，名称填写"库存现金日记账"或"银行存款日记账"；

（2）按会计科目及期初余额表的库存现金科目期初余额设置库存现金日记账；

（3）按会计科目及期初余额表的银行存款期初余额设置银行存款日记账，填写示范如图 2-7、图 2-8 所示。

库存现金日记账 第 1 页
CASH JOURNAL

2020年		凭证字号	摘要	对应科目	借方 亿千百十万千百十元角分	贷方 亿千百十万千百十元角分	余额 亿千百十万千百十元角分	√
月	日							
1	1		期初余额				3 0 0 0 0 0	

图 2-7 库存现金日记账账页填写示范

银行存款日记账

DEPOSIT JOURNAL

第 1 页

开户银行　中国工商银行
账　　号　0974155222608

2020年		凭证字号	摘要	对应科目	借方 亿千百十万千百十元角分	贷方 亿千百十万千百十元角分	余额 亿千百十万千百十元角分	√
月	日							
1	1		期初余额				9 9 5 0 0 0 0 0	

图 2-8　银行存款日记账账页填写示范

第四节　建账实操资料

一、实操要求

请根据该企业的会计科目及期初余额表上的会计科目信息、期初数据信息和账簿类型信息，进行 2020 年期初的建账工作，包括填写账簿启用表及交接表和登记期初数。

二、实操资料

▶ 1. 基础信息

企业基础信息如表 2-1 所示。

表 2-1　基础信息

公司名称	城科童飞有限责任公司
账簿启用日期	2020 年 1 月 1 日
账簿编码	总分类账 001 库存现金日记账 002 银行存款日记账 003 数量金额式明细账 004 多栏式明细账 005 应交增值税明细账 006 三栏式明细账 007 印花税票在"手工全盘账单据簿"（以下简称"单据簿"）

▶ 2. 会计科目与期初数据

2020 年会计科目与期初数据如表 2-2 所示。

表 2-2 2020 年会计科目及期初余额表

科目编码	科目名称	期初借	期初贷	账簿	明细账使用账簿
1001	库存现金	20 000.00		三栏式总分类账（总账）	日记账
1002	银行存款	10 000 000.00		三栏式总分类账（总账）	
100201	工行存款	10 000 000.00			日记账
1403	原材料	3 415 824.00		三栏式总分类账（总账）	
140301	钢管	1 136 160.00			数量金额式明细账
140302	坐垫	432 972.00			数量金额式明细账
140303	车轮	580 824.00			数量金额式明细账
140304	车篷	779 004.00			数量金额式明细账
140305	经济型童车包装套件	486 864.00			数量金额式明细账
1405	库存商品	4 086 828.00		三栏式总分类账（总账）	
140501	经济型童车	4 086 828.00			数量金额式明细账
1409	自制半成品	1 869 696.00		三栏式总分类账（总账）	
140901	经济型童车车架	1 869 696.00			数量金额式明细账
1601	固定资产	27 328 800.00		三栏式总分类账（总账）	三栏式总分类账（明细账）
1602	累计折旧		1 824 000.00	三栏式总分类账（总账）	
2201	应付账款		58 079.30		三栏式总分类账（明细账）
220201	应付账款——完美物业		58 079.30		三栏式总分类账（明细账）
2211	应付职工薪酬		377 275.50	三栏式总分类账（总账）	
221101	工资		265 500.00		三栏式总分类账（明细账）
221103	社会保险费		85 225.50		三栏式总分类账（明细账）

续表

科目余额表					账 簿	明细账使用账簿
科目编码	科目名称	期初				
		借	贷			
221104	住房公积金		26 550.00			三栏式总分类账（明细账）
2221	应交税费		204 413.79		三栏式总分类账（总账）	
222101	应交增值税		0.00			多栏式明细账
22210101	进项税额	385 241.38				
22210102	销项税额		589 655.17			
22210106	转出未交税金	204 413.79				
222104	未交增值税		204 413.79			三栏式总分类账（明细账）
4001	实收资本		35 000 000.00		三栏式总分类账（总账）	
4101	盈余公积		338 608.01		三栏式总分类账（总账）	
4104	利润分配		8 918 771.40		三栏式总分类账（总账）	
410406	未分配利润		8 918 771.40			三栏式总分类账（明细账）
合计		46 721 148.00	46 721 148.00			

三、填制要求

建账时请用黑色签字笔填写。如出现错误，请在错误处用红色签字笔画斜线，并在其正上方用黑色签字笔重新填写正确信息并签章。

第三章　企业日常经济业务概述

职业能力目标

1. 掌握日常经济业务记账凭证的填制和审核
2. 掌握明细账和总账账簿的登记方法

实操任务

根据本章第四节"日常经济业务实操资料"完成以下任务：
1. 审核原始凭证，填制各项经济业务的记账凭证
2. 将每笔业务相关的原始凭证裁剪下来，按规范进行整理、审核并粘贴，将同一笔业务的原始凭证及记账凭证用回形针整理在一起，再按凭证号的先后顺序将凭证排序
3. 审核记账凭证
4. 登记明细账、日记账
5. 编制科目汇总表、试算平衡表
6. 登记总分类账

第一节　原始凭证

一、原始凭证填制的基本原则

原始凭证是编制记账凭证的依据，是会计核算最基础的资料。为了保证原始凭证能够真实、正确、完整、及时地反映经济业务，确保会计核算资料的质量，填制原始凭证必须遵循以下原则。

▶ 1. 记录真实

单位必须实事求是地填写经济业务，原始凭证填制的日期、业务内容、数量、金额等必须与实际情况完全符合，以确保凭证内容真实可靠。

▶ 2. 内容完整

（1）年、月、日要按照填制原始凭证的实际日期填写；

（2）名称要齐全，不能简化；

(3) 品名或用途要填写明确，不能含糊不清；

(4) 有关人员的签章必须齐全。

3. 手续完备

自制的原始凭证，应有经办人员和经办单位负责人的签名或盖章；从外单位取得的原始凭证，除某些特殊的外来原始凭证如火车票、汽车票外，必须盖有填制单位的公章或财务专用章，没有公章或财务专用章的原始凭证应视为无效凭证，不能作为编制记账凭证的依据；从个人处取得的原始凭证，必须有填制人员的签名或签章。购买实物的原始凭证，必须有验收证明；支付款项的原始凭证，必须有收款单位和收款人的收款证明，付款人不能自己证明自己已付出款项；出纳人员在办理收款或付款业务后，应在凭证中加盖"收讫"或"付讫"的戳记，以避免重复。

4. 书写清楚、规范

原始凭证上的文字和数字都需认真填好，字迹清楚，易于辨认，不得使用未经国务院公布的简化汉字。

凡是填有大写金额和小写金额的原始凭证，大写金额与小写金额必须相符。

原始凭证的填制，除需要复写的外，必须用钢笔或碳素笔书写。填写时应遵守以下要求：

小写金额用阿拉伯数字逐个书写，不得连笔书写。金额前面应当书写货币币种符号或者货币名称简写，如人民币币种符号为"￥"，美元币种符号为"＄"等。币种符号与阿拉伯数字之间不得留有空白。金额数字一律填写到角分，无角分的，写"00"或符号"—"，有角无分的，分位写"0"，不得用符号"—"。

大写金额用汉字壹、贰、叁、肆、伍、陆、柒、捌、玖、拾、佰、仟、万、亿、元、角、分、零、整等，一律用正楷或行书字书写。大写金额前未印有"人民币"字样的，应加写"人民币"三个字，"人民币"字样和大写金额之间不得留有空白，大写金额到元或角为止的，后面要写"整"或"正"字，有分的，不写"整"或"正"字。如小写金额为￥300 060.50，大写金额应写成"人民币叁拾万零陆拾元伍角整"，或写成"人民币叁拾万零陆拾元伍角"。

5. 编号连续

各种凭证要连续编号，以便查考。如果凭证已预先印定编号，如发票、支票等重要凭证，在写坏作废时，应加盖"作废"戳记，妥善保管，不得撕毁。

6. 不得涂改、刮擦、挖补

原始凭证如错误，应当由出具单位重开或更正，更正处应当加盖出具单位印章。原始凭证金额错误的，应当由出具单位重开，不得在原始凭证上更正。

7. 填制及时

原始凭证应在经济业务发生或完成时及时填制，并按规定的程序和手续传递给有关部门，以便及时办理后续业务，进行会计审核和记账。

二、原始凭证审核的内容和方法

（一）原始凭证审核的内容

（1）真实性：包括日期是否真实、业务内容是否真实、数据是否真实等。

（2）合法性：经济业务是否符合国家有关政策、法规、制度的规定，是否有违法乱纪等行为。

（3）合理性：原始凭证所记录经济业务是否符合企业生产经营活动的需要、是否符合有关的计划和预算等。

（4）完整性：原始凭证的内容是否齐全，包括：有无漏记项目、日期是否完整、有关签章是否齐全等。

（5）正确性：包括数字是否清晰、文字是否工整、书写是否规范、凭证联次是否正确、有无刮擦、涂改和挖补等。

原始凭证的审核应重点检查其是否具备作为合法凭证必需的基本内容，是否符合企业已发生的业务的相关程序。例如：采购货物的入库验收程序等等。通过上述程序的审核，认定原始凭证的真实、合法性，从而防止虚假和舞弊的发生。

（二）支出类原始凭证审核方法

▶ 1. 审核"要素"

在确认原始支出凭证是财政、税务部门允许使用的发票、收据、车船票以及内部自制凭证等反映经济业务发生的书面证明且有效的基础上，根据《会计基础工作规范》的规定，对其基本要素构成的完备性进行检查。即审核凭证的名称；凭证填制日期；接受凭证单位名称；经济业务内容；数量、单价和金额；填制凭证单位名称或填制人姓名；经办人员的签名或者盖章等。

▶ 2. 审核"抬头"

主要审核凭证上的"抬头"是否与本单位名称相符，有无添加、涂改的现象。如果不符，应查清为什么在本单位报销，防止把其他单位或私人购物的发票拿来报销。

▶ 3. 审核"号码""开票日期""报销日期"

首先，审核同一单位出具的凭证，其号码与日期是否矛盾。如果同一单位出具的凭证较多，可以通过摘录排序发现之。例如：某单位开出的 14667 号发票的日期是 2019 年 9 月，而同本中 14682 号发票的开具日期则为 2019 年 7 月。后经审核，该事项严重违纪。

其次，要审核凭证开具的日期与报销日期是否异常。一般情况，上述两者的日期不会间隔太长。如果较长，则要查明原因。

▶ 4. 审核"填写内容"

发票中各项内容填写不规范、不齐全、不正确、涂改现象严重，是虚假原始支出凭证的主要特征。如凭证字迹不清，"开票人"仅填"姓氏"，计量单位不按国家计量法定单位而随意以"桶""袋""车"来度量，违反"不得要求变更品名"的规定；或货物名称填写不具体；或胡乱填写其他物品名称。联系实际工作，特别要防止虚开的运输费用发票和劳务费发票。

实际工作中,有的单位有关人员往往通过科协、技协等单位,取得"咨询费""劳务费"为名的发票,虚报支出后套取现金,用于发放部门的奖金、支付佣金、回扣、招待费等。财会人员审核原始支出凭证时,必须留意这种情况。

▶ 5. 审核"数字"

具体检查以下方面:数量乘单价是否等于金额;分项金额相加是否等于合计数;小写金额是否等于大写金额;阿拉伯数字是否涂改。

▶ 6. 审核是否"阴阳票"

采用多联式发票办理结算业务,复写是必不可少的环节。对于背面无复写笔迹的支出凭证上(通常称"阴阳票"),存在"大头小尾"的可能性,必须向持证人查询原因。

▶ 7. 审核"限额"

出于票证管理的需要,有的发票规定最高限额为"千位",但是开票人却在发票上人为地增添一栏"万位"。对于这类支出凭证,不是违纪就是违规。

▶ 8. 审核"经济内容"

审核行业专用发票与填写的经济内容是否一致。私自改变发票的使用范围,跨行业使用或者借用发票,是虚假原始支出凭证的重要特征。

▶ 9. 审核"白条"

在实际工作中,有些单位不同程度地存在以"白条"作支出凭证的事项。这些"白条"是由单位或个人开具的没有固定格式、不具备规定内容的非正式原始凭证。例如:外单位没有加盖公章的借条等。财会人员遇到"白条",一定要查询原因,审核手续,尽量拒收。

▶ 10. 审核"印章"

主要是检查印章是否符合规定。这里所说的印章,是指具有法律效力和特定用途的"公章",即能够证明单位身份和性质的印鉴,包括业务公章、财务专用章、发票专用章、结算专用章等。虚假发票印章的一般特征表现为:印章本身模糊,或盖印时有意用力不够以致不清晰;专用章不是采用符合规定的印章而是乱盖其他印章,张冠李戴。此外,有的甚至干脆不盖印章。

▶ 11. 审核"字迹"

对于金额大、支出业务不正常、酷似报销人员自己填写的支出发票,必须仔细审核之。在日常工作中,曾发生过由销货单位提供空白发票,由本单位经手人自行填报列支费用事项的情况,应特别认真审核。

▶ 12. 审核"业务量"

根据本单位的规模、经济活动的规律、会计结算等特点,审核支出发票的真实性。

例如,某单位自备轿车一辆,驾驶员平常一个月报销汽油费1 500元左右。但在某一个月份,该驾驶员凭发票报销汽油费3 500余元。财会人员对此疑虑,经内查外调,属驾驶员与加油站有关人员串通多报汽油费2 000元,并最终通过领导追回了损失。

▶ 13. 审核"手续"

审核"手续",即重点检查原始支出凭证报销必须经过的程序。例如:采购货物的入库验收程序等。通过上述程序的审核，认定原始支出凭证的真实性、合法性，从而防止虚假和舞弊的发生。

▶ 14．审核"开支标准"

根据现行有关财经法规、财务制度的规定，严格审查修理费、会议费、招待费、差旅费、电话费等各项费用是否合理和符合开支标准。

▶ 15．审核是否"报销联"

平时审核原始支出凭证时，要留心此事项，以防浑水摸鱼，重复报销。

▶ 16．审核"审批"

主要审核领导审批签字是否有误。支付款项的外来原始凭证，除经办人员必须签字或盖章外，还必须按本单位规定的审批程序、权限，由相应的负责人审批盖章。自制的原始凭证，也必须由经办单位的领导人或者由单位领导人指定的人员审批签章。

三、原始凭证粘贴

因经济业务活动的多样性和复杂性，原始凭证的种类繁多，企业应将原始凭证作为附件粘贴在记账凭证后，原始凭证的粘贴方法尤为重要，具体方法如下。

▶ 1．按顺序粘贴

原始凭证的粘贴顺序应与记账凭证所记载的内容顺序一致，不应按原始凭证的尺寸大小来排序。

▶ 2．过宽、过长原始凭证的粘贴方法

按照记账凭证尺寸，先自右向后，再自下向后两次折叠。注意应把凭证的左上角或左侧面让出来，以便装订后还可以查阅。不必保留的多余部分可以裁掉，但不能影响原始凭证内容完整。

▶ 3．过窄、过短、不便于直接装订的原始凭证的粘贴方法

（1）应先按类别进行整理，再粘贴于特制的原始凭证粘贴纸上。

（2）粘贴时，应横向进行，从右至左，逐张左移，后一张右边压住前一张左边，每张附件只粘住左边的0.6～1cm处。

（3）将原始凭证的左边固定在原始凭证粘贴纸上，然后再装订原始凭证粘贴纸。原始凭证粘贴纸的尺寸应与记账凭证相同。

（4）在粘贴单的空白处分别写出每一类原始凭证的张数、单价与总金额。

（5）粘牢后，捏住记账凭证的左上角向下抖几下，看是否有未粘住或未粘牢的。

▶ 4．纸张尺寸略小于记账凭证的原始凭证的粘贴方法

选择回形针或大头针别在记账凭证后面，待装订凭证时，抽去回形针或大头针。

第二节 记账凭证

一、记账凭证填制的基本要求

记账凭证是会计人员根据审核无误的原始凭证,对经济业务的内容进行分类,并据以填制会计分录的凭证。在实际工作中,会计分录是通过填制记账凭证来完成的。因此,正确填制记账凭证,对于保证账簿记录的正确性有重要意义。在填制记账凭证时,需要满足以下基本要求。

(1) 记账凭证必须附有原始凭证并注明张数(结账更正错误除外)。

原始凭证的张数一般以自然张数为准。差旅费等零散票券,可贴在一张纸上,作为一张原始凭证。一张原始凭证涉及几张记账凭证的,可将原始凭证附在主要记账凭证后面,在其他记账凭证上注明主要记账凭证的编号。

(2) 记账凭证的编号应按顺序编排。

无论采用哪种记账凭证编号方法,都应该按月顺序编号,即每月都从1号编起,顺序编至月末。一笔业务编制两张以上记账凭证的,可采用分数编号,如1/3、2/3、3/3。

(3) 摘要应与原始凭证内容一致,表述要简短、精练。会计分录应保证借贷平衡。

(4) 记账凭证填制完毕如有空行,应当画线注销。

(5) 记账凭证发生错误,应当重新填制。如已登记入账,可以用红字注销法进行更正。

二、常用记账凭证的填制示范

(一) 专用记账凭证的填制

▶ 1. 收款凭证和付款凭证的填制

收款凭证是根据库存现金、银行存款增加的经济业务填制的。付款凭证是根据库存现金、银行存款减少的经济业务填制的。填制要求如下:

(1) 由出纳人员根据审核无误的原始凭证填制,收款凭证必须是先收款,后填凭证;付款凭证可以是先付款,后填凭证;

(2) 收款凭证在凭证左上方的"借方科目"处填写"库存现金"或"银行存款";付款凭证在凭证左上方的"贷方科目"处填写"库存现金"或"银行存款";

(3) 填写日期(实际收/付款的日期)和凭证编号;

(4) 在凭证内填写经济业务的摘要;

(5) 在凭证内"贷方科目"栏填写与"库存现金"或"银行存款"对应的贷方科目;

(6) 在"金额"栏填写金额;

(7) 在凭证的右侧填写所附原始凭证的张数;

(8) 在凭证的下方由相关责任人签字、盖章。

收款凭证、付款凭证的填制示范如图3-1、图3-2所示 。

收款凭证

收字第 006 号

借方科目：银行存款　　　2020 年 01 月 06 日　　　附 件1 张

对方单位	摘　要	贷方科目		金额										记账符号
		总账科目	明细科目	千	百	十	万	千	百	十	元	角	分	
广夏公司	收到欠款	应收账款	广夏公司			1	0	0	0	0	0	0	0	☑
														☐
														☐
														☐
														☐
银行结算方式及票号：			合　计		¥	1	0	0	0	0	0	0	0	☐

杭州青联印刷厂印制 210

会计主管 钱坤　　记账 朱中华　　稽核 钱坤　　出纳 王三　　制证 朱中华

图 3-1　收款凭证填制示范

付款凭证

付字第 1 号

贷方科目：银行存款　　　2020 年 01 月 02 日　　　附 件1 张

对方单位	摘　要	借方科目		金额										记账符号
		总账科目	明细科目	千	百	十	万	千	百	十	元	角	分	
南德公司	归还欠款	应付账款	南德公司				1	6	0	0	0	0	0	☑
														☐
														☐
														☐
														☐
银行结算方式及票号：			合　计			¥	1	6	0	0	0	0	0	☐

杭州青联印刷有限公司出品 211

会计主管 钱坤　　记账 朱中华　　稽核 钱坤　　出纳 王三　　制证 朱中华

图 3-2　付款凭证填制示范

2. 转账凭证的填制要求

转账凭证是根据与库存现金、银行存款无关的经济业务填制的。转账凭证的填制要求如下。

（1）由会计人员根据审核无误的原始凭证填制。

（2）填写日期和凭证编号。一般情况下，按收到原始凭证的日期填写，如果某类原始凭证有几份并涉及不同日期，可以按填制转账凭证的日期填写。

（3）在凭证内填写经济业务的摘要。

（4）在凭证内填写经济业务涉及的全部会计科目，顺序是先借后贷。

（5）在“金额”栏填写金额。

（6）在凭证的右侧填写所附原始凭证的张数。

（7）在凭证的下方由相关责任人签字、盖章。

转账凭证的填制示范如图 3-3 所示。

转账凭证

2020 年01 月04 日　　转字第2 号　附件2 张

杭州青联印刷厂印制 207

摘要	总账科目	明细科目	借方金额										记账符号	贷方金额										记账符号
			千	百	十	万	千	百	十	元	角	分		千	百	十	万	千	百	十	元	角	分	
收到投资设备	固定资产					6	0	0	0	0	0		✓											
	实收资本																6	0	0	0	0	0	0	✓
合计					¥	6	0	0	0	0	0	0				¥	6	0	0	0	0	0	0	

会计主管钱坤　　记账 朱中华　　复核 钱坤　　制证 朱中华

图 3-3　转账凭证填制示范

（二）通用记账凭证的填制

通用记账凭证简称记账凭证，它集收款、付款和转账凭证于一身，通用于收款、付款和转账等各种类型的经济业务。其填制方法与转账凭证相同，如图 3-4 所示。

记账凭证

2020 年01 月20 日　　记字第 15　附件 3

科兴财会

摘要	总账科目	明细科目	借方金额											记账符号	贷方金额											记账符号
			亿	千	百	十	万	千	百	十	元	角	分		亿	千	百	十	万	千	百	十	元	角	分	
出售材料	银行存款						6	7	8	0	0	0	0	✓												
	其他业务收入																		6	0	0	0	0	0	0	✓
	应交税费	应交增值税（销项）																		7	8	0	0	0	0	✓
结算方式及票号：		合计				¥	6	7	8	0	0	0	0					¥	6	7	8	0	0	0	0	

会计主管 钱坤　　记账 朱中华　　复核 钱坤　　制证 朱中华

图 3-4　通用记账凭证填写示范

三、记账凭证的审核

记账凭证是登记账簿的依据，为了保证账簿登记的正确性，记账凭证填制完毕必须进行审核。记账凭证审核的主要内容如下。

（1）日期：日期与原始凭证上经济业务发生的时间是否一致。

（2）凭证编号：编号是否正确，是否连续，有无存在缺号、断号情况。

（3）摘要：是否正确地反映了经济业务的基本内容。

（4）会计科目：凭证上所写的科目及明细科目名称和内容是否前后一致；总账科目和

明细科目是否填列齐全。

（5）金额：是否正确，书写是否清楚、符合要求。

（6）附件：记账凭证是否与所附原始凭证相一致，即记账凭证是否附有原始凭证；原始凭证的内容、金额以及原始凭证的张数与记账凭证上是否一致。

（7）签字与盖章：审核、填制、出纳等有关人员是否签名、盖章。

第三节　登　账

一、登记明细账

在实际操作中，会计应根据已审核好的记账凭证，按凭证号的顺序登记明细账，每登记好一笔明细账后，应同时在记账凭证对应科目的"过账"栏内打"√"，以避免重记或漏记；一张凭证的所有科目全部登记完明细账后，应在记账凭证签字栏"记账"处签名或盖章。

▶ 1. 三栏式明细账

（1）将记账凭证登载的记账时间、凭证种类、凭证号、摘要、金额分别填列明细账的对应位置。

（2）填写完整后，计算本行次余额，计算公式为

资产类：

$$本行余额＝上行余额＋本行借方发生额－本行贷方发生额$$

负债、所有者权益类：

$$本行余额＝上行余额－本行借方发生额＋本行贷方发生额$$

（3）明细账登记范例如下：根据"记006号记账凭证"登记代扣五险一金和个税业务明细账，应付职工薪酬明细账分类账的登记如图3-5所示。

明细分类账

SUBSIDIARY LENDGER

2020年		凭证字号	摘要	借方	贷方	方向	余额	
月	日			亿千百十万千百十元角分	亿千百十万千百十元角分		亿千百十万千百十元角分	√
1	1		期初余额			贷	2 6 5 5 0 0 0 0	
1	5	6	代扣五险一金和个税	5 4 4 3 9 0 6		贷	2 1 1 0 6 0 9 4	

图3-5　应付职工薪酬明细账分类账的登记

2. 数量金额式明细账

(1) 将记账凭证中的日期、凭证字号及摘要登记到账簿的"月、日、凭证字号和摘要"栏。

(2) 将记账凭证的金额填写到账簿对应方向的金额栏,并根据销售单、入库单或出库单等后附的原始凭证填写数量、单价。

(3) 结出余额,根据公式"结存=上行结存+本行收入-本行发出"结出结存的数量和金额,单价用金额除以数量倒挤。

(4) 数量金额式登记范例如下:根据"记014号记账凭证"登记华晨商贸采购入库已现结的明细账,其产品数量金额明细账如图3-6所示。

数量金额明细账   第 4 页

SUBSIDIARY LENDGER OF INVENTORG

编码 B0003　产地 重庆　单位 个　规格 HJM500　品名 A产品

2020年		凭证字号	摘要	收入			发出			结存			√
月	日			数量	单价	金额	数量	单价	金额	数量	单价	金额	
1	1		期初余额							5 400	80.18	432 972 00	
1	10	记014	华晨商贸采购入库已现结	11 000		881 980 00				16 400		1 314 952 00	

图3-6 数量金额明细账登记

3. 多栏式明细账

(1) 期间费用明细账。

按照记账凭证的填制时间、凭证种类、凭证号和摘要分别登记明细账对应的栏次,按照记账凭证的金额分别登记合计处与专栏对应行次的金额栏,并结出合计处的余额。

结转时,在每个明细科目下用红字登记结转凭证的贷方金额,合计栏贷方登记所有发生额合计数。

多栏式明细账登记范例如下:根据"记004号记账凭证"登记支付中部市场广告费和"记029号记账凭证"登记计提折旧的明细账,其销售费用明细账如图3-7所示。

(2) 应交税费——应交增值税明细账。

按照记账凭证的记账时间、凭证种类、凭证号、摘要,分别登记明细账的对应栏次。金额的登记方法与前述期间费用明细账相似。

应交税费——应交增值税明细账登记范例如下:根据"记002号记账凭证"IPO认证、3C认证和"记004号记账凭证"登记支付中部市场广告费的明细账,其应交税费(增值税)明细账如图3-8所示。

多栏式明细分类账
MULTI COLUMN LEDGER

第 1 页

科目编号 A/C NO：6601　　明细科目 SUBLED A/D：无　　总账科目 GENLED A/C：销售费用

2020年		凭证字号	摘要	合计	借方发生额		
月	日				广告费	折旧费	
1	1	记004	支付中部市场广告费	5 310 00 00	5 310 00 00		
1	31	记029	计提折旧	5 313 25 00		3 25 00	

图 3-7　销售费用多栏式明细账登记

应交税费（增值税）明细分类账
TAX PAYABLE (ADDED-VALUE TAX) SUBSIDIARY LEDGER

第 1 页

2020年		凭证字号	摘要	借方				贷方				方向	余额	
月	日			合计	进项税额	已交税金	转出未交增值税	合计	销项税额	出口退税	进项税额转出			
1	1		期初余额									贷	204,413.79	
1	2	记002	IPO认证、3C认证	6 000	6 000							贷	198413.79	
1	3	记004	支付中部市场广告费	31 860	31 860							贷	166553.79	

图 3-8　应交税费——应交增值税明细账登记

二、登记日记账

（一）库存现金日记账的登记

库存现金日记账是根据审核无误的现金收付凭证，顺时逐笔登记的账簿。库存现金日记账的登记要做到日清月结：每日业务终了分别计算现金收入和支出的合计数，并结出余额，同时将余额与出纳库存现金核对清楚。如账款不符应查明原因，并记录备案，即"日清"；月末要计算本月现金的收、付和结余数，即"月结"。现金日记账填写要求如下：

（1）日期栏，与记账凭证日期一致，记账凭证的日期要与现金实际收付日期一致；

（2）凭证栏，填写据以入账的凭证种类及编号；

（3）摘要栏，简要说明入账经济业务的内容；

（4）对方科目栏，是指与现金对应的会计科目；

（5）借方、贷方、余额，是指现金收、支及当期结余额。

库存现金日记账填写示范如图 3-9 所示。

库存现金日记账 　　　　　　　　　　　　　　　　　　　第 1 页
CASH JOURNAL

2020年 月 日	凭证字号	摘要	对应科目	借方	贷方	余额	√
1　1		期初余额				3 000 00	
1　5	记04	支付运杂费	运杂费		1 200 00	1 800 00	
1　9	记10	支付运杂费	销售费用		1 000 00	800 00	
1　10	记12	提取现金	银行存款	13 000 00			
1　10	记12	发放工资	应付职工薪酬		13 000 00		
1　18	记15	提取现金	银行存款	4 000 00		4 800 00	
1　20	记18	差旅费	其他应收款		2 500 00	2 300 00	
1　25	记25	补付差旅费	库存现金		300 00		
1　31	记33	南海公司交付违约金	营业外收入	1 200 00		500 00	
1　31		本月合计		13 120 00	13 900 00	¥ 1 320 00	

图 3-9　库存现金日记账填制

（二）银行存款日记账的登记

银行存款日记账的登记方法与现金日记账的登记方法基本相同。银行存款日记账要定期与银行转来的对账单相核对，以保证银行存款日记账记录的正确性，银行存款日记账填制示范如图 3-10 所示。

银行存款日记账 　　　　　　　　　　　　　　　　　　　第 1 页
DEPOSIT JOURNAL

开户银行　中国工商银行
账　　号　1002299990000099000

2020年 月 日	凭证字号	摘要	对应科目	借方	贷方	余额	√
1　1		期初余额				9 950 00	
1　1	记001	归还货款	应付账款		160 00	9 890 00	
1　5	记004	付货款	应交税费原材料		4 133 95 00	5 756 05 00	
1　5	记005	缴纳税金	税金及附加		600 00 00		
1　6	记006	归还货款	应收账款	1 000 000 00		9 756 05 00	
1　8	记007	购入债券	交易性金融资产		7 120 00 00	2 636 05 00	
1　9	记011	销售产品	主营业务收入	3 510 000 00		6 146 05 00	
1　10	记012	提取现金	库存现金		1 300 00 00	4 846 05 00	
1　12	记013	归还货款	应付账款		600 00 00	4 755 79 00	
1　12	记014	购进材料	在途物资		2 281 50 00	4 555 79 00	
1　18	记015	提取现金	库存现金		400 00 00	4 553 90 00	
1　18	记016	销售产品	主营业务收入	1 638 000 00		2 093 39 00	
1　20	记020	出售材料	其他业务收入	400 00 00		2 493 39 00	
1　20	记023	捐款	营业外支出		800 00 00	2 485 39 00	
1　31		本月合计		2 129 000 00	7 278 100 00	¥ 1 253 991 80 00	

图 3-10　银行存款日记账填制

三、编制科目汇总表

科目汇总表又可以称为记账凭证汇总表，按各个会计科目列示其借方发生额和贷方发生额的一种汇总凭证。

科目汇总表的编制方法有全部汇总和分类汇总两种。全部汇总，即将一定时期内的全部收款、付款、转账凭证汇总在一张科目汇总表上，据以登记总分类账。分类汇总，即将一定时期内的全部收款、付款、转账凭证分别汇总，编制成三张科目汇总表，据以登记总分类账。科目汇总表一般可按 5 天、10 天、15 天、1 个月编制。

（一）科目汇总表账务处理流程

根据记账凭证编制科目汇总表，再根据试算平衡表登记总分类账。在科目汇总表账务处理程序下，凭证和账簿的设置与记账凭证核算程序基本相同，只是需要定期根据记账凭证编制科目汇总表，并以此作为登记总分类账的依据。科目汇总表账务处理程序的流程如图3-11所示。

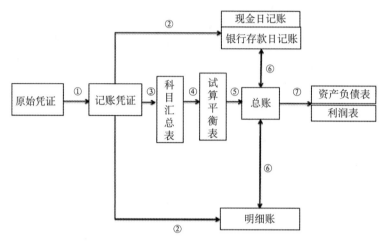

图3-11 科目汇总表财务处理程序

（1）根据原始凭证编制记账凭证。

（2）根据记账凭证逐笔登记库存现金日记账和银行存款日记账、各种明细账。

（3）根据各种记账凭证编制科目汇总表。

（4）根据科目汇总表编制试算平衡表。

（5）根据试算平衡表登记总账。

（6）期末，库存现金日记账、银行存款日记账和明细账的余额同有关总分类账的余额核对相符。

（7）期末，根据总分类账和明细分类账的记录，编制资产负债表、利润表。

（二）科目汇总表的编制步骤

（1）汇总记账凭证内会计科目的借方、贷方发生额；

（2）将汇总后的借贷方合计数填入"科目汇总表"中；

（3）验证借方金额是否等于贷方金额，如果不相等，查验错误并改正，直至相等为止。

验证借方金额与贷方金额相等的依据是"有借必有贷，借贷必相等"，因为每一张记账凭证都是借方、贷方一定相等，所以根据记账凭证得出的科目汇总表也一定是借方、贷方必定相等。

四、编制试算平衡表

试算平衡表，是指在借贷记账法下，利用借贷发生额和期末余额（期初余额）的平衡原理，检查账户记录是否正确的一种方法。试算平衡表可以分为两种：一种是将本期发生额和期末余额分别编制列表;另一种是将本期发生额和期末余额合并在一张表上进行试算平衡。

期末,计算全部会计科目的本期借方发生额、本期贷方发生额和期末余额,填列在试算平衡表单中。根据填列的试算平衡表编制总分类账户本期发生额及余额表。

需要注意的是,试算平衡表中借贷平衡并不意味着日常账户记录完全正确,只能说明基本正确,因为有些账户记录的错误很难从试算平衡表中发现。这些错误包括:①借贷双方发生同等金额的记录错误;②全部漏计或重复记录同一项经济业务;③账户记录发生借贷方向错误;④用错有关账户名称。这些错误需要利用其他方法进行查找。

五、登记总分类账

总分类账(总账)是按照国家规定的一级会计科目,分类、连续地记录和反映各种资产、负债和所有者权益,以及各种收入、费用和成果的总括情况的账簿。总账一般采用订本账,如果采用活页账,年终必须装订成册,编号保管,以防止偷换账页和丢失。本节列举的实操选择三栏式总分类账进行登记。三栏式总账是根据每一个会计科目设立一个账户,单独使用账页。总分类账的填写要求如下(图3-12)。

(1)在账页左上方的"科目名称"处填写账户的名称。

(2)摘要栏记载有关经济业务的简要说明,如果采用记账凭证汇总表登记总账的话,平时可以空着不填,也可以根据登记日期,在摘要栏中简要写明"某日至某日发生额"的字样。

(3)要按时间先后顺序连续登记。在经济业务比较少的企业里,可以根据记账凭证逐笔登记总账;在经济业务比较多的企业里,常常采用记账凭证汇总表登记总账。登记时间一般是定期登记,可以是5天、7天、10天、15天、30天登记一次。登账时,根据科目汇总表进行登记。将某科目的借方和贷方发生额,分别登记到总分类账的"借方"和"贷方"栏。

总分类账

GENERAL LENDGER

第 13 页

会计科目及编号 **应付职工薪酬**
ACCOUNT NO 2211

2020年		凭证字号	摘要	借方	贷方	方向	余额	
月	日			亿千百十万千百十元角分	亿千百十万千百十元角分		亿千百十万千百十元角分	√
1	1		期初余额				950 00	
1	31		1-31日发生额	1300 00	1482 00		768 00	
			本月合计				¥768 00	

图3-12 总分类账登记

六、更正错账

在填制凭证、记账、过账、结账过程中,当发生了笔误、编错了会计分录、数字计算不准确、过错了账等错误时,不准涂改、挖补、刮擦或者用药水消除字迹,不准许重新抄写,必须按规定的方法更正。常用的更正方法有划线更正法、红字更正法和补充登记法三种。

(一)划线更正法

划线更正法,是用划线来更正错账的方法。这种方法适用于记账后结账前,如果发现账簿记录有错误,而记账凭证无错误,即纯属笔误造成登账时出现文字或数字错误。划线更正法的具体做法如下。

(1)将错误的文字或数字划一条红线予以注销,但是必须使原有字迹清晰可认。

(2)在划线上方空白处用蓝黑墨水填写正确的记录,并由更正后经办人员在划线的一端盖章以明确责任。

(3)在进行划线更正时应注意以下问题:①文字错误,可只划错误部分;②数字错误,应将全部数字划销,不得只划错误数字。例如,将5424错记为5435,应将5435更正为5424,而不得仅将35更正为24。

(二)红字更正法

红字更正法又称红字冲账法,是用红字冲销或冲减原记录数,以更正或调整账簿记录的一种方法。记账以后,如果发现记账凭证发生错误,导致记账错误时,可采用红字更正法进行更正,红字记录表示对原记录的冲减。红字更正法具体情况如下。

▶ 1. 借贷方向、科目或金额有错误

会计凭证中借贷方向、科目或金额有错误,导致账簿记录错误时,具体做法如下:

(1)用红字(只限金额用红字,其他项目用蓝字)填制一张与原错误凭证完全相同的记账凭证,在摘要中注明"冲销××××年××月××日××号凭证",并用红字(金额)登记入账,以冲销原来的账簿记录。

(2)再用蓝字填制一张正确的记账凭证,在摘要中注明"更正的××××年××月××日××号凭证",并据以登记入账。冲销和订正的记账凭证后面可不附原始凭证。

▶ 2. 会计凭证中存在多记的错误金额

仅金额存在错误,且错误金额大于应记金额,导致账簿记录金额多记。根据多记金额,用红字填写一张记账凭证,借贷方向与原记账凭证一致,在摘要栏注明"冲销××××年××月××日××号多记金额",据以入账,对错误进行更正。

(三)补充登记法

补充登记法是补充登记账簿少记金额的一种方法。在记账以后,如果记账依据的会计凭证的会计科目及记账方向均无错误,只是金额有错误,并且错误金额小于应记的金额,导致账簿记录金额少记,这种情况下可用补充登记法。

具体做法是:填写一张会计科目、借贷方向与原始记账凭证一致,但金额是少记金额的记账凭证,并在摘要栏注明"补记××××年××月××日××号记账凭证少记金额",并据以记账,这样就对原错误进行了更正。

第四节 日常经济业务实操资料

一、实操要求

根据实操资料并结合企业会计政策和会计核算办法,完成以下42笔业务的账务处理,相关基础信息见附录A"企业基本财务信息"。

附录A:企业基本财务信息

二、实操资料

2020年1月,城科童飞制造有限责任公司发生了以下42笔经济业务,具体业务信息见业务描述,相关原始单据见附录B"1月日常经济业务原始凭证"(扫描二维码即可获取)。

业务1:2020年1月2日,企管部去财务部借备用金,相关的原始凭证见附录B表B 1-1借款单。

附录B:1月日常经济业务原始凭证

业务2:2020年1月2日,支付ISO、3C认证服务费,相关的原始凭证见附录B表B 2-1付款申请单、表B 2-2增值税抵扣联、表B 2-3增值税记账联、表B 2-4转账支票副联。

业务3:2020年1月3日,取得工行短期借款,相关的原始凭证见附录B表B 3-1借款凭证(批准通知回单)。

业务4:2020年1月3日,支付广告费用,有关的原始凭证见附录B表B 4-1付款申请书、表B 4-2增值税专用发票抵扣联、表B 4-3发票联、表B 4-4中国银行转账支票存根。

业务5:2020年1月5日,采购部报销差旅费,有关的原始凭证见附录B表B 5-1增值税普通发票、表B 5-2报销单。

业务6:2020年1月5日,发放上月工资,并代扣代缴养老保险、医疗保险和住房公积金,有关的原始凭证见附录B表B 6-1工资结算表、表B 6-2中国工商银行转账支票存根、表B 6-3中国工商银行转账支票存根(受理回单)、表B 6-4中国工商银行转账支票存根(受理回单)。

业务7:2020年1月5日,缴纳上月未交增值税、代扣代缴的个人所得税,有关的原始凭证见附录B表B 7-1增值税电子缴税付款凭证、表B 7-2中国工商银行转账支票存根、表B 7-3个税完税凭证、表B 7-4中国工商银行转账支票存根。

业务8:2020年1月6日,领料生产童车和车架,有关的原始凭证见附录B表B 8-1领料单童车、表B 8-2领料单车架(领料单只写数量不写金额,原材料领用采取全月一次加权平均,该业务暂时不做分录,成本核算月末编制)。

业务9:2020年1月7日支付上月水电费,有关的原始凭证见附录B表B 9-1中国工

商银行水电费转账支票存根。(水电费月末计提，月初缴纳，交给完美物业有限公司)

业务10：2020年1月7日，从思远工贸采购原材料，有关的原始凭证见附录B表B 10-1购销合同、表B 10-2增值税专用发票(抵扣联)、表B 10-3增值税专用发票(发票联)。

业务11：2020年1月9日，收到隆飞物流有限公司通知，收取思远工贸发来的货物，运费由城科童飞制造公司承担，有关的原始凭证见附录B表B 11-1运费付款申请书、表B 11-2运费增值税专用发票(抵扣联)、表B 11-3运费增值税专用发票(发票联)、表B 11-4中国工商银行转账支票存根、表B 11-5货物入库单、表B 11-6货款付款申请单、表B 11-7中国工商银行转账支票存根(运费按金额分摊计入采购成本中，保留两位小数)。

业务12：2020年1月10日，从恒通工贸采购经济型童车包装套件、坐垫，物流费用由恒通工贸承担，有关的原始凭证见附录B表B 12-1购销合同、表B 12-2增值税专用发票(发票联)、表B 12-3增值税专用发票(抵扣联)、表B 12-4入库单、表B 12-5中国工商银行电汇凭证。

业务13：2020年1月12日，销售童车给旭日商贸有限公司，有关的原始凭证见附录B表B 13-1购销合同、表B 13-2增值税专用发票(记账联)、表B 13-3出库单。

业务14：2020年1月12日，与华晨商贸有限公司签订购销合同，2020年1月13日销售出库，与业务有关的原始凭证见附录B表B 14-1购销合同、表B 14-2增值税专用发票(记账联)、表B 14-3出库单、表B 14-4中国工商银行进账单。

业务15：2020年1月14日，旭日商贸有限公司退货，有关的原始凭证见附录B表B 15-1增值税专用发票(记账联)、表B 15-2退货产品出库单。

业务16：2020年1月15日，收到旭日商贸有限公司货款，有关的原始凭证见附录B表B 16-1中国工商银行进账单。

业务17：2020年1月15日，本月第一批经济型车架和童车完工，仓库保管员办理入库手续，生产计划部经理填写了入库单，并办理入库手续，有关的原始凭证见附录B表B 17-1入库单(暂时不做分录，均于月末核算成本，发生登记数量)。

业务18：2020年1月16日，与天府商贸有限公司签订销售合同，销售经济型童车，货物已发出。有关原始凭证见附录B表B 18-1购销合同、表B 18-2出库单、表B 18-3增值税专用发票(记账联)。

业务19：2020年1月16日，向新耀工贸有限责任公司采购普通机床2台，有关的原始凭证见附录B表B 19-1购销合同、表B 19-2增值税专用发票(发票联)、表B 19-3增值税专用发票(抵扣联)、表B 19-4中国工商银行转账支票存根。

业务20：2020年1月16日，领料生产童车和车架，有关的原始凭证见附录B表B 20-1领料单、表B 20-2领料单(暂时不做分录，均于月末核算成本，发生登记数量)。

业务21：2020年1月18日，向新耀工贸有限责任公司采购需要安装的流水线1条，有关的原始凭证见附录B表B 21-1购销合同，表B 21-2增值税专用发票(发票联)、表B 21-3增值税发票联(抵扣联)、表B 21-4中国工商银行转账支票存根联。

业务22：2020年1月20日，向新耀工贸有限责任公司经营租赁2台普通机床，有关的原始凭证见附录 B 表 B 22-1 增值税普通发票(发票联)、表 B 22-2 银行转账支票存根。

业务 23：2020 年 1 月 21 日，购买股票，有关的原始凭证见附录 B 表 B 23-1 证券成交过户交割单。

业务 24：2020 年 1 月 23 日，流水线安装完毕，达到可使用状态，有关的原始凭证见附录 B 表 B 24-1 固定资产验收单。

业务 25：2020 年 1 月 25 日，缴纳通信费用，获得中国移动永川分公司开具的发票和银行托收凭证付款通知。有关的原始凭证见附录 B 表 B 25-1 话费增值税专用发票(抵扣联)、表 B 25-2 增值税专用发票(发票联)、表 B 25-3 中国工商银行转账支票存根。

业务 26：2020 年 1 月 25 日，产品完工，并办理入库手续。有关的原始凭证见附录 B 表 B 26-1 产品入库单。

业务 27：2020 年 1 月 26 号，收到天府商贸有限公司的货款。有关的原始凭证见附录 B 表 B 27-1 中国工商银行进账单。

业务 28：最近因经济形势走势不明朗，股票市场波动较大，2020 年 1 月 31 日，公司持有的股票价格为 10 元/股。

业务 29：2020 年 1 月 31 日，计提本月应负担的短期借款利息。有关的原始凭证见附录 B 表 B 29-1 银行借款利息计算单。

业务 30：2020 年 1 月 31 日，编订固定资产折旧计算表。有关的原始凭证见附录 B 表 B 30-1 固定资产折旧计算表。

业务 31：2020 年 1 月 31 日，根据本公司抄表数和上月水价分配水费与上月电价分配电费，按部门实际耗用分配。有关的原始凭证见附录 B 表 B 31-1 辅助生产费用分配表、表 B 31-2 增值税专用发票(抵扣联)，表 B 31-3 增值税专用发票(发票联)。

业务 32：2020 年 1 月 31 日，计算分配本月各部门工资，同时计提本月应负担的职工养老保险、医疗保险金、住房公积金。有关的原始凭证见附录 B 表 B 32-1 1 月份计提工资明细(机加车间的人工费归属于经济型车架，组装车间人工费归属于经济型童车)。

业务 33：2020 年 1 月 31 日，本月制造费用归集完毕，财务部进行制造费用分配，制造费用按完工产品分配。

业务 34：2020 年 1 月 31 日，财务部牵头各部门进行财产清查，清查情况说明见附录 B 表 B 34-1 材料盘亏情况说明表(金额用全月加权一次平均法计算)。

业务 35：2020 年 1 月 31 日，经调查库存短缺属于仓管员管理不善导致的，相关处理通知见附录 B 表 B 35-1 材料盘亏处理通知单(金额用全月加权一次平均法计算)。

业务 36：2020 年 1 月 31 日，根据公司成本费用核算规定：产品成本用品种法计算，月末不计算在产品成本。计算并结转本月完工产品成本(原材料、自制半成品使用全月一次加权平均)。

业务 37：2020 年 1 月 31 日，根据产品出库汇总表计算并结转本期已销产品成本，并填写发出产品计算表。

业务 38：2020 年 1 月 31 日计算本月应交增值税，并结转本月应交未交增值税。

业务 39：2020 年 1 月 31 日，根据本月应交增值税计算本月应交城市维护建设税、教育费附加。

业务40：2020年1月31日，将本月各损益类账户发生额结转到本年利润账户。

业务41：2020年1月31日，计算企业所得税费用，并结转本年利润。

业务42：2020年1月31日，编制1月份资产负债表和利润表。见附录B表B 42-1科目汇总表、表B 42-2试算平衡表、表B 42-3资产负债表、表B 42-4利润表。

第四章　期末会计事项处理概述

职业能力目标

1. 掌握对账和结账的操作方法
2. 掌握资产负债表、利润表的编制方法

实操任务

根据第三章第四节已完成实操资料完成以下实操任务

1. 完成对账
(1) 账证核对：明细账与记账凭证核对、明细账与原始凭证核对。
(2) 账账核对：明细账与总分类账核对、日记账与总分类账核对。

2. 完成结账
本次实操选择月结的方式，具体结账任务如下：
对所有总账、明细账和日记账，在该月最后一笔经济业务下面画一条通栏单红线，在红线下"摘要"栏内注明"本月合计""本月发生额及余额"字样，在"借方"栏、"贷方"栏或"余额"栏分别填入本月合计数和月末余额，同时在"借或贷"栏内注明借贷方向；然后，在这一行下面再画一条通栏红线，以便与下月发生额划清。

3. 编制资产负债表
资产负债表按月编制，根据上期资产负债表、本期总分类账、明细账和试算平衡表编制资产负债表。编制完资产负债表后，请找周围的同学帮忙审核和签字。

4. 编制利润表
利润表是按照月编制的，根据科目汇总表（或总分类账、试算平衡表）编制利润表。编制完利润表后，请找周围的同学帮忙审核和签字。

5. 装订

6. 完成记账凭证装订
完成明细账簿、总分类账簿和报表的装订。

第一节 对账与结账

一、对账

对账，又称核对账目，是指在会计核算中，为保证账簿记录正确可靠，对账簿中的有关数据进行检查和核对的工作。对账工作的要点包括以下方面。

▶ 1. 账证相符

月终要对账簿记录和会计凭证进行核对，以发现错误之处，并进行更正，这也是保证账账、账证相符的基础。核对账证是否相符的主要方法如下：

（1）看总账与科目汇总表是否相符；

（2）看科目汇总表与记账凭证是否相符；

（3）看明细账与记账凭证及其所属原始凭证是否相符。

▶ 2. 账账相符

账账相符，是指各种账簿之间的有关数字进行核对，使之相符。具体方法如下。

（1）看总账资产类科目各种账户与负债、所有者权益类科目各账户的余额合计数是否相符：

1) $\sum$ 总账资产类账户余额 $= \sum$ 总账负债账户余额 $+ \sum$ 所有者权益账户余额；

2) $\sum$ 总账各账户借方发生额 $= \sum$ 总账各账户贷方发生额。

（2）看总账账户与所辖明细账户的各项目之和是否相符：

1) 总分类账户与其所属的各个明细分类账户之间本期发生额的合计数应相等；

2) 总分类账户与其所属的各个明细分类账户之间的期初、期末余额应相等。

二、结账

结账是在将一定时期内所发生的经济业务全部登记入账的基础上，将各种账簿的记录进行小结，结算出本期发生额和期末余额的过程。结账工作的要点包括以下几方面。

▶ 1. 月结

应在该月最后一笔经济业务下面画一条通栏单红线，在红线下"摘要"栏内注明"本月合计""本月发生额及余额"字样，在"借方"栏、"贷方"栏或"余额"栏分别填入本月合计数和月末余额，同时在"借或贷"栏内注明借贷方向。然后，在这一行下面再画一条通栏红线，以便与下月发生额划清。

▶ 2. 季结

通常在每季度的最后一个月月结的下一行，在"摘要"栏内注明"本季合计"或"本季度发生额及余额"，同时结出借、贷方发生总额及季末余额。然后，在这一行下面画一条通栏单红线，表示季结的结束。

▶ 3. 年结

在第四季度季结的下一行，在"摘要"栏注明"本年合计"或"本年发生额及余额"，同时结出借、贷方发生额及期末余额。然后，在这一行下面划上通栏双红线，以示封账。

第二节 编制报表

一、资产负债表

(一) 资产负债表结构说明

▶ 1. 资产负债表恒等式

$$资产＝负债＋所有者权益$$

其中：资产根据流动性的不同，可以分为流动资产与非流动性资产；负债根据流动性不同，可以分为流动负债与非流动负债。

▶ 2. 资产负债表"年初数"栏

根据上年末资产负债表"期末数"栏内所列数字填列。如果本年度资产负债表内各个项目的名称和内容同上年度不一致，应按照本年度的规定进行调整，并填入"年初数"栏内。

▶ 3. 资产负债表"期末数"栏

根据本年度会计科目进行调整进行填列。

(二) 资产负债表各项目的具体填列方法

▶ 1. 根据总账账户期末余额直接填列

如"应收票据""固定资产原价""累计折旧""短期借款""应付票据""应付职工薪酬""应交税费""应付股利""其他应付款""实收资本""资本公积""盈余公积"等项目可根据总账账户期末余额直接填列。

▶ 2. 根据若干个总账账户的期末余额计算填列

(1) "货币资金"项目，反映企业库存现金、银行结算账户存款、外埠存款、银行汇票存款、银行本票存款、信用卡存款、信用证保证金存款等的合计数。本项目应根据"库存现金""银行存款""其他货币资金"账户的期末余额合计填列。

(2) "交易性金融资产"项目，反映企业购入的各种能随时变现并准备随时变现的、持有时间不超过1年(含1年)的股票、债券和基金，以及不超过1年(含1年)的其他投资。

(3) "存货"项目，反映企业期末在库、在途和在加工中的各项存货的可变现净值，包括各项材料、商品、在产品、半成品、包装物、低值易耗品、分期收款发出商品、委托代销商品等。本项目应根据"在途物资""原材料""周转材料""自制半成品""库存商品""分期收款发出商品""委托代销商品""生产成本"等账户的期末余额合计，减去"存货跌价准备""代销商品款"账户期末余额后的金额填列。

(4) "无形资产"项目，反映企业各种无形资产的可收回金额。本项目应根据"无形资产"账户的期末余额，减去"无形资产减值准备"账户期末余额后的金额填列。

(5) "未分配利润"项目，反映企业尚未分配的利润。本项目应根据"本年利润"和"利润分配"账户的余额计算填列。未弥补的亏损，在本项目内以"—"号填列。

▶ 3. 根据有关账户所属相关明细账的期末余额计算填列

(1) "应收账款"项目，反映企业因销售商品、产品和提供劳务等而应向购买单位收取的各种款项，减去已计提的坏账准备后的净额。本项目应根据"应收账款"和"预收账款"总账所属各有关明细账的期末借方余额合计，减去"坏账准备"总账中有关应收账款计提的坏账准备期末余额后的金额填列。

(2) "预付账款"项目，反映企业预付给供应单位的款项。本项目应根据"预付账款"和"应付账款"总账所属各有关明细账的期末借方余额合计填列。

(3) "应付账款"项目，反映企业购买原材料、商品和接受劳务供应等而应付给供应单位的款项。本项目应根据"应付账款"和"预付账款"总账所属各有关明细账期末贷方余额合计填列。

(4) "预收账款"项目，反映企业预收购买单位的账款。本项目应根据"预收账款"和"应收账款"总账所属各有关明细账户的期末贷方余额合计填列。

▶ 4. 根据总账和明细账余额分析计算填列

(1) "其他应收款"项目，反映企业对其他单位和个人的应收和暂付的款项，减去已计提的坏账准备后的净额。本项目应根据"其他应收款"总账的期末余额，减去"坏账准备"账户中有关其他应收款计提的坏账准备期末余额后的金额填列。

(2) "长期借款"项目，反映企业借入尚未归还的1年期以上（不含1年）的借款本息。本项目应根据"长期借款"总账账户余额扣除"长期借款"账户所属的明细账户中将于一年内到期的长期借款后的金额计算填列。

二、利润表

(一) 利润表结构说明

▶ 1. 利润表结构恒等式

净利润＝营业利润＋营业外收入－营业外支出－所得税费用

其中：营业利润＝营业收入－营业成本－税金及附加－销售费用－管理费用－财务费用－信用减值损失±公允价值变动损益－资产减值±投资收益±资产处置损益

利润总额＝营业利润＋营业外收入－营业外支出

所得税费用＝利润总额×25％

净利润＝利润总额－所得税费用

▶ 2. "本月数"栏

"本月数"反映各项目的本月实际发生数。在编报中期报表时，填列上年同期累计实际发生数；在编报年度报表时，填列上年全年累计实际发生数，并将"本月数"栏改成"上年数"栏。如果上年度利润表与本年度利润表的项目名称和内容不一致，应对上年度利润表项目的名称和数字按本年度的规定进行调整。

▶ 3. "本年累计数"栏

"本年累计数"反映各项目自去年初起至报告期末止的累计实际发生数。

(二) 利润表各项目的具体填列方法

（1）"主营业务收入"项目，反映企业经营主要业务所取得的收入总额。本项目应根据"主营业务收入"账户的发生额分析填列。

（2）"主营业务成本"项目，反映企业经营主要业务发生的实际成本。本项目应根据"主营业务成本"账户的发生额分析填列。

（3）"税金及附加"项目，反映企业经营主要业务应负担的消费税、城市维护建设税、资源税、土地增值税和教育费附加等，不包括增值税。本项目应根据"税金及附加"账户的发生额分析填列。

（4）"其他业务利润"项目，反映企业除主营业务以外取得的收入，减去所发生的相关成本、费用，以及相关税金及附加等的支出后的净额。本项目应根据"其他业务收入""其他业务支出"账户的发生额分析填列。

（5）"销售费用"项目，反映企业在销售商品和商品流通企业在购入商品等过程中发生的费用。本项目应根据"销售费用"账户的发生额分析填列。

（6）"管理费用"项目，反映企业发生的管理费用。本项目应根据"管理费用"账户的发生额分析填列。

（7）"财务费用"项目，反映企业发生的财务费用。本项目应根据"财务费用"账户的发生额分析填列。

（8）"投资收益"项目，反映企业以各种方式对外投资所取得的收益。本项目应根据"投资收益"账户的发生额分析填列，如为投资损失，以"—"号填列。

（9）"补贴收入"项目，反映企业取得的各种补贴收入及退回的增值税等。本项目应根据"补贴收入"账户的发生额分析填列。

（10）"营业外收入"项目和"营业外支出"项目，反映企业发生的与其生产经营无直接关系的各项收入和支出。这两个项目应分别根据"营业外收入"账户和"营业外支出"账户的发生额分析填列。

（11）"所得税"项目，反映企业按规定从本期损益中减去的所得税。本项目应根据"所得税费用"账户的发生额分析填列。

（12）"净利润"项目，反映企业实现的净利润。若为亏损，以"—"号填列。

第三节 装 订

月末，完成所有的账务处理、账簿登记及报表编制后，会计应将各种凭证、账簿、报表整理好，装订成册。

一、记账凭证装订

本实操中，装订顺序如下：
（1）将1月所有记账凭证整理好，用大夹子夹住；

（2）将科目汇总表附在会计凭证上方，将记账凭证封面、封底和包角附上，装订成册；

（3）用装订机将凭证打孔，完成后，按规定填写凭证封面，标明账册信息。

二、会计账簿装订

本实操中，将库存现金日记账、银行存款日记账和其他明细账装订在一起；另将总分类账装订在一起。

本实操中，按照资产负债表、利润表、试算平衡表的顺序进行会计报表的装订。装订完成后，按规范填写会计报表封面信息，并将所有资料整理好，放回"档案盒"中。

第五章 各模块系统初始设置

职业能力目标

1. 了解在会计信息化环境下企业资料的录入
2. 掌握信息化环境下基础档案的设置方法

工作任务

1. 收集会计信息化环境下需要的基础信息
2. 完成会计信息化环境下的基础设置

情境概述

2020年1月城科童飞有限责任公司购置用友U8V10.1财务软件用于财务处理,根据有关会计制度规定,要求手工与信息化并行1个月。财务部主管钱坤会同用友软件重庆公司工程师对企业现状进行了调研后,开始进行会计信息化初始设置工作。2020年1月1日启用总账、报表、薪资管理、固定资产、应收款、应付款、采购、销售、库存、存货核算子系统,建立账套的初始数据已整理完成。

情境分析

会计信息化环境下基础设置包括建立账套、财务分工、启用各子系统、建立公共基础档案信息、各子系统的初始化等,是会计信息化前期的一项重要工作。信息化建账业务流程如右图所示。

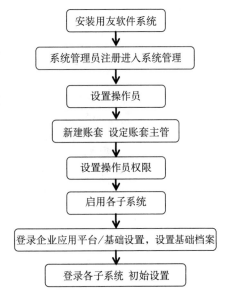

任务分解

(1) 建立会计账套
(2) 人员操作权限分工
(3) 建立基础档案信息
(4) 财务系统初始化设置
(5) 供应链系统初始设置

第一节　建立会计账套与人员操作权限分工

一、建立会计账套

【业务描述】

企业法定中文名称：城科童飞制造有限责任公司（简称：城科童飞）

企业法定代表人：赵成

组织机构类型：制造业

企业注册地址：重庆市永川区光彩大道368号

办公电话：023－6234－5678

注册资金：15 000 000元

企业注册登记日期：2015年1月4日

邮政编码：102202

开户银行：中国工商银行

银行账号：0100229999000099001

社会统一信用代码：1101088090186320001

【岗位说明】

"Admin系统管理员"建立账套。

【操作指导】

（1）以系统管理员身份注册进入【系统管理】。执行【账套】【建立】命令。打开【创建账套】窗口，选择【新建空白账套】，单击【下一步】按钮，如图5-1所示。

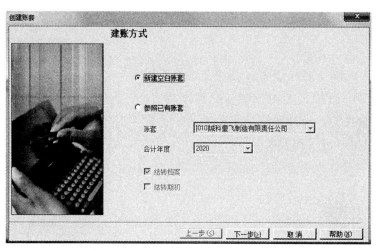

图5-1　【创建账套——建账方式】窗口

（2）在【账套信息】窗口中，输入账套号"662"。账套名称"城科童飞制造有限责任公司"及启用会计期"2020年1月"，如图5-2所示。

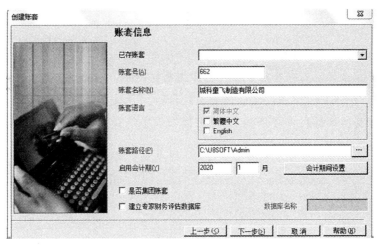

图 5-2 【创建账套——账套信息】窗口

注意

➢账套号是账套的唯一标识，可以自行设置3位数字，但不允许与已存账套的账套号重复，账套号设置后将不允许修改。

➢账套名称是账套的另一种标识方法，它将与账套号一起显示在系统正在运行的屏幕上，账套名称可以自行设置，并可以由账套主管在修改账套功能中进行修改。

➢系统默认的账套路径是用友 U8V10.1 的安装路径，可以进行修改。

➢建立账套时系统会将启用会计期自动默认为系统日期，应注意根据所给资料修改，否则将会影响到企业的系统初始化及日常业务处理等内容的操作。

（3）单击【下一步】按钮，打开【单位信息】窗口，依次输入单位名称、单位简称、单位地址等信息，如图5-3所示。

图 5-3 【创建账套——单位信息】窗口

注意

➢ 单位信息中【单位名称】是必须录入的。必须录入的信息以蓝色字体标识(以下同)。

➢ 单位名称应录入企业的全称,以便打印发票时使用。

(4) 单击【下一步】按钮,打开【核算类型】窗口,选择【工业】企业类型,行业性质选择【2007年新会计制度科目】。从【账套主管】下拉列表中选择"001 梁天",勾选【按行业性质预置科目】复选框,如图5-4所示。

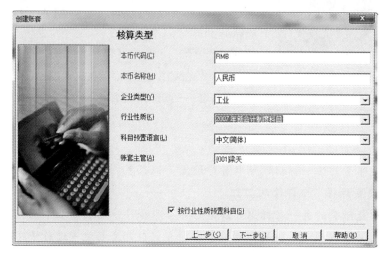

图 5-4 【创建账套——核算类型】窗口

注意

➢ 行业性质将决定系统预置科目的内容,必须选择正确。

➢ 如果事先增加了操作员,则可以在建账时选择该操作员为该账套的账套主管。如果建账前未设置操作员,建账过程中可以先选一个操作员作为该账套的主管,待账套建立完成后再到【权限】功能中进行账套主管的设置。

➢ 如果选择了按行业性质预置科目,则系统根据您所选择的行业类型自动添加国家规定的一级科目。

(5) 单击【下一步】按钮,打开【基础信息】窗口,选择【存货是否分类】【有无外币核算】,不选【客户是否分类】【供应商是否分类】,如图5-5所示。

注意

➢ 是否对存货、客户及供应商进行分类将会影响到其档案的设置。有无外币核算将会影响到基础信息的设置及日常是否处理外币业务。

➢ 如果基本信息设置错误,可以由账套主管在修改账套功能中进行修改。

(6) 单击【下一步】按钮,打开【创建账套——开始】窗口,如图5-6所示。

图 5-5 【创建账套——基础信息】窗口

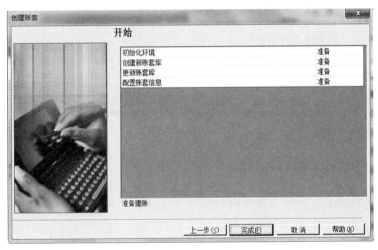

图 5-6 【创建账套——开始】窗口

（7）单击【完成】按钮，弹出系统提示"可以创建账套了么？"，单击【是】按钮，如图 5-7 所示。

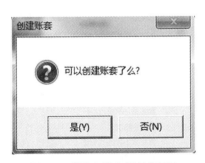

图 5-7 【创建账套提示】窗口

（8）系统自动进行创建账套的工作。建账需要一段时间，请耐心等候。建账完成后，自动打开【编码方案】窗口，按账套资料修改分类编码方案，如图 5-8 所示。科目编码为

4-2-2-2；存货分类编码为 1-2；部门编码为 1-2。

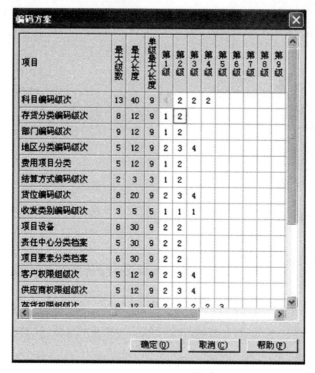

图 5-8 【编码方案】窗口

注意

➢ 编码方案的设置，将会直接影响到基础信息设置中相应内容的编码级次及每级编码的位长。

➢ 删除编码级次时，必须从最后一级向前依次删除。

（9）编码方案修改好后，单击【确定】按钮，再单击【取消】按钮，进入【数据精度】窗口，如图 5-9 所示。

图 5-9 【数据精度】窗口

（10）默认系统预置的数据精度的设置，单击【取消】按钮，系统提示"【662】建账成功"，如图 5-10 所示。

图 5-10 【建账成功提示】窗口

注意

➢如果选择单击【否】按钮，则先结束建账过程，之后再在企业应用平台中的基础信息中进行系统启用。

（11）单击【是】按钮，打开【系统启用】窗口，依次启用【总账】【应收款管理】【应付款管理】【固定资产】【薪资管理】【采购管理】【销售管理】【库存管理】以及【存货核算】，启用日期为 2020 年 1 月 1 日，如图 5-11 所示。

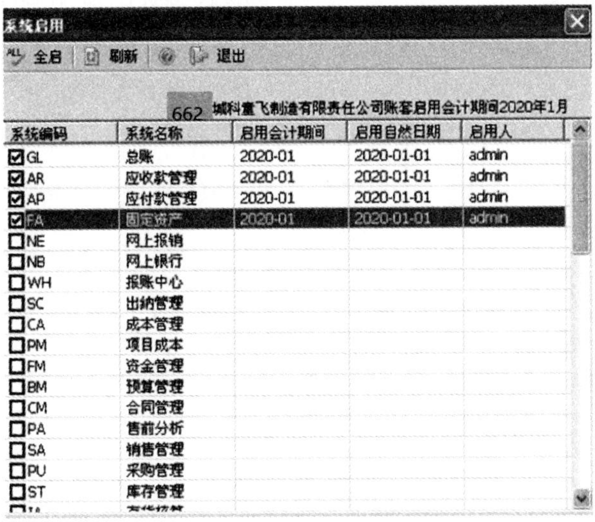

图 5-11 【系统启用】窗口

（12）结束建账过程，系统弹出"请进入企业应用平台进行业务操作！"提示，如图 5-12 所示，单击 ✖ 按钮返回。

图 5-12 【系统管理】窗口

二、人员操作权限分工

【业务描述】

2020年1月1日,城科童飞制造有限责任公司的操作员及相关权限信息如表5-1所示,请以"Admin系统管理员"身份登录【系统管理】为用户授权,同时以账套主管"001梁天"的身份登录企业应用平台,取消【仓库】【科目】【工资权限】及【用户】的记录级数据权限控制。

表5-1 操作员权限分工表

部门	编码	操作员	角色	权限
企管部	001	梁天	总经理	账套主管,负责各项初始设置
财务部	002	钱坤	财务经理	基本信息;总账的审核凭证、查询凭证、账表;对账、结账;UFO报表
财务部	003	朱中华	财务会计	基本信息、总账(填制凭证、查询凭证、账表、期末、记账);应收款和应付款管理;固定资产管理;薪资管理;存货核算的所有权限
财务部	004	赵丹	出纳	基本信息、应收应付的收付款单填写、选择收款和选择付款权限、票据管理;总账的出纳签字、出纳
采购部	005	付海生	采购	基本信息、采购管理的所有权限
仓储部	006	王宝珠	仓储	基本信息、库存管理的所有权限
市场销售部	007	马博	销售	基本信息、销售管理的所有权限

【岗位说明】

"Admin系统管理员"设置操作员权限。

【操作指导】

▶1. 根据操作员权限分工表录入用户信息

以"Admin系统管理员"身份进入,录入用户信息。在系统管理中执行【权限】【用户】命令,单击【增加】按钮,输入用户信息,如图5-13、图5-14所示。

▶2. 设置"梁天"的用户权限

(1)在系统管理中执行【权限】|【权限】命令,打开【操作员权限】窗口。

(2)在右边的下拉列表中选中【662】城科童飞制造有限责任公司账套。

(3)在左侧的操作员列表中,选中"001梁天",显示该操作员拥有本账套所有权限,如图5-15所示。

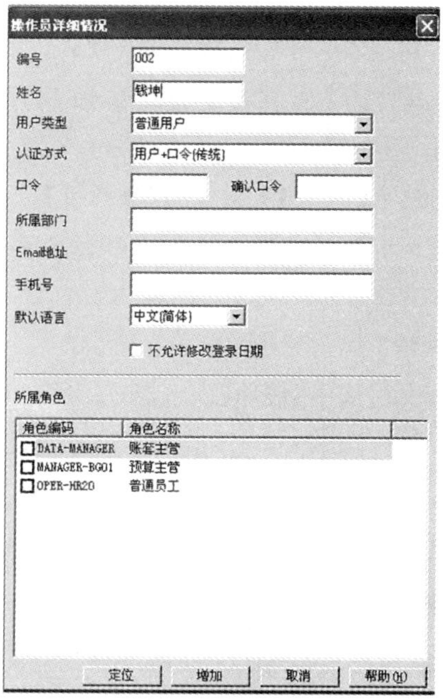

图 5-13 操作员详细情况

图 5-14 用户管理

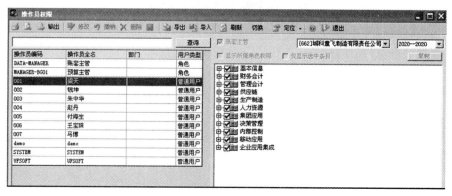

图 5-15 "001 梁天"【操作员权限】窗口

注意

➢ 只有"系统管理员(Admin)"才有权限设置或取消账套主管。而账套主管只有权对所辖账套进行用户的权限设置。

➢ 设置权限时应注意分别选中【账套】及相应的【操作员】。

➢ 账套主管拥有该账套的所有权限,因此无须为账套主管另外赋权。

➢ 一个账套可以有多个账套主管。

▶ 3. 设置其他操作员权限

(1) 在【操作员权限】窗口中,选中"钱坤"。

(2) 单击【修改】按钮。

(3) 在右侧窗口中,单击展开财务会计总账,选中【基本信息】和【财务会计】,如图5-16所示。

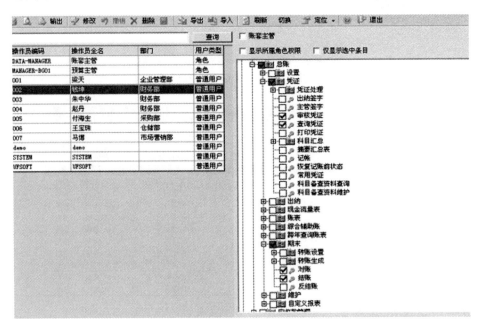

图5-16 【002钱坤操作员权限】

(4) 单击【保存】按钮返回。

(5) 根据操作员权限分配表依次设置其他操作员的权限。

▶ 4. 取消所有记录级数据权限控制

(1) 以账套主管"001梁天"身份登录企业应用平台,如图5-17所示。执行【系统服务】【权限】【数据权限控制设置】命令,打开【数据权限控制设置】窗口。

(2) 取消【仓库】【科目】【工资权限】以及【用户】前的【是否控制】选项,单击【确定】按钮,如图5-18所示。

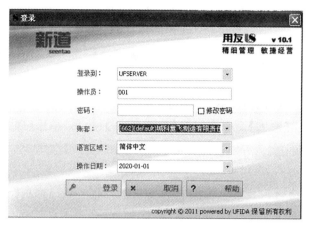

图 5-17　登录界面

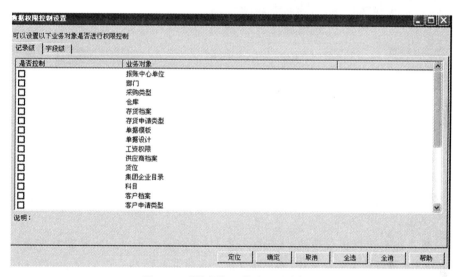

图 5-18　【数据权限控制设置】窗口

三、账套备份、引入及修改

【业务描述】

（1）2020 年 1 月 1 日，输出【662】城科童飞制造有限责任公司账套至"F：\ 616 份 \ 1"文件夹中保存。

（2）2020 年 1 月 1 日，将【662】城科童飞制造有限责任公司账套引入至【Admin】文件夹中。

（3）2020 年 1 月 1 日，账套主管"001 梁天"登录【系统管理】修改"【662】城科童飞制造有限责任公司"账套的基础信息中【无外币核算】。

【岗位说明】

Admin 系统管理员备份账套、引入、账套主管"001 梁天"登录【系统管理】修改【662】城科童飞制造有限责任公司账套的基础信息中【有无外币核算】。

【操作指导】

▶ 1. 账套备份

（1）在 F 盘中新建"662 账套备份"文件夹，然后再在"662 账套备份"文件夹中新建"1"文件夹。

（2）以系统管理员身份登录【系统管理】。

（3）执行【账套】|【输出】命令，打开【账套输出】窗口。单击【账套号】栏的下三角按钮，选择【662】城科童飞制造有限责任公司，【输出文件位置】选择"F：\662 账套备份\"，如图 5-19 所示。

（4）单击【确认】按钮，系统进行账套数据输出，完成后，弹出【输出成功】信息提示框，如图 5-20 所示，单击【确定】按钮返回。

图 5-19 【账套输出】窗口

图 5-20 【输出成功】窗口

> 注意

➢ 利用账套输出功能还可以进行【删除账套】的操作。方法是在账套输出对话框中选中【删除当前输出账套】复选框，单击【确认】按钮，系统在删除账套前同样要进行账套输出，当输出完成后系统提示【真要删除该账套吗？】，单击【是】按钮则可以删除该账套。

➢ 只有系统管理员（Admin）有权进行账套输出。

➢ 正在使用的账套可以进行账套输出而不允许进行账套删除。

➢ 备份账套时应先建立一个备份账套的文件夹，以便将备份数据存放在目标文件夹中。

➢ 系统管理员也可以设置自动备份计划。

▶ 2. 账套引入

（1）以系统管理员身份登录【系统管理】。

（2）执行【账套】|【引入】命令，打开【请选择账套备份文件】窗口，选择将要引入的账套数据，如图 5-21 所示，单击【确定】按钮。

（3）系统会自动将账套数据引入到系统中，系统弹出【请选择账套引入的目录】窗口，选择引入目录为"C：\U8SOFT\Admin"，如图 5-21 所示，单击【确定】按钮。

（4）引入账套需要一定的时间，请耐心等候，引入完成后系统弹出提示"账套【662】引

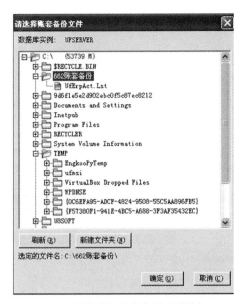

图 5-21 【请选择账套备份文件】窗口

入成功!"如图 5-22 所示。单击【确定】按钮。

图 5-22 账套【662】引入成功提示窗口

▶ 3. 账套修改

(1) 以"001 梁天"身份进入【系统管理】修改账套。执行【系统】【注册】命令，打开【系统管理】窗口，如图 5-23 所示。

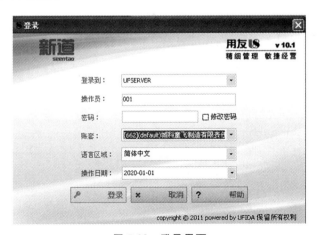

图 5-23 登录界面

注意

➢ 如果此时已有其他用户登录了系统管理，则应先通过【系统】|【注销】命令注销当前用户，然后再由账套主管重新登录。

（2）输入操作员"001 梁天"，单击【账套】栏的下三角按钮，选择【662】城科童飞制造有限责任公司。操作日期为 2020 年 1 月 1 日。

（3）单击【登录】按钮，以账套主管身份登录【系统管理】。

（4）执行【账套】|【修改】命令，打开【修改账套】窗口，如图 5-24 所示。

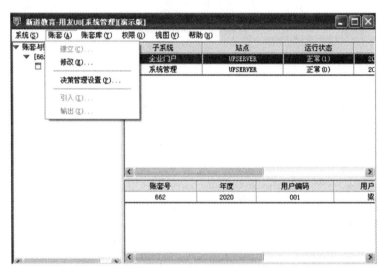

图 5-24　修改账套窗口

（5）单击【下一步】按钮，打开【单位信息】窗口。

（6）单击【下一步】按钮，打开【核算类型】窗口。

（7）单击【下一步】按钮，打开【基础信息】窗口。取消【有无外币核算】，如图 5-25 所示。

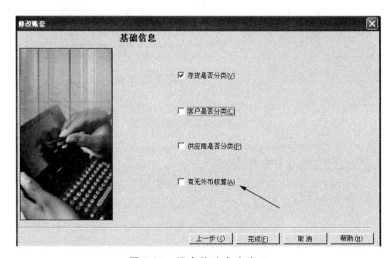

图 5-25　账套修改内容窗口

第二节 建立基础档案信息

一、增加部门档案、部门类别、人员档案

【业务描述】

2020年1月1日。账套主管"001梁天"登录企业应用平台,增加部门档案、部门类别、人员档案等。

【岗位说明】

"001梁天"设置基础档案信息。

【操作指导】

根据第一章"企业相关基本信息及期初数据"中表1-1、表1-2、表1-3设置部门档案、部门类别、人员档案。

(1)设置部门档案。以"001梁天"身份登录企业应用平台,在【基础设置】选项卡中,执行【基础档案】【机构人员】【部门档案】命令,打开【部门档案】窗口。单击【增加】按钮,按照表1-1输入部门编码"1"、部门名称"企业管理部",单击【保存】按钮。以此方法依次输入其他部门档案,操作结果如图5-26所示。

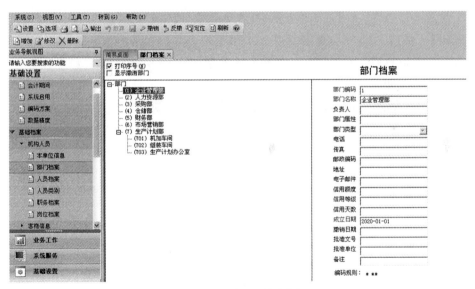

图5-26 设置【部门档案】窗口

> **注意**
>
> ➢ 部门编码必须符合在分类编码中定义的编码规则。
> ➢ 由于此时还未设置【人员档案】。因此,部门中的【负责人】暂时不能设置,如果要设置,必须在完成【人员档案】设置后,再回到【部门档案】中以修改的方式补充设置。

（2）设置人员类别。在【基础设置】选项卡中，执行【基础档案】|【机构人员】|【人员类别】命令，打开【人员类别】窗口。选择【正式工】类别，单击【增加】按钮，按表 1-2 在【正式工】下增加企业管理人类别，单击【保存】按钮。依次增加其他四类人员类别，操作结果如图 5-27 所示。

图 5-27　设置【人员类别】窗口

注意

➢人员类别与工资费用的分配、分摊有关，工资费用的分配及分摊是薪资管理系统的一项重要功能。人员类别设置的目的是为工资分摊生成凭证设置相应的入账科目做准备，可以按不同的入账科目需要设置不同的人员类别。

➢人员类别是人员档案中的必选项目，需要在人员档案建立之前设置。

➢人员类别名称可以修改，但已使用的人员类别名称不能删除。

（3）设置人员档案。在【基础设置】选项卡中，执行【基础档案】【机构人员】【人员档案】命令，打开【人员档案】窗口。单击左侧窗口中【部门分类】下的【企业管理部】。单击【增加】按钮，按表 1-3 资料输入人员信息，如图 5-28 所示，单击【保存】按钮。以此方法输入其他人员档案，操作结果如图 5-29 所示。

图 5-28　设置人员档案窗口

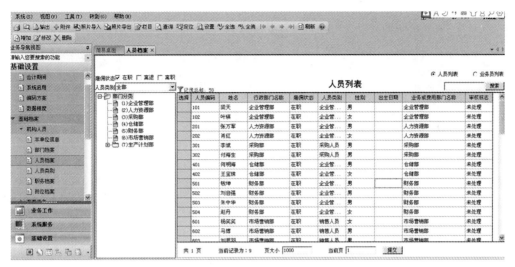

图 5-29 人员列表窗口

注意

➢ 此处的人员档案应该包括企业所有员工。

➢ 人员编码必须唯一，行政部门只能是末级部门。

➢ 如果该员工需要在其他档案或者其他单据的【业务员】项目中被参照，需要选中【是否业务员】选项。

二、增加供应商信息、客商信息

【业务描述】

2020年1月1日。账套主管"001 梁天"登录企业应用平台，增加供应商信息、客商信息。

【岗位说明】

"001 梁天"设置基本档案信息。

【操作指导】

根据附录 A"企业基本财务信息"（扫描二维码）中的表 A 1-2、表 A 1-3，设置供应商信息、客商信息。

（1）以"001 梁天"身份登录企业应用平台，在【基础设置】选项卡中，执行【基础档案】【客商信息】【客户分类】，录入编码"00"，名称【无分类】，单击【确定】退出。

附录A：企业基本财务信息

（2）点击【客户档案】，打开【客户档案】，单击【增加】，根据附录A中的表A 1-2、表 A 1-3，设置供应商信息、客商信息，操作结果如图 5-30、图 5-31 所示。

（3）输入相关信息，输入完毕后，单击【保存】。

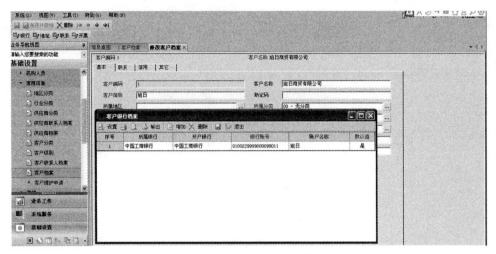

图 5-30 【客户档案】设置窗口

图 5-31 【客户档案】信息查询展示

注意

➢ 在录入客户档案时，客户编码及客户简称必须录入，客户编码必须唯一。

➢ 由于账套中并未对客户进行分类，因此所属分类为无分类。

➢ 客户是否分类应在建立账套时确定，此时不能修改，如果修改只能在未建立客户档案的情况下，在系统管理中以修改账套的方式修改。

➢ 设置客户的【分管部门】及【专管业务员】，是为了在销售管理系统填制发票等原始单据时能自动根据客户显示部门及业务员信息。

（4）设置供应商档案。以梁天身份登录企业应用平台，在【基础设置】选项卡中，执行【基础档案】【客商信息】【供应商分类】录入编码"00"，名称"无分类"，单击【确定】退出。

（5）双击进入【供应商档案】，打开【供应商档案】单击【增加】输入相关信息，输入完毕后，单击【保存】。操作结果如图 5-32、图 5-33 所示。

注意

➢ 在录入供应商档案时，供应商编码及供应商简称必须录入，供应商编码必须唯一。

➢ 由于账套中并未对供应商进行分类，因此其所属分类为无分类。

➢ 设置供应商的【分管部门】【专管业务员】是为了在采购管理系统填制发票等原始单据时能自动根据供应商显示部门及业务员信息。

图 5-32 增加供应商档案操作

图 5-33 供应商档案查询

三、增加存货分类、计量单位、存货档案

【业务描述】

2020 年 1 月 1 日。账套主管"001 梁天"登录企业应用平台，增加存货分类、计量单位、存货档案。

【岗位说明】

"001 梁天"设置基本档案信息。

【操作指导】

根据存货分类（表 5-2）、计量单位分组（表 5-3），设置存货分类、计量单位；根据附录A"企业基本财务信息"（扫描二维码）中的表 A 1-1 设置存货档案。

表 5-2 存货分类

分 类 编 码	分 类 名 称
1	原材料
2	半成品
3	产成品
4	资产
5	其他

表 5-3 计量单位分组

计量单位组编码	计量单位组名称	计量单位组类别	计量单位编码	计量单位
1	自然单位组	无换算	1	辆
1	自然单位组	无换算	2	个
1	自然单位组	无换算	3	根
1	自然单位组	无换算	4	套
1	自然单位组	无换算	5	片
1	自然单位组	无换算	6	台
1	自然单位组	无换算	7	公里
1	自然单位组	无换算	8	吨
1	自然单位组	无换算	9	度

（1）以"001 梁天"身份登录企业应用平台，在【基础设置】选项卡中，执行【基础档案】【存货】【存货分类】，打开【存货分类】单击【增加】输入相关信息，输入完毕后，单击【保存】。操作结果如图 5-34、图 5-35 所示。

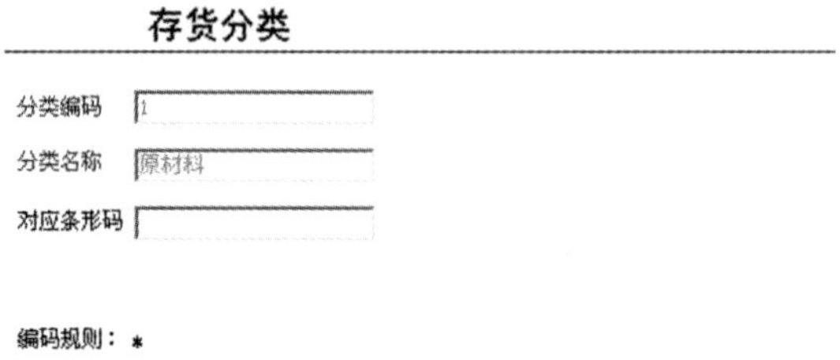

图 5-34 【存货分类】操作界面

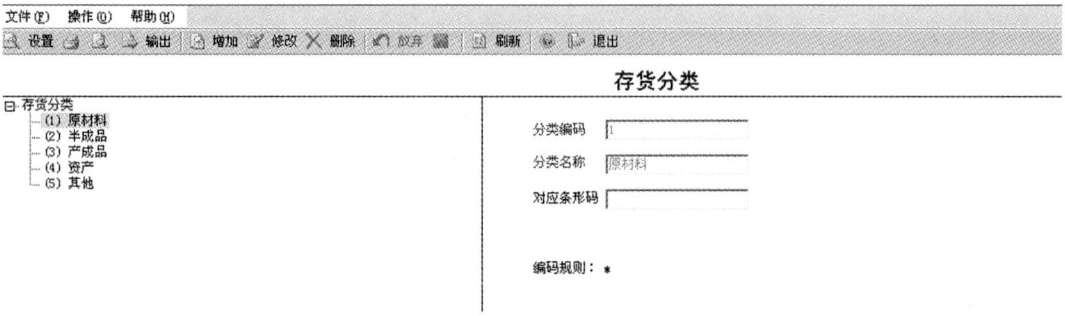

图 5-35 【存货分类】操作结果展示

（2）以"001 梁天"身份登录企业应用平台，在【基础设置】选项卡中，执行【基础档案】【存货】【计量单位】，单击【分组】，输入相关的信息，输入完毕，单击【保存】。在计量单位界面，单击【单位】菜单，在弹出的对话框中单击【增加】，输入计量单位的相关信息，单击【保存】。操作结果如图 5-36、图 5-37 所示。

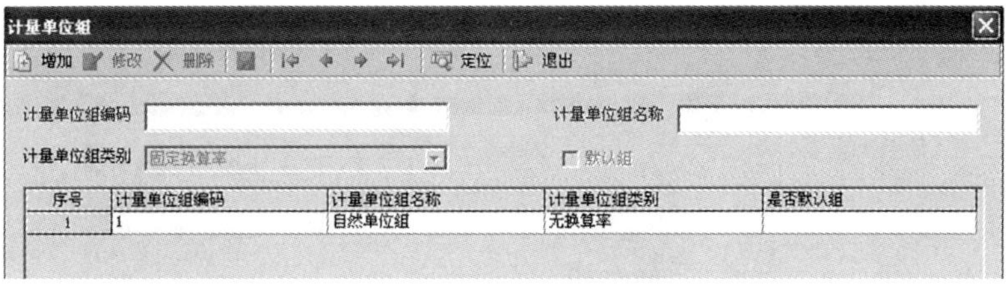

图 5-36　【计量单位组】设置

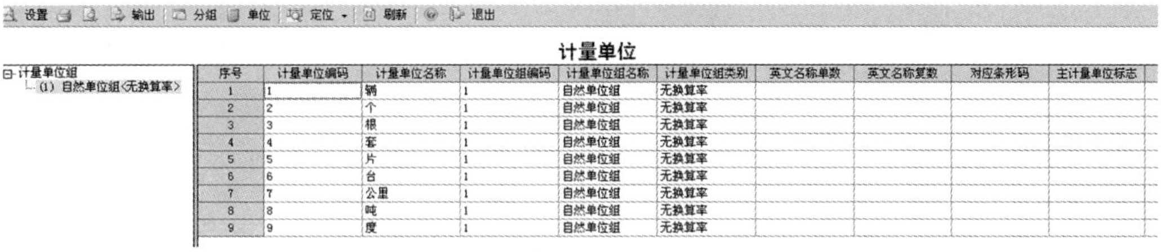

序号	计量单位编码	计量单位名称	计量单位组编码	计量单位组名称	计量单位组类别	英文名称单数	英文名称复数	对应条形码	主计量单位标志
1	1	辆	1	自然单位组	无换算率				
2	2	个	1	自然单位组	无换算率				
3	3	根	1	自然单位组	无换算率				
4	4	套	1	自然单位组	无换算率				
5	5	片	1	自然单位组	无换算率				
6	6	台	1	自然单位组	无换算率				
7	7	公里	1	自然单位组	无换算率				
8	8	吨	1	自然单位组	无换算率				
9	9	度	1	自然单位组	无换算率				

图 5-37　【计量单位】操作结果窗口

注意

➢在设置存货档案之前必须先到企业应用平台的【基础档案】中设置计量单位，否则，存货档案中没有被选的计量单位，存货档案不能保存。

➢在设置计量单位时必须先设置计量单位分组，再设置各个计量单位组中的计量单位。

➢计量单位组分为无换算率、固定换算率和浮动换算率三种类型。如果需要换算，一般将最小计量单位作为主计量单位。

➢计量单位可以根据需要随时增加。

(3) 以“001 梁天”身份登录企业应用平台，在【基础设置】选项卡中，执行【基础档案】【存货】【存货档案】，打开【存货档案】对话框，先选定某一存货分类，单击【增加】，输入相关的信息，输入完毕后，单击【保存】。操作结果如图 5-38、图 5-39 所示。

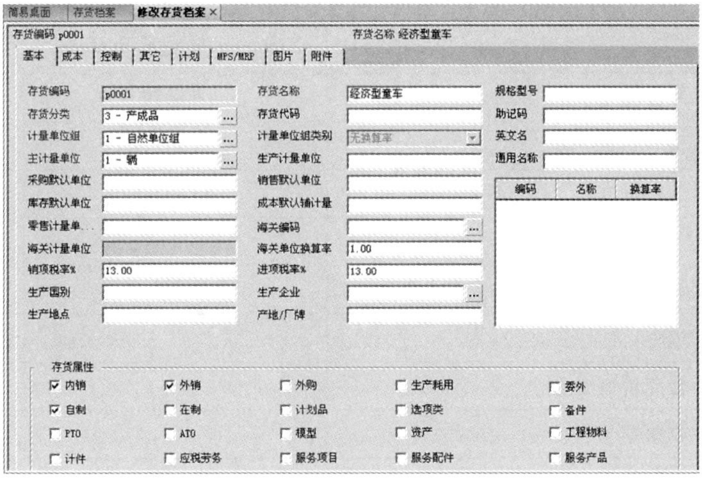

图 5-38　【存货档案】设置窗口

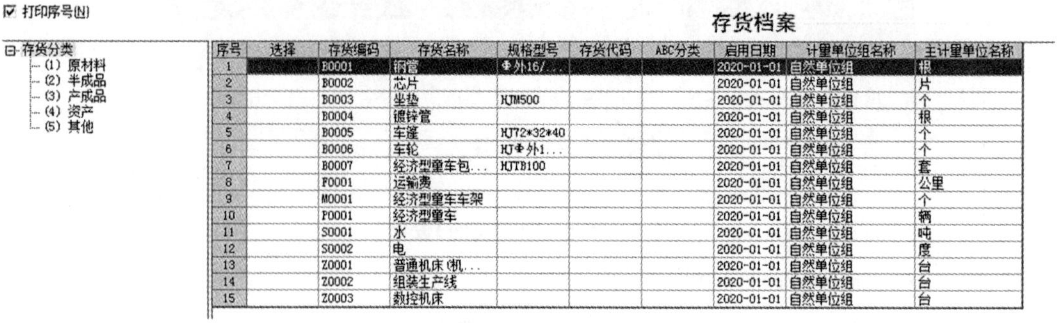

序号	选择	存货编码	存货名称	规格型号	存货代码	ABC分类	启用日期	计量单位组名称	主计量单位名称
1		B0001	钢管	Φ外16/...			2020-01-01	自然单位组	根
2		B0002	芯片				2020-01-01	自然单位组	片
3		B0003	坐垫	HJM500			2020-01-01	自然单位组	个
4		B0004	镀锌管				2020-01-01	自然单位组	根
5		B0005	车篷	HJ72*32*40			2020-01-01	自然单位组	个
6		B0006	车轮	HJΦ外1...			2020-01-01	自然单位组	个
7		B0007	经济型童车包...	HJTB100			2020-01-01	自然单位组	套
8		F0001	运输费				2020-01-01	自然单位组	公里
9		M0001	经济型童车车架				2020-01-01	自然单位组	个
10		P0001	经济型童车				2020-01-01	自然单位组	辆
11		S0001	水				2020-01-01	自然单位组	吨
12		S0002	电				2020-01-01	自然单位组	度
13		Z0001	普通机床(机...				2020-01-01	自然单位组	台
14		Z0002	组装生产线				2020-01-01	自然单位组	台
15		Z0003	数控机床				2020-01-01	自然单位组	台

图 5-39 【存货档案】操作结果窗口

注意

➢在录入存货档案时，如果存货类别不符合要求应重新进行选择。

➢在录入存货档案时，如果直接列示的计量单位不符合要求，应先将不符合要求的计量单位删除，再单击【参照】按钮就可以在计量单位表中重新选择计量单位。

➢存货档案中的存货属性必须选择正确，否则，在填制相应单据时就不会在相应的存货列表中显现。

四、增加会计科目

【业务描述】

2020 年 1 月 1 日。账套主管“001 梁天”登录企业应用平台，增加会计科目。

【岗位说明】

“001 梁天”设置基本档案信息。

【操作指导】

以“001 梁天”身份登录企业应用平台，根据表 5-4 会计科目及余额表，设置会计科目。

表 5-4 会计科目设置明细表

科目编码	科目名称	辅助账类型/受控系统	方向
1001	库存现金	日记账	借
1002	银行存款	日记账	借
100201	工行存款		借
1012	其他货币资金		借
1101	交易性金融资产		借
110101	成本		借
110102	公允价值变动		借
1121	应收票据		借
1122	应收账款	客户往来/应收系统	借

续表

科目编码	科目名称	辅助账类型/受控系统	方向
1123	预付账款	供应商往来/应付系统	借
1131	应收股利		借
1132	应收利息		借
1221	其他应收款		借
1231	坏账准备		借
1401	材料采购		借
1402	在途物资		借
1403	原材料		借
140301	钢管	数量核算	借
140302	坐垫	数量核算	借
140303	车轮	数量核算	借
140304	车篷	数量核算	借
140305	经济型童车包装套件	数量核算	借
1405	库存商品		借
140501	经济型童车	数量核算	借
1409	自制半成品		借
140901	经济型车架	数量核算	借
1601	固定资产		借
1602	累计折旧		贷
2001	短期借款		贷
2201	应付票据		贷
2202	应付账款		贷
220201	一般应付款	供应商往来/应付系统	贷
220202	暂估应付款	供应商往来	贷
2203	预收账款	客户往来/应收系统	贷
2211	应付职工薪酬		贷
221101	工资		贷
221103	社会保险费		贷
221104	住房公积金		贷
2221	应交税费		贷
222101	应交增值税		贷
22210101	进项税额		借

续表

科目编码	科目名称	辅助账类型/受控系统	方向
22210102	销项税额		贷
22210103	进项税额转出		贷
22210105	已交增值税		贷
22210106	转出未交税金		贷
222102	应交个人所得税		贷
222103	应交企业所得税		贷
222104	未交增值税		贷
222105	应交城市维护建设税		贷
222106	应交教育费附加		贷
4001	实收资本		贷
4002	资本公积		贷
4101	盈余公积		贷
4103	本年利润		贷
4104	利润分配		贷
410406	未分配利润		贷
5001	生产成本		借
500101	经济型车架		借
50010101	直接材料	部门项目、项目核算	借
50010102	直接人工	部门项目、项目核算	借
50010103	制造费用	部门项目、项目核算	借
500102	经济型童车		借
50010201	直接材料	部门项目、项目核算	借
50010202	直接人工	部门项目、项目核算	借
50010203	制造费用	部门项目、项目核算	借
5101	制造费用		借
510101	工资		借
510102	社会保险费		借
510103	住房公积金		借
510104	折旧费		借
51010401	机加车间		借
51010402	组装车间		借
51010403	生产计划办公室		借
510105	水电费		借

续表

科目编码	科目名称	辅助账类型/受控系统	方向
51010501	机加车间		借
51010502	组装车间		借
51010503	生产计划办公室		借
510106	租赁费		借
51010601	机加车间		借
51010602	组装车间		借
51010603	生产计划办公室		借
6601	销售费用		借
660101	工资		借
660102	社会保险费		借
660103	住房公积金		借
660104	广告费		借
660105	折旧费		借
660106	差旅费		借
660107	其他		借
6602	管理费用		借
660201	工资		借
660202	社会保险费		借
660203	住房公积金		借
660204	差旅费		借
660205	水电费		借
660206	办公费		借
660207	折旧费		借
660208	其他		借
6603	财务费用		借
660301	手续费用		借
660302	利息支出		借
660303	利息收入		借

备注：存货名称为经济型童车车架，科目设置中简化为经济型车架。则后文科目中的经济型车架即为经济型童车车架。

（1）指定科目设置。账套主管"001 梁天"登录企业应用平台，单击【基础设置】【基础档案】【财务】【会计科目】，单击【编辑】【指定科目】，选中库存现金为库存现金科目，银行存款为银行科目，操作结果如图 5-40、图 5-41 所示。

注意

➤被指定的【现金总账科目】及【银行总账科目】必须是一级会计科目。

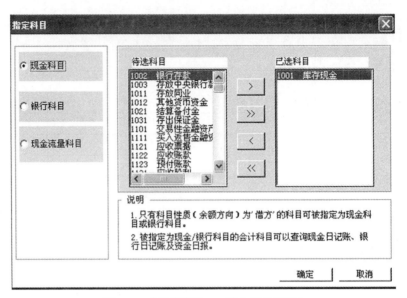

图 5-40 【指定科目——现金科目】窗口

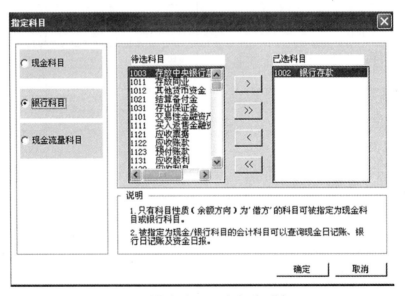

图 5-41 【指定科目——银行科目】窗口

➢ 只有指定现金及银行总账科目才能进行出纳签字的操作。

➢ 只有指定现金及银行总账科目才能查询现金日记账和银行存款日记账。

➢ 是否将库存现金、银行存款、其他货币资金指定为现金流量科目？若指定，录入凭证，因涉及现金流量科目，需选择现金流量项目才能保存；若不指定，则不会自动生成现金流量。

（2）会计科目新增设置。以"001 梁天"身份登录企业应用平台，单击【基础设置】【基础档案】【财务】【会计科目】，单击【增加】，进入【新增会计科目】窗口，根据表 5-4 输入相关信息，输入完毕后，单击【确定】，操作结果如图 5-42 所示。

第五章 各模块系统初始设置

图 5-42 【新增会计科目】窗口

注意

➢在会计科目前，一定要检查系统预置的会计科目是否能够满足需求，如果不能满足需求，可以增加新的会计科目或修改已经存在的会计科目，如果系统预置的会计科目中有一些是不需要的，可以删除。

➢会计科目编码应符合编码规则。

➢如果科目已经使用，则不能被修改或删除。

➢设置会计科目时应注意会计科目的【账页格式】，一般情况下应为【金额式】，也有可能是【数量金额式】等，如果是数量金额式还应继续设置计量单位，否则仍不能同时进行数量金额式的核算。

➢【无受控系统】即该账套不使用【应收】及【应付】系统，【应收】及【应付】业务均以辅助账的形式在总账系统中进行核算。

➢凡是设置有辅助核算内容的会计科目，在填制凭证时都需填制具体的辅助核算内容。

➢如果新增科目与原有某一科目相同或类似则可采用复制的方法，但是要特别注意复制后的科目是否需要修改科目性质(余额方向)。

(3) 会计科目修改。以"001 梁天"身份登录企业应用平台，单击【基础设置】【基础档案】【财务】【会计科目】选中【库存现金】，设置日记账，打开【会计科目——修改】窗口，单击【修改】按钮，选中【日记账】前的复选框，单击【确定】按钮，如图 5-43 所示。修改【应收

73

账款】,选中【应收账款】设置辅助核算,单击【修改】,选中【客户往来】核算,【受控科目】选中【应收系统受控】,单击【确定】按钮。其他项目修改类似。

图 5-43 【会计科目——修改】窗口

注意

➢【有受控系统】即该账套使用【应收】及【应付】系统,【应收】及【应付】业务在应收、应付系统中进行核算。

➢凡是设置有辅助核算内容的会计科目,在填制凭证时需填制具体的辅助核算内容。

➢如果新增科目与原有某一科目相同或类似则可采用复制的方法,但是要特别注意复制后的科目是否需要修改科目性质(余额方向)。

五、增加项目大类

【业务描述】

2020年1月1日。账套主管"001 梁天"登录企业应用平台,设置核算的项目大类。

【岗位说明】

"001 梁天"设置基本档案信息。

【操作指导】

城科童飞制造有限责任公司的项目核算信息如表 5-5 所示,根据该表设置项目大类。

表 5-5　项目核算信息

项目设置步骤	设置内容
项目大类	生产成本核算
核算科目	生产成本——半成品(经济型车架)——直接材料(50010101)
	生产成本——半成品(经济型车架)——直接人工(50010102)
	生产成本——半成品(经济型车架)——制造费用(50010103)
	生产成本——产成品(经济型童车)——直接材料(50010201)
	生产成本——产成品(经济型童车)——直接人工(50010202)
	生产成本——产成品(经济型童车)——制造费用(50010203)
项目分类	1 自产产品
项目目录	项目编码：1
	项目名称：经济型车架
	是否结算：否
	所属分类码：1
	项目编码：2
	项目名称：经济型童车
	是否结算：否
	所属分类码：1

(1) 以"001 梁天"身份登录企业应用平台，单击【基础设置】【基础档案】【财务】【项目目录】在弹出界面单击【增加】，弹出【项目大类定义_增加向导】，输入项目大类为【生产成本核算】，操作结果如图 5-44 所示，单击【下一步】直至完成。

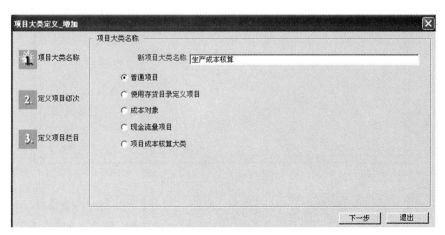

图 5-44　【项目大类定义－增加】窗口

(2) 单击【项目大类】栏的下三角按钮，选择【生产成本核算】项目大类，单击【核算科目】选项卡，单击【》】按钮，将生产成本明细科目中从【待选科目】列表中选入【已选科目】列表，如图 5-45 所示，单击【确定】。

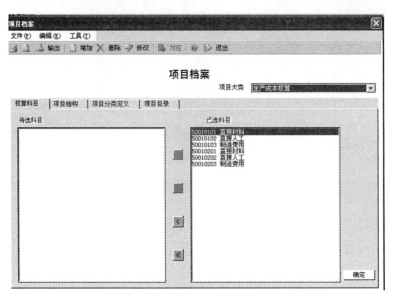

图 5-45 【核算科目】窗口

（3）选择【项目分类定义】标签，输入项目分类编码"1"和名称为"自产产品"，单击【确定】，操作结果如图 5-46 所示。

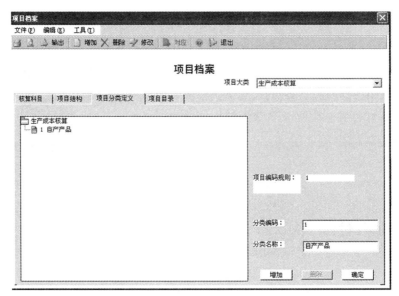

图 5-46 【项目分类定义】窗口

（4）选中【项目目录】选项卡，单击【维护】按钮，打开【项目目录维护】窗口。单击【增加】按钮，录入项目编号"1"、项目名称"经济型车架"，单击【所属分类码】栏参照按钮，选择【自产产品】，同理可增加其他项目，如图 5-47 所示。单击【退出】按钮。

图 5-47 【项目目录维护】窗口

六、增加凭证类别

【业务描述】

2020年1月1日。账套主管"001 梁天"登录企业应用平台，增加凭证类别。

【岗位说明】

"001 梁天"设置基本档案信息。

【操作指导】

以"001 梁天"身份登录企业应用平台，单击【基础设置】【基础档案】【财务】【凭证类别】，单击选定为【记账凭证】，单击【确定】，操作结果如图 5-48 所示。注意：已使用的凭证类别不能删除，也不能修改类别字。

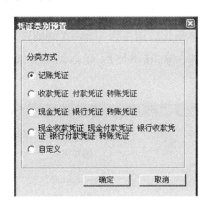

图 5-48 设置【凭证类别预置】窗口

七、增加收付结算

【业务描述】

2020年1月1日。账套主管"001 梁天"登录企业应用平台，增加收付结算。

【岗位说明】

"001 梁天"设置基本档案信息。

【操作指导】

2020年1月1日，账套主管"001 梁天"登录企业应用平台，增加结算方式、本单位开户银行以及付款条件，相关信息如表 5-6、表 5-7 所示。

表 5-6 收付结算方式

编 号	结算方式名称
1	现金
2	支票
201	现金支票
202	转账支票
3	电汇

表 5-7 本单位开户银行信息

项 目	内 容
企业开户银行编码	01
开户银行	中国工商银行永川支行
银行账号	0100229999000099001
账户名称	城科童飞制造有限责任公司
币种	人民币
所属银行	中国工商银行

(1) 以"001 梁天"身份登录企业应用平台,单击【基础设置】【基础档案】【收付结算】【结算方式】,进入【结算方式】窗口,单击【增加】,输入结算方式编码和结算方式名称等信息,单击【保存】。操作结果如图 5-49 所示。

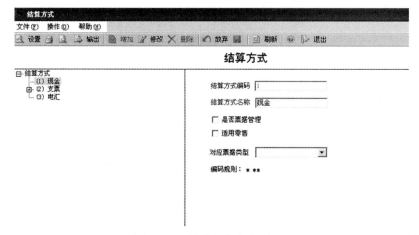

图 5-49 设置【结算方式】窗口

注意

➢ 在总账系统中,结算方式将在使用【银行账】类科目填制凭证时使用,并可作为银行对账的一个参数。

(2) 以“001 梁天”身份登录企业应用平台，单击【基础设置】【基础档案】【收付结算】【银行档案】修改中国工商银行企业账户定长从“12”调整为“19”，退出后选择【本单位开户银行】窗口，单击【增加】，输入开户的相关信息，单击【保存】。操作结果如图 5-50、图 5-51 所示。

银行档案

序号	银行编码	银行名称	个人账...	个人账号长度	自动带出的个人账号长度	单位编码	企业账...	企业账号长度
1	00001	中国光大银行	否	11	0		否	
2	00002	中国银行	否	11	0		否	
3	00003	交通银行	否	11	0		否	
4	00004	华夏银行	否	11	0		否	
5	00005	民生银行	否	11	0		否	
6	00006	兴业银行	否	11	0		否	
7	00007	上海浦东发展银行	否	11	0		否	
8	00008	中信实业银行	否	11	0		否	
9	00009	日本瑞穗实业银行	否	11	0		否	
10	00010	广东发展银行	否	11	0		否	
11	00011	北京银行	否	11	0		否	
12	00012	三菱东京日联银行	否	11	0		否	
13	00013	深圳发展银行	否	11	0		否	
14	01	中国工商银行	否	19	0		是	19
15	02	招商银行	否	11	0		是	12
16	03	中国建设银行	否	11	0		是	12
17	04	中国农业银行	否	11	0		是	12

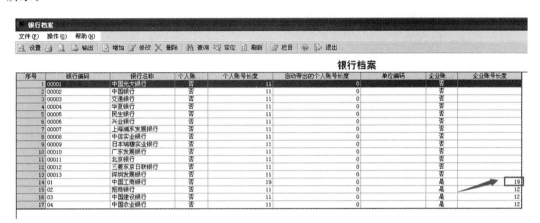

图 5-50 修改【银行档案】“中国工商银行”窗口

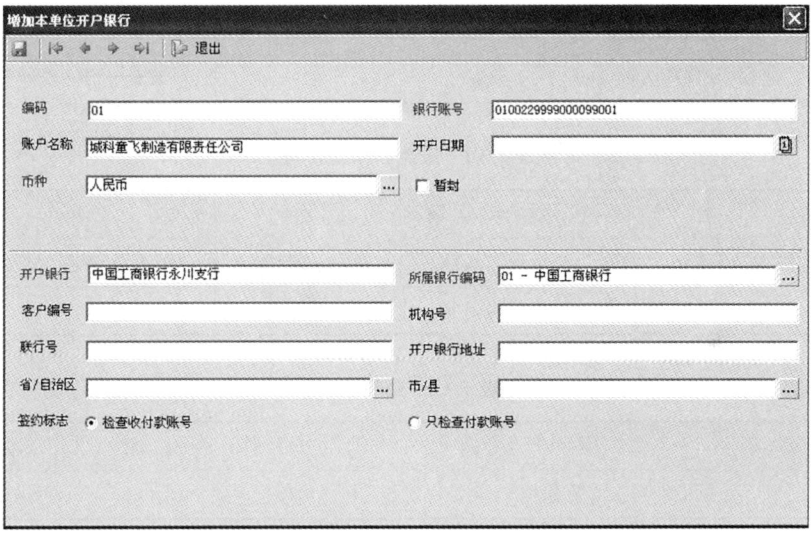

图 5-51 【增加本单位开户银行】信息窗口

八、增加业务信息设置

【业务描述】

2020 年 1 月 1 日。账套主管“001 梁天”登录企业应用平台，增加业务信息设置。

【岗位说明】

“001 梁天”设置基本档案信息。

【操作指导】

2020 年 1 月 1 日，账套主管“001 梁天”登录企业应用平台，增加仓库档案、收发类别、采购和销售类型、费用项目以及非合理损耗类型，相关信息如表5-8～表5-12所示。

表5-8 仓库档案

仓库编码	仓库名称	计价方式	是否参与MRP运算	资产仓	计入成本
01	原材料库	全月平均法	是	否	是
02	半成品库	全月平均法	是	否	是
03	产成品库	全月平均法	是	否	是
04	资产库	个别计价法	否	是	否

表5-9 收发类别

收发类别编码	收发类别名称	收发标志	收发类别编码	收发类别名称	收发标志
1	入库	收	2	出库	发
101	采购入库	收	201	销售出库	发
102	采购退货	收	202	销售退货	发
103	盘盈入库	收	203	盘亏出库	发
104	产成品入库	收	204	材料出库	发
109	其他入库	收	209	其他出库	发

表5-10 采购和销售类型

	名称	入库类别		名称	出库类别
采购类型	01 正常采购	采购入库	销售类型	01 正常销售	销售出库
	02 采购退货	采购退货		02 销售退货	销售退货

表5-11 费用项目

费用项目分类编码	费用项目分类名称	费用项目编码	费用项目名称
0	无分类	01	运输费

表5-12 非合理损耗类型

非合理损耗类型编码	非合理损耗类型名称
01	运输部门责任

（1）增加仓库档案。以"001 梁天"身份登录企业应用平台，单击【基础设置】【基础档案】【业务】【仓库档案】窗口，单击【增加】按钮，打开【增加仓库档案】窗口，根据表5-8的资料输入【仓库编码】【仓库名称】以及【计价方式】，选择是否勾选【参与MRP运算】【资产仓】以及【记入成本】。操作结果如图5-52、图5-53所示。

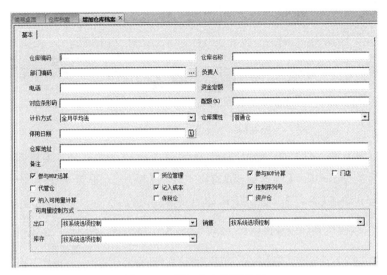

图 5-52 增加仓库档案窗口

仓库档案

序号	仓库编码	仓库名称	部门名称	仓库地址	电话	负责人	计价方式	是否货位管理	资金定额	对应条形码	是否参与M
1	01	原材料库					全月平均法	否		01	是
2	02	半成品库					全月平均法	否		02	是
3	03	产成品库					全月平均法	否		03	是
4	04	资产库					个别计价法	否		04	否

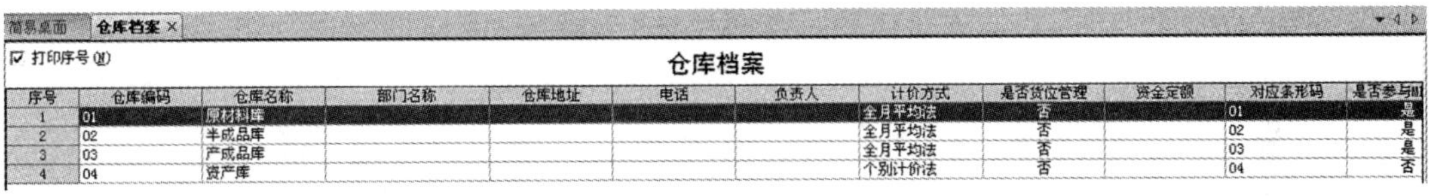

图 5-53 【仓库档案】操作结果窗口

注意

➢每个仓库必须选择一种计价方式。系统提供五种计价方式，工业企业采用计划价法、全月平均法、移动平均法、先进先出法和个别计价法；商业企业采用销售价法、全月平均法、移动平均法、先进先出法和个别计价法。

(2) 增加收发类别。以“001 梁天”身份登录企业应用平台，单击【基础设置】【基础档案】【业务】【收发类别】，进入【收发类别】窗口，单击【增加】，根据表格 5-9 资料输入收发类别的相关信息，单击【保存】。操作结果如图 5-54、图 5-55 所示。

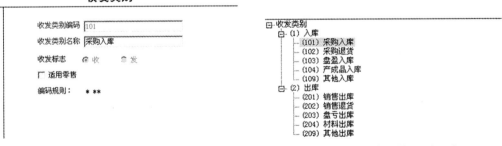

图 5-54 【收发类别】设置

图 5-55 【收发类别】操作结果窗口

(3) 增加采购类型。以“001 梁天”身份登录企业应用平台，单击【基础设置】【基础档案】【业务】【采购类型】，进入【采购类型】窗口，单击【增加】，根据表格 5-10 资料输入采购类型的相关信息，单击【保存】。操作结果如图 5-56 所示。

设置 输出 | 增加 修改 删除 | 放弃 | 查询 定位 刷新 | 退出

采购类型

序号	采购类型编码	采购类型名称	入库类别	是否默认值	是否委外默认值	是否列入MPS/MRP计划
1	01	正常采购	采购入库	否	否	是
2	02	采购退货	采购退货	否	否	是

图 5-56　增加【采购类型】窗口

（4）设置销售类型。以“001 梁天”身份登录企业应用平台，单击【基础设置】【基础档案】【业务】【销售类型】，进入【销售类型】窗口，单击【增加】，根据表格 5-10 资料输入销售类型的相关信息，单击【保存】。操作结果如图 5-57 所示。

设置 输出 | 增加 修改 删除 | 放弃 | 查询 定位 刷新 | 退出

销售类型

序号	销售类型编码	销售类型名称	出库类别	是否默认值	是否列入MPS/MRP计划
1	01	正常销售	销售出库	否	是
2	02	销售退货	销售退货	否	是

图 5-57　增加【销售类型】窗口

（5）增加费用项目。以“001 梁天”身份登录企业应用平台，单击【基础设置】【基础档案】【业务】【费用项目分类】，进入【费用项目分类】窗口，单击【增加】，根据表格 5-11 资料输入分类编码“0”，分类名称“无分类”，如图 5-58 所示。单击【费用项目】命令，单击【增加】，录入费用项目编码“01”，录入费用项目名称“运输费”，操作结果如图 5-59 所示。

分类编码　0

分类名称　无分类

备注

编码规则：* **

图 5-58　增加【费用项目分类】

设置 输出 | 增加 修改 删除 | 放弃 | 查询 定位 刷新 | 退出

费用项目

费用项目分类
(0) 无分类

序号	费用项目编码	费用项目名称	费用项目分类...	盈亏项目	销项税率(%)	会计科目名称	备注
1	01	运输费	无分类				

图 5-59　【费用项目分类】操作结果窗口

注意

➢先建立费用项目分类再添加费用项目。

（6）设置非合理损耗。以“001 梁天”身份登录企业应用平台，单击【基础设置】【基础档案】【业务】【非合理损耗类型】，单击【增加】，根据表格 5-12 资料输入非合理损耗类型的相关信息，单击【保存】。操作结果如图 5-60 所示。

第五章 各模块系统初始设置

非合理损耗类型

序号	非合理损耗类型编码	非合理损耗类型名称	是否默认值	备注
1	01	运输部门责任	否	

图 5-60 【非合理损耗类型】操作结果窗口

九、修改单据设置

【业务描述】

2020年1月1日。账套主管"001梁天"登录企业应用平台,增加材料出库单表体项目:项目编码、项目、项目大类编码、项目大类名称,并勾选"必输"选项;修改:采购管理,采购(专用、普通)发票,完全手工编号;修改:销售管理,销售(专用、普通)发票,完全手工编码。

【岗位说明】

"001梁天"设置单据。

【操作指导】

(1)执行【基础设置】【单据设置】【单据格式设置】命令,打开【单据格式设置】窗口,选择【存货管理】,选择【材料出库单】显示,选择【表体项目】,增加"材料出库单"的表体项目中的【项目】【项目编码】【项目大类编码其】【项目大类名称】,选中【必输】复选框,单击【保存】按钮,操作结果如图5-61所示。

图 5-61 【材料出库单】修改窗口

(2)执行【基础设置】【单据设置】【单据编号设置】命令,打开【单据编号设置】窗口,单击打开【采购管理】,选择【采购专用发票】按要求修改,以此类推完成其他单据的设置,操作结果如图5-62所示。

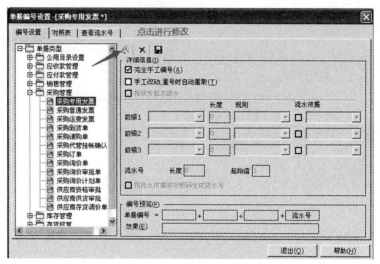

图 5-62 【单据编号设置】窗口

第三节 财务系统基础设置

一、总账子系统初始设置

【业务描述】

2020年1月1日。账套主管"001梁天"登录企业应用平台，设置会计信息化总账子系统的业务参数及期初余额，并进行试算平衡，相关信息请根据附录A"企业基本财务信息"（扫描二维码）表A 1-5，并进行选项设置。

【岗位说明】

"001梁天"设置总账系统期初余额。

【操作指导】

（1）录入期初余额。在企业应用平台中，执行【业务工作】【财务会计】【总账】【设置】【期初余额】命令，打开【期初余额录入】窗口。

（2）白色的单元为末级科目，可以直接输入期初余额，如库存现金20 000.00，银行存款10 000 000.00。如图5-63所示。

（3）灰色的单元为非末级科目，不允许录入期末余额，待下级科目余额录入完成后自动汇总生成。

（4）黄色的单元代表此科目设置了辅助核算，不允许直接录入余额，需要在该单元格中双击进入辅助账期初设置。在辅助账中输入期初数据，完成后自动返回总账期初余额表中。如双击【应付账款】所在行的【期初余额】栏，进入【辅助期初余额】窗口。

（5）单击【往来明细】按钮，进入【期初往来明细】窗口。单击【引入】按钮，系统提示【确定要引入期初吗?】，单击【是】，将从【应付款管理系统】引入【应付账款】的期初余额。

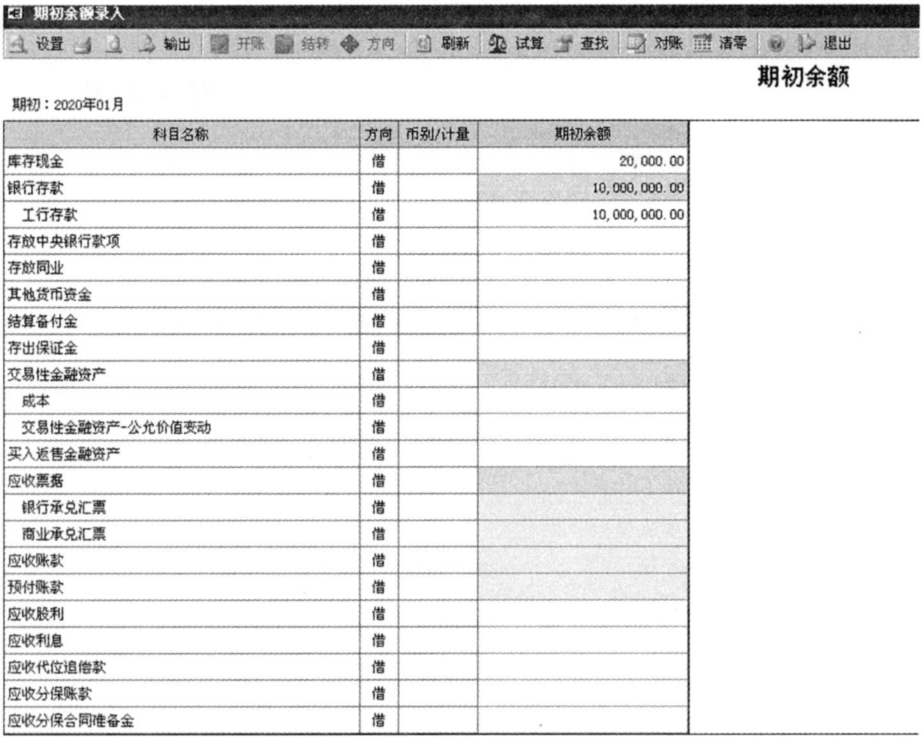

科目名称	方向	币别/计量	期初余额
库存现金	借		20,000.00
银行存款	借		10,000,000.00
工行存款	借		10,000,000.00
存放中央银行款项	借		
存放同业	借		
其他货币资金	借		
结算备付金	借		
存出保证金	借		
交易性金融资产	借		
成本	借		
交易性金融资产-公允价值变动	借		
买入返售金融资产	借		
应收票据	借		
银行承兑汇票	借		
商业承兑汇票	借		
应收账款	借		
预付账款	借		
应收股利	借		
应收利息	借		
应收代位追偿款	借		
应收分保账款	借		
应收分保合同准备金	借		

图 5-63　【期初余额录入】窗口

如图 5-64 所示。

日期	凭证号	供应商	业务员	摘要	方向	金额	票号	票据日期	年度
2019-12-31		完美	叶润中	往来期初引入	贷	18,529.86	0008542	2019-12-31	2020
2019-12-31		完美	叶润中	往来期初引入	贷	39,549.44	0008542	2019-12-31	2020

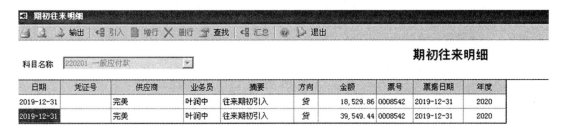

图 5-64　【应付账款期初往来明细】窗口

注意

➢在【引入】前需要对应付款管理系统进行期初余额录入，具体操作步骤见下文应付款管理系统期初余额录入步骤。

(6) 单击【汇总】按钮，系统弹出提示【完成了往来明细到辅助期初表的汇总!】窗口。

(7) 单击【确定】按钮后，再单击【退出】按钮，在【辅助期初余额】窗口显示汇总结果“58 079.30”。如图 5-65 所示。

(8) 同理，录入其他带辅助核算的科目余额。

(9) 单击【试算】按钮，系统进行试算平衡，试算结果如图 5-66 所示，单击【确定】按钮。

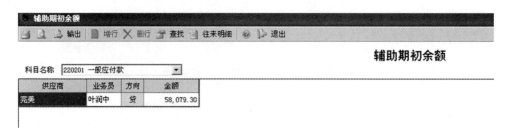

图 5-65 【应付账款辅助期初余额】窗口

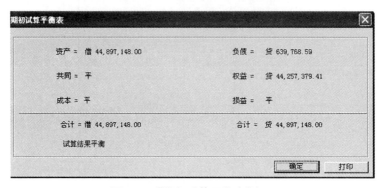

图 5-66 【期初试算平衡表】窗口

注意

> 只需输入末级科目的余额，非末级科目的余额由系统自动计算。

> 应在未录入余额的情况下，如果要修改余额的方向，单击"方向"按钮即可。

> 如果录入余额的科目有辅助核算的内容，则在录入余额时必须录入辅助核算的明细内容，而修改时也应修改明细内容。

> 如果某一科目有数量（外币）核算的要求，则录入余额时还应输入该余额的数量（外币）。

> 如果年中某月开始建账，需要输入启用月份的月初余额及年初到该月的借贷方累计发生额（年初余额由系统根据月初余额及借贷方累计发生额自动计算生成）。

> 系统只能对月初余额的平衡关系进行试算，而不能对年初余额进行试算。

> 如果期初余额不平衡。可以填制凭证，但是不允许记账。

> 凭证记账后，期初余额变为只读状态，不能修改。

> 试算平衡金额 44 897 148.00 与手工账部分不同的原因在于信息化中固定资产以净额反映，手工账则以原值反映计入借方，累计折旧贷方金额计入贷方，使得试算平衡结果相差了累计折旧的金额。

二、应收款管理子系统初始化设置

▶ 1. 设置应收款管理系统参数

【业务描述】

2020年1月1日，"001 梁天"设置应收款管理系统参数，相关信息如下：

单据审核日期依据【单据日期】,坏账处理方式为【应收余额百分比法】,勾选【自动计算现金折扣】,受控科目制单方式【明细到单据】。

【岗位说明】

"001 梁天"设置应收款管理系统参数。

【操作指导】

【业务工作】【财务会计】【应收款管理】【设置】【选项】命令,打开【账套参数设置】窗口,单击【编辑】,选择相应的选项,操作结果如图 5-67、图 5-68 所示,单击【确认】。

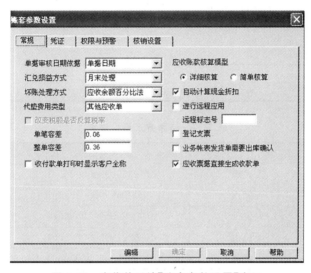

图 5-67　应收款系统【账套参数设置】窗口

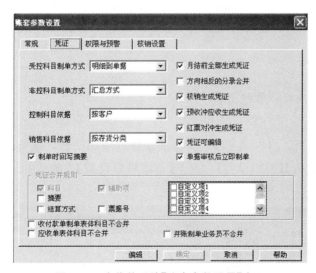

图 5-68　应收款系统【账套参数设置】窗口

▶ 2. 设置应收款管理系统中的科目

【业务描述】

2020 年 1 月 1 日,"001 梁天"设置应收款管理系统中的科目,相关信息如下。

(1) 基本科目设置，如表 5-13 所示。

(2) 控制科目设置，应收科目为【1122 应收账款】，预收账款为【2203 预收账款】。

(3) 结算方式科目设置，如表 5-14 所示。

表 5-13 基本科目设置

基础科目种类	科 目	币 种
应收科目	1122	人民币
预收科目	2203	人民币
税金科目	22210102	人民币
票据利息科目	660303	人民币
票据费用科目	660301	人民币
销售收入科目	6001	人民币
销售退回科目	6001	人民币
现金折扣科目	660301	人民币

表 5-14 结算方式科目设置

结算方式	币 种	本单位账号	科 目
1 现金	人民币	0100229999000099001	1001
2 支票	人民币	0100229999000099001	100201
201 现金支票	人民币	0100229999000099001	100201
202 转账支票	人民币	0100229999000099001	100201
3 电汇	人民币	0100229999000099001	100201

(4) 坏账准备设置。

提取比例为"0.5％"，坏账准备科目为【1231 坏账准备】，坏账准备对方科目为【6701 资产减值损失】。

【岗位说明】

"001 梁天"设置应收款管理系统科目。

【操作指导】

(1) 增加基本科目。以"001 梁天"身份登录企业应用平台，执行【业务工作】【财务会计】【应收款管理】【设置】【初始设置】，点击【基本科目设置】，输入相应的基本科目，操作结果如图 5-69 所示。

图 5-69 【应收款系统基本科目设置】窗口

第五章 各模块系统初始设置

（2）设置控制科目。以"001 梁天"身份登录企业应用平台，执行【业务工作】【财务会计】【应收款管理】【设置】【初始设置】，点击【控制科目设置】，输入相应的控制科目，操作结果如图 5-70 所示。

图 5-70 【应收款系统控制科目设置】窗口

（3）设置结算方式科目。以"001 梁天"身份登录企业应用平台，执行【业务工作】【财务会计】【应收款管理】【设置】【初始设置】，点击【结算方式科目设置】，输入相应的结算方式科目，操作结果如图 5-71 所示。

图 5-71 【应收款管理系统的结算方式科目】窗口

（4）设置坏账准备。以"001 梁天"身份登录企业应用平台，执行【业务工作】【财务会计】【应收款管理】【设置】【初始设置】，点击【坏账准备设置】，输入提取比率"0.5％"、坏账准备期初余额后单击【确定】，根据要求完成其他设置，操作结果如图 5-72 所示。

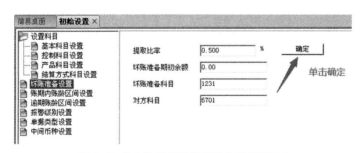

图 5-72 【应收款系统坏账准备设置】窗口

三、应付款管理子系统初始化设置

▶ 1. 设置应付款管理系统参数

【业务描述】

2020 年 1 月 1 日，"001 梁天"设置应付款管理系统参数，相关信息如下：单据审核日期依据【单据日期】,【自动计算现金折扣】,受控科目制单依据为【明细到单据】,采购科目依据【按存货】。

【岗位说明】

"001梁天"设置应付款管理系统参数。

【操作指导】

【业务工作】【财务会计】【应付款管理】【设置】【选项】命令,打开【账套参数设置】窗口,单击【编辑】,选择相应的选项,操作结果如图5-73、图5-74所示,单击【确认】。

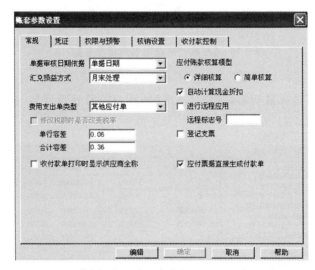

图5-73 【应付款系统账套参数设置——常规】窗口

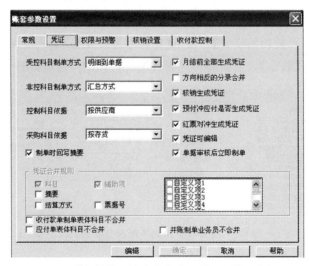

图5-74 【应付款系统账套参数设置——凭证】窗口

▶ 2.设置应付款管理系统中的科目

【业务描述】

2020年1月1日,"001梁天"设置应付款管理系统中的科目,相关信息如下。

(1) 基本科目设置,如表 5-15 所示。

表 5-15 基本科目

基础科目种类	科 目	币 种
应付科目	220201	人民币
预付科目	1123	人民币
采购科目	1402	人民币
税金科目	22210101	人民币
票据利息科目	660302	人民币
现金折扣科目	660301	人民币

(2) 控制科目设置,如表 5-16 所示。

表 5-16 控制科目

供应商编码	供应商简称	应付科目	预付科目
1	恒通工贸	220201	1123
2	邦尼工贸	220201	1123
3	思远工贸	220201	1123
4	新耀工贸	220201	1123
5	隆飞物流	220201	1123
6	完美物业	220201	1123

(3) 产品科目设置,如表 5-17 所示。

表 5-17 产品科目

存货编码	存货名称	采购科目	产品采购税金科目
B0001	钢管	1402	22210101
B0002	芯片	1402	22210101
B0003	坐垫	1402	22210101
B0004	镀锌管	1402	22210101
B0005	车篷	1402	22210101
B0006	车轮	1402	22210101
B0007	经济型童车包装套件	1402	22210101
F0001	运输费	1402	22210101
M0001	经济型童车车架	1402	22210101
P0001	经济型童车	1402	22210101
S0001	水		22210101

续表

存货编码	存货名称	采购科目	产品采购税金科目
S0002	电		22210101
Z0001	普通机床(机加工生产线)	1601	22210101
Z0002	组装生产线	1604	22210101
Z0003	数控机床	1604	22210101

(4)结算方式科目设置,如表5-18所示。

表5-18 结算方式科目

结算方式	币种	本单位账号	科目
1 现金	人民币	0100229999000099001	1001
2 支票	人民币	0100229999000099001	100201
201 现金支票	人民币	0100229999000099001	100201
202 转账支票	人民币	0100229999000099001	100201
3 电汇	人民币	0100229999000099001	100201

【岗位说明】

"001梁天"设置应付款管理系统科目。

【操作指导】

(1)增加应付款管理系统基本科目。【业务工作】【财务会计】【应付款管理】【设置】【初始设置】,点击【基本科目设置】,输入相应的基本科目,操作结果如图5-75所示。

图5-75 【应付款管理系统基本科目设置】窗口

(2)增加应付款管理系统控制科目。【业务工作】【财务会计】【应付款管理】【设置】【初始设置】,点击【控制科目设置】,输入相应的控制科目,操作结果如图5-76所示。

(3)设置应付款管理系统产品科目。【业务工作】【财务会计】【应付款管理】【设置】【初始设置】,点击【产品科目设置】,输入相应的产品科目,操作结果如图5-77所示。

(4)设置应付款管理系统的结算方式科目。【业务工作】【财务会计】【应付款管理】【设置】【初始设置】,点击【结算方式科目设置】,输入相应的结算方式科目,操作结果如图5-78所示。

第五章　各模块系统初始设置

图 5-76　【应付款管理系统控制科目设置】窗口

图 5-77　【应付款管理系统产品科目设置】窗口

图 5-78　【应付款管理系统的结算方式科目】窗口

▶3. 录入应付款管理系统中的期初余额

【业务描述】

2020年1月1日,"001梁天"录入应付款管理系统中的期初余额,相关信息如表 5-19、图 5-79 所示。

表 5-19　应付账款——一般应付款(220201)期初余额

日　期	供应商名称	摘　要	方　向	余额/元
2019-12-31	完美物业	物业通知交水电费	贷	58 079.30

93

图 5-79 水电费增值税专用发票

【岗位说明】

"001 梁天"设置应付款管理系统期初余额。

【操作指导】

设置应付款管理系统期初余额。以"001 梁天"身份进入企业应用平台，执行【业务工作】【财务会计】【应付款管理】【设置】【期初余额】，打开【期初余额—查询】窗口，输入相应的查询条件，单击【确定】，单击【增加】，在弹出的窗口中单击下拉框，选择单据名称为【采购发票】、单据类型为【采购专用发票】、方向为【正向】，单击【确认】；录入单据相关内容，输入完毕后单击【保存】，操作结果如图 5-80、图 5-81 所示。

图 5-80 【应付款管理期初应付单据录入】窗口

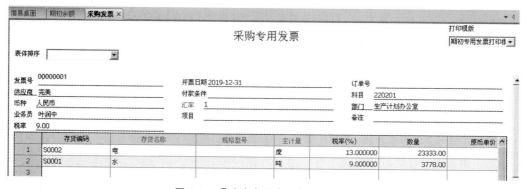

图 5-81 【采购专用发票】录入窗口

四、薪资系统初始化设置

▶ 1. 设置薪资管理系统参数

【业务描述】

2020年1月1日,"001梁天"设置薪资管理系统参数,相关信息如表 5-20 所示。

表 5-20　薪资管理系统参数

控 制 参 数	参 数 设 置
参数设置	单个工资类别;不核算计件工资
扣税设置	从工资代扣个人所得税
扣零设置	不扣零
人员编码	与公共平台的人员编码一致

【岗位说明】

"001梁天"设置薪资管理系统参数。

【操作指导】

(1) 设置控制参数。以"001梁天"身份进入企业应用平台,执行【业务工作】【人力资源】【薪资管理】命令,打开【建立工资账套—参数设置】窗口。选择本账套所需处理的工资类别个数为【单个】,【币别】默认【人民币 RMB】。单击【下一步】按钮,打开【建立工资账套—扣税设置】窗口,选中【是否从工资中代扣个人所得税】复选框。单击【下一步】按钮,打开【建立工资账套扣零设置】窗口,取消【扣零】复选框。单击【下一步】按钮,打开【建立工资账套—人员编码】,系统默认【本系统要求您对员工进行统一编号,人员编码同公共平台的人员编码保持一致】。单击【完成】按钮,完成建立工资账套的过程。

(2) 注意事项。工资账套与企业核算账套是不同的概念,企业核算账套在系统管理中建立,是针对用友 ERP 系统而言的,而工资账套只针对用友 ERP 系统中的薪资管理子系统,是企业核算账套的一个组成部分。

如果单位按周或月多次发放薪资,或者是单位有多种不同类别(部门)人员,工资发放项目不尽相同,计算公式也不相同,但需要进行统一核算管理,应选择【多个】工资类别,反之,如果单位中所有人员工资按统一标准进行管理,而且人员的工资项目、工资计算公式全部相同,则选择【单个】工资类别。

选择代扣个人所得税后,系统将自动生成工资项目【代扣税】,并自动进行代扣税金的计算。

扣零处理是指每次发放工资时将零头扣下,积累取整,在下次发放工资时补上,系统在计算工资时将依据扣零类型(扣零至元、扣零至角、扣零至分)进行扣零计算。一旦选择了【扣零处理】,系统会自动计算,并在固定工资项目中增加【本月扣零】和【上月扣零】两个项目,扣零的计算公式将由系统自动定义,不用设置。建账完成后,部分建账参数可以在【设置】【选项】中进行修改。

▶ **2. 薪资管理系统人员档案设置**

【业务描述】

2020年1月1日,"001 梁天"设置人员档案,相关信息如表5-21所示。

表 5-21 人员档案信息表

人员编号	人员姓名	行政部门	人员类别	银行名称	银行账号
101	梁天	企业管理部	企业管理人员	中国工商银行	1407021609007089801
102	叶瑛	企业管理部	企业管理人员	中国工商银行	1407021609007089802
201	张万军	人力资源部	企业管理人员	中国工商银行	1407021609007089803
202	肖红	人力资源部	企业管理人员	中国工商银行	1407021609007089804
301	李斌	采购部	采购人员	中国工商银行	1407021609007089805
302	付海生	采购部	采购人员	中国工商银行	1407021609007089806
401	何明海	仓储部	企业管理人员	中国工商银行	1407021609007089807
402	王宝珠	仓储部	企业管理人员	中国工商银行	1407021609007089808
501	钱坤	财务部	企业管理人员	中国工商银行	1407021609007089809
502	刘自强	财务部	企业管理人员	中国工商银行	1407021609007089810
503	朱中华	财务部	企业管理人员	中国工商银行	1407021609007089811
504	赵丹	财务部	企业管理人员	中国工商银行	1407021609007089812
601	杨笑笑	市场营销部	销售人员	中国工商银行	1407021609007089813
602	马博	市场营销部	销售人员	中国工商银行	1407021609007089814
603	刘思羽	市场营销部	销售人员	中国工商银行	1407021609007089815
704	李良钊	机加车间	生产人员	中国工商银行	1407021609007089816
705	付玉芳	机加车间	生产人员	中国工商银行	1407021609007089817
706	张接义	机加车间	生产人员	中国工商银行	1407021609007089818
707	毕红	机加车间	生产人员	中国工商银行	1407021609007089819
708	吴淑敏	机加车间	生产人员	中国工商银行	1407021609007089820
709	毛龙生	机加车间	生产人员	中国工商银行	1407021609007089821
710	扈志明	机加车间	生产人员	中国工商银行	1407021609007089822
711	李龙吉	机加车间	生产人员	中国工商银行	1407021609007089823
712	吴官胜	机加车间	生产人员	中国工商银行	1407021609007089824
713	雷丹	机加车间	生产人员	中国工商银行	1407021609007089825
714	刘良生	机加车间	生产人员	中国工商银行	1407021609007089826
715	余俊美	机加车间	生产人员	中国工商银行	1407021609007089827

续表

人员编号	人员姓名	行政部门	人员类别	银行名称	银行账号
716	徐积福	机加车间	生产人员	中国工商银行	1407021609007089828
717	潘俊辉	机加车间	生产人员	中国工商银行	1407021609007089829
718	朱祥松	机加车间	生产人员	中国工商银行	1407021609007089830
719	刘文钦	机加车间	生产人员	中国工商银行	1407021609007089831
720	龚文辉	机加车间	生产人员	中国工商银行	1407021609007089832
721	王小强	机加车间	生产人员	中国工商银行	1407021609007089833
722	刘胜	机加车间	生产人员	中国工商银行	1407021609007089834
723	刘贞	机加车间	生产人员	中国工商银行	1407021609007089835
724	余永俊	组装车间	生产人员	中国工商银行	1407021609007089836
725	万能	组装车间	生产人员	中国工商银行	1407021609007089837
726	万俊俊	组装车间	生产人员	中国工商银行	1407021609007089838
727	张逸君	组装车间	生产人员	中国工商银行	1407021609007089839
728	言海根	组装车间	生产人员	中国工商银行	1407021609007089840
729	田勤	组装车间	生产人员	中国工商银行	1407021609007089841
730	肖鹏	组装车间	生产人员	中国工商银行	1407021609007089842
731	徐宏	组装车间	生产人员	中国工商银行	1407021609007089843
732	田军	组装车间	生产人员	中国工商银行	1407021609007089844
733	郑华珺	组装车间	生产人员	中国工商银行	1407021609007089845
734	洪梁	组装车间	生产人员	中国工商银行	1407021609007089846
735	冯奇	组装车间	生产人员	中国工商银行	1407021609007089847
736	黄聪	组装车间	生产人员	中国工商银行	1407021609007089848
737	薛萍	组装车间	生产人员	中国工商银行	1407021609007089849
738	张世平	组装车间	生产人员	中国工商银行	1407021609007089850
739	李小春	组装车间	生产人员	中国工商银行	1407021609007089851
740	蔡丽娟	组装车间	生产人员	中国工商银行	1407021609007089852
741	吴新祥	组装车间	生产人员	中国工商银行	1407021609007089853
742	胡首科	组装车间	生产人员	中国工商银行	1407021609007089854
743	邹建榕	组装车间	生产人员	中国工商银行	1407021609007089855
701	叶润中	生产计划办公室	车间管理人员	中国工商银行	1407021609007089856
702	周群	生产计划办公室	车间管理人员	中国工商银行	1407021609007089857
703	孙盛国	生产计划办公室	车间管理人员	中国工商银行	1407021609007089858

【岗位说明】

"001 梁天"增加人员档案。

【操作指导】

(1) 在薪资管理系统中，执行【薪资管理】【设置】【人员档案】命令，打开【人员档案】窗口。

(2) 单击【批增】按钮，打开【人员批量增加】窗口，操作结果如图 5-82 所示。

(3) 在窗口左侧分别单击选中所有部门，单击【查询】按钮，弹出人员列表。

(4) 单击【确定】按钮，返回【人员档案】窗口。

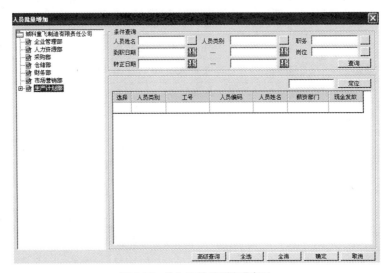

图 5-82 【人员批量增加】窗口

(5) 双击【人员档案记录】打开【人员档案明细】窗口，在【基本信息】选项卡中录入人员信息以及【银行名称】和【银行账号】信息，如图 5-83 所示。

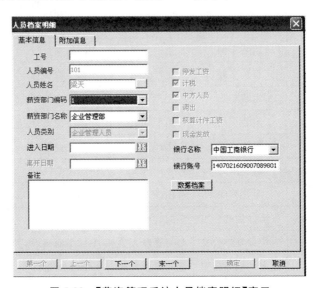

图 5-83 【薪资管理系统人员档案明细】窗口

(6) 银行档案信息录入完成，单击【确定】按钮，返回【人员档案】窗口，如图 5-84 所示。

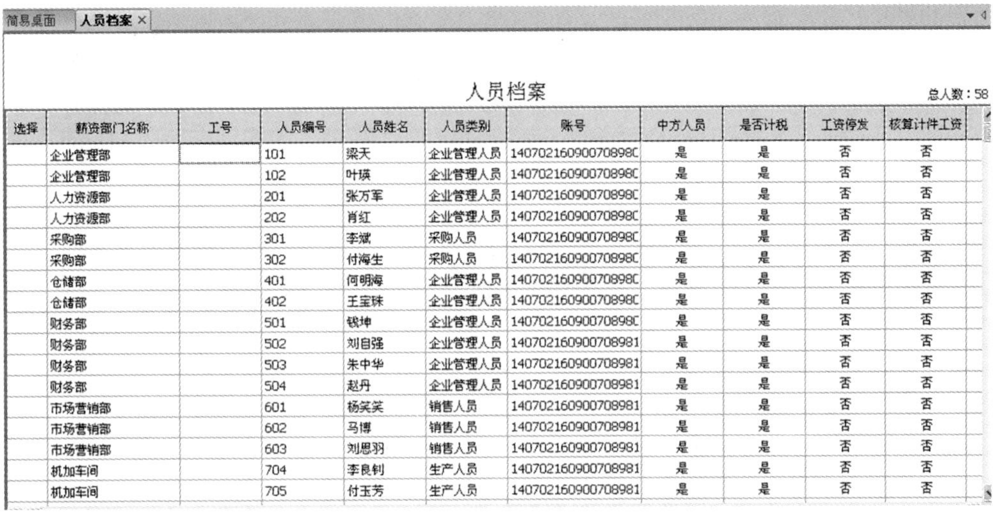

选择	薪资部门名称	工号	人员编号	人员姓名	人员类别	账号	中方人员	是否计税	工资停发	核算计件工资
	企业管理部		101	梁天	企业管理人员	14070216090070898C	是	是	否	否
	企业管理部		102	叶瑛	企业管理人员	14070216090070898C	是	是	否	否
	人力资源部		201	张万军	企业管理人员	14070216090070898C	是	是	否	否
	人力资源部		202	肖红	企业管理人员	14070216090070898C	是	是	否	否
	采购部		301	李斌	采购人员	14070216090070898C	是	是	否	否
	采购部		302	付海生	采购人员	14070216090070898C	是	是	否	否
	仓储部		401	何明海	企业管理人员	14070216090070898C	是	是	否	否
	仓储部		402	王宝珠	企业管理人员	14070216090070898C	是	是	否	否
	财务部		501	钱坤	企业管理人员	14070216090070898C	是	是	否	否
	财务部		502	刘自强	企业管理人员	140702160900708981	是	是	否	否
	财务部		503	朱中华	企业管理人员	140702160900708981	是	是	否	否
	财务部		504	赵丹	企业管理人员	140702160900708981	是	是	否	否
	市场营销部		601	杨笑笑	销售人员	140702160900708981	是	是	否	否
	市场营销部		602	马博	销售人员	140702160900708981	是	是	否	否
	市场营销部		603	刘思羽	销售人员	140702160900708981	是	是	否	否
	机加车间		704	李良钊	生产人员	140702160900708981	是	是	否	否
	机加车间		705	付玉芳	生产人员	140702160900708981	是	是	否	否

图 5-84 【薪资管理系统人员档案】窗口

注意

➢如果在银行名称设置中设置了【银行账号定长】，则在输入人员档案的银行账号时，当输入了一个人员档案的银行账号后，在输入第二个人的银行账号时，系统会自动带出已设置的银行账号定长的账号，只需要输入剩余的账号即可。

➢如果账号长度不符合要求则不能保存。在增加人员档案时，【停发】【调出】和【数据档案】不可选，在修改状态下才能编辑。

➢在【人员档案】窗口中，可以单击【数据档案】按钮，录入薪资数据，如果个别人员档案需要修改，在人员档案窗口中可以直接修改。如果一批人员的某个薪资项目同时需要修改，可以利用数据替换功能，将符合条件人员的某个薪资项目的内容统一替换为某个数据。若进行替换的薪资项目已设置了计算公式，则在重新计算时以计算公式为准。

▶ 3. 薪资管理系统工资项目设置

【业务描述】

2020 年 1 月 1 日，“001 梁天”设置工资项目，相关信息如表 5-22 所示。

表 5-22　工资项目设置明细表

工资项目名称	类　型	长　度	小　数	增　减　项
应发合计	数字	10	2	增项
扣款合计	数字	10	2	减项
实发合计	数字	10	2	增项
代扣税	数字	10	2	减项

续表

工资项目名称	类型	长度	小数	增减项
年终奖	数字	10	2	其他
年终奖代扣税	数字	10	2	其他
工资代扣税	数字	10	2	其他
计税工资	数字	8	2	其他
扣税合计	数字	10	2	其他
基本工资	数字	8	2	增项
缺勤天数	数字	8	2	其他
缺勤扣款	数字	8	2	减项
个人医疗保险	数字	8	2	其他
个人养老保险	数字	8	2	其他
个人失业保险	数字	8	2	其他
个人住房公积金	数字	8	2	其他
个人五险一金小计	数字	8	2	减项
应税工资	数字	8	2	其他
企业医疗保险	数字	8	2	其他
企业养老保险	数字	8	2	其他
企业生育保险	数字	8	2	其他
企业工伤保险	数字	8	2	其他
企业失业保险	数字	8	2	其他
企业住房公积金	数字	8	2	其他
企业五险一金小计	数字	8	2	其他
企业五险小计	数字	8	2	其他
企业一金小计	数字	8	2	其他

【岗位说明】

"001梁天"设置工资项目及公式。

【操作指导】

(1) 在薪资管理系统中，执行【薪资管理】【设置】【工资项目设置】命令，打开【工资项目设置】窗口。

(2) 单击【增加】按钮，从【名称参照】下拉列表中选择【基本工资】，默认类型为"数字"，小数位为"2"，增减项为"增项"。以此方法继续增加其他的工资项目，如图5-85所示。

(3) 增加完成，单击【确定】按钮，退出【工资项目设置】窗口。

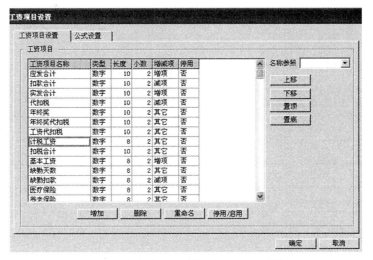

图 5-85　薪资管理系统【工资项目设置】窗口

注意

➢ 设置工资项目就是定义工资项目的名称、类型、宽度。薪资管理系统提供了一些固定项目，包括【应发合计】【扣款合计】【实发合计】工资项目。在建立工资账套时，如果选择了扣零处理，则会增加【本月扣零】和【上月扣零】两个工资项目；如果选择了扣税处理，则会增加【代扣税】工资项目，如果选择核算计件工资，则会增加【计件工资】工资项目，这些都属于固定项目，不能修改或删除。

➢ 对于【名称参照】下拉列表中没有的项目可以直接输入；或者从【名称参用】中选择一个类似的项目后再进行修改。其他项目可以根据需要修改。

➢ 此处所设置的工资项目是针对所有工资类别所需要使用的全部工资项目。

➢ 系统提供的固定工资项目不能修改、删除。

▶ 4. 薪资管理系统公式设置

【业务描述】

2020 年 1 月 1 日，"001 梁天"设置工资项目公式，相关信息如表 5-23 所示。

表 5-23　薪资项目计算公式

薪 资 项 目	计 算 公 式
应发合计	基本工资
扣款合计	代扣税＋缺勤扣款＋个人五险一金小计
实发合计	应发合计－扣款合计
缺勤扣款	（基本工资÷22）×缺勤天数
个人养老保险	基本工资×0.08
个人失业保险	基本工资×0.002

续表

薪资项目	计算公式
个人医疗保险	基本工资×0.02+3
个人住房公积金	基本工资×0.1
个人五险一金小计	个人医疗保险+个人养老保险+个人失业保险+个人住房公积金
企业医疗保险	基本工资×0.1
企业养老保险	基本工资×0.2
企业失业保险	基本工资×0.01
企业生育保险	基本工资×0.008
企业工伤保险	基本工资×0.003
企业住房公积金	基本工资×0.1
企业五险小计	企业医疗保险+企业养老保险+企业生育保险+企业工伤保险+企业失业保险
企业一金小计	企业住房公积金
企业五险一金合计	企业医疗保险+企业养老保险+企业生育保险+企业工伤保险+企业失业保险+企业住房公积金
计税工资	基本工资－个人五险一金小计

【岗位说明】

"001 梁天"设置工资项目【公式设置】。

【操作指导】

(1) 在薪资管理系统中,执行【薪资管理】【设置】【工资项目设置】命令,打开【工资项目设置】窗口,选择【公式设置】选项卡,单击【增加】按钮,从下拉列表中选择【缺勤扣款】,输入公式内容,操作结果如图 5-86 所示。

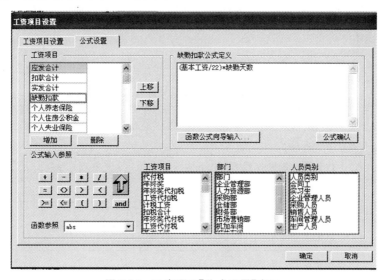

图 5-86 工资项目【公式设置】窗口

(2)增加完成,单击【确定】按钮,退出【工资项目设置】窗口。

注意

➢ 在定义公式时,可以使用函数公式向导输入、函数参数输入、工资项目参照、部门参数和人员类别参照编辑输入工资项目的计算公式。其中函数公式向导只支持系统提供的函数。工资中没有的项目不允许在公式中出现。

➢ 公式中可以引用已设置公式的项目,相同的工资项目可以重复定义公式多次计算,以最后的运行结果为准。

➢ 定义公式时要注意先后顺序。

▶ 5. 薪资管理系统公式设置

【业务描述】

2020年1月1日,"001梁天"将"个人所得税"的扣税依据修改为计税工资。相关所得税税率设置参考第一章第三节表1-5个人所得税税率表。

【岗位说明】

"001梁天"设置个人所得税扣税依据。

【操作指导】

(1)在薪资管理系统中,执行【薪资管理】【设置】【选项】命令,打开【选项】窗口。

(2)选择【扣税设置】选项卡,单击【编辑】按钮,把"个人所得税申报表中'收入额合计'项对应的工资项目默认是'实发工资'"修改为"计税工资",如图5-87所示。

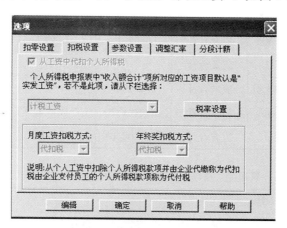

图 5-87 【薪资管理设置选项】窗口

(3)单击【税率设置】按钮,打开【个人所得税申报表——税率表】窗口,修改设置,如图5-88所示。

(4)单击【确定】按钮,退出【个人所得税申报表——税率表】窗口。

(5)继续单击【确定】按钮,退出【选项】窗口。

图 5-88 【个人所得税申报表——税率表】窗口

▶ 6. 设置工资分摊

【业务描述】

2020 年 1 月 31 日，"001 梁天"根据表 5-24～表 5-27 设置工资分摊。

表 5-24　计提工资转账分录一览表

分摊构成设置(计提比例100%)						
部门名称	人员类别	工资项目	借方科目	借方项目大类	借方项目	贷方科目
企业管理部、人力资源部、仓储部、财务部	企业管理人员	应发合计	660201			221101
采购部	采购人员	应发合计	660201			221101
市场营销部	销售人员	应发合计	660101			221101
生产计划办公室	车间管理人员	应发合计	510101			221101
机加车间	生产人员	应发合计	50010102	生产成本核算	经济型车架	221101
组装车间	生产人员	应发合计	50010202	生产成本核算	经济型童车	221101

表 5-25　计提公司社会保险费转账分录一览表

分摊构成设置(计提比例100%)						
部门名称	人员类别	工资项目	借方科目	借方项目大类	借方项目	贷方科目
企业管理部、人力资源部、仓储部、财务部	企业管理人员	企业五险小计	660202			221103
采购部	采购人员	企业五险小计	660202			221103
市场营销部	销售人员	企业五险小计	660102			221103
生产计划办公室	车间管理人员	企业五险小计	510102			221103

续表

分摊构成设置(计提比例100%)						
部门名称	人员类别	工资项目	借方科目	借方项目大类	借方项目	贷方科目
机加车间	生产人员	企业五险小计	50010102	生产成本核算	经济型车架	221103
组装车间	生产人员	企业五险小计	50010202	生产成本核算	经济型童车	221103

表5-26 计提公司住房公积金转账分录一览表

分摊构成设置(计提比例100%)						
部门名称	人员类别	工资项目	借方科目	借方项目大类	借方项目	贷方科目
企业管理部、人力资源部、仓储部、财务部	企业管理人员	企业一金小计	660203			221103
采购部	采购人员	企业一金小计	660203			221103
市场营销部	销售人员	企业一金小计	660102			221103
生产计划办公室	车间管理人员	企业一金小计	510102			221103
机加车间	生产人员	企业一金小计	50010102	生产成本核算	经济型车架	221103
组装车间	生产人员	企业一金小计	50010202	生产成本核算	经济型童车	221103

表5-27 计提公司——代扣个人所得税转账分录一览表

分摊构成设置(计提比例100%)				
部门名称	人员类别	工资项目	借方科目	贷方科目
企业管理部、人力资源部、仓储部、财务部	企业管理人员	代扣税	221101	222102
采购部	采购人员	代扣税	221101	222102
市场营销部	销售人员	代扣税	221101	222102
生产计划办公室	车间管理人员	代扣税	221101	222102
机加车间	生产人员	代扣税	221101	222102
组装车间	生产人员	代扣税	221101	222102

【岗位说明】

"001梁天"设置工资分摊。

【操作指导】

(1) 在薪资管理系统中,执行【薪资管理】【业务处理】【工资分摊】命令,打开【工资分摊】窗口。

(2) 单击【工资分摊设置】按钮,打开【分摊类型设置】窗口。

(3) 单击【增加】按钮,打开【分摊计提比例设置】窗口。

(4) 在【计提类型名称】栏录入“计提工资”，【分摊计提比例】默认“100%”，如图 5-89 所示。

分摊计提比例设置
计提类型名称：计提工资
分摊计提比例：100%
下一步
取消

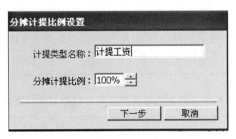

图 5-89 【分摊计提比例设置】窗口

(5) 单击【下一步】按钮，打开【分摊构成设置】窗口，分别选择【部门名称】和【人员类别】输入或选择不同人员类别工资项目、借方科目代码、贷方科目代码以及借方项目大类及借方项目名称，如图 5-90 所示。

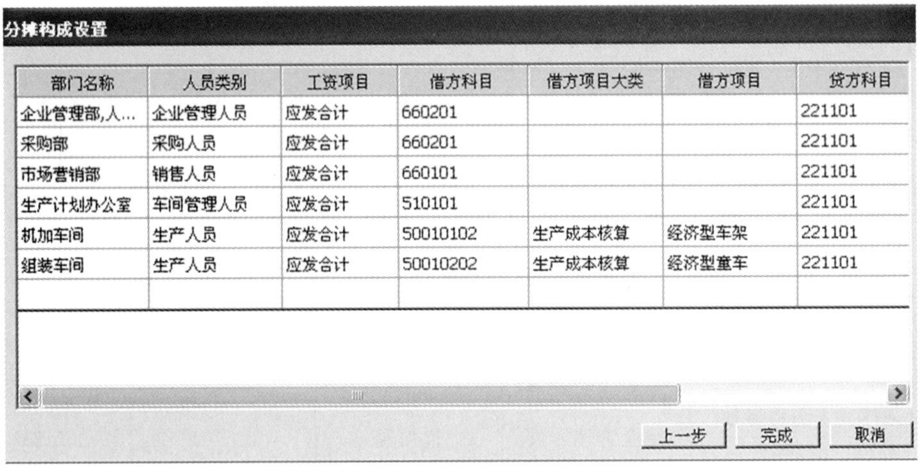

分摊构成设置
部门名称 人员类别 工资项目 借方科目 借方项目大类 借方项目 贷方科目
企业管理部,人... 企业管理人员 应发合计 660201 221101
采购部 采购人员 应发合计 660201 221101
市场营销部 销售人员 应发合计 660101 221101
生产计划办公室 车间管理人员 应发合计 510101 221101
机加车间 生产人员 应发合计 50010102 生产成本核算 经济型车架 221101
组装车间 生产人员 应发合计 50010202 生产成本核算 经济型童车 221101
上一步
完成
取消

图 5-90 【分摊构成设置】窗口

(6) 单击【完成】按钮，返回到【分摊类型设置】窗口。

(7) 继续增加公司社会保险费、公司住房公积金以及代扣个人所得税的转账分录，增加结果如图 5-91 所示。

分摊类型设置
类型名称 计提工资
类型名称 工资类别名称
计提工资 100%
计提社会保险费 100%
计提住房公积金 100%
计提代扣个人所得税 100%
增加
修改
删除
返回

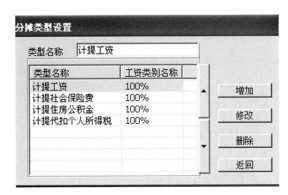

图 5-91 【分摊类型设置】

(8) 单击【取消】按钮,退出【工资分摊】窗口。

> **注意**
> ➢ 所有与工资相关的费用及基金均需建立相应的分摊类型名称及分类比例。
> ➢ 不同部门、相同人员类别可以设置不同的分摊科目。
> ➢ 不同部门、相同人员类别在设置时,可以一次选择多个部门。

五、固定资产管理系统初始化设置

▶ 1. 固定资产管理系统参数设置

【业务描述】

以"001 梁天"身份登录企业应用平台,设置固定资产管理系统的相关参数,如表 5-28 所示。

表 5-28 固定资产管理系统参数设置表

项 目	参 数 说 明
启用年限	2020 年 1 月
折旧信息	本账套计提折旧
	折旧方法:平均年限法(二)
	折旧汇总分配周期:1 个月
	当(月初已计提月份=可使用月份-1)时将剩余折旧全部提足(工作量法除外)
编码方案	资产类别编码方式:2-1-1-2
	固定资产编码方式:手工编号
财务接口	固定资产对账科目:1601 累计折旧对账科目:1602 选中"在对账不平情况下允许固定资产月末结账"
与账套系统接口	固定资产缺省入账科目:1601 固定资产 累计折旧缺省入账科目:1602 累计折旧 减值准备缺省入账科目:1603 固定资产减值准备 增值税进项税额缺省入账科目:22210101 进项税额 固定资产清理缺省入账科目:1606 固定资产清理 选中"业务发生后立即制单"

【岗位说明】

"001 梁天"固定资产管理系统参数设置。

【操作指导】

(1) 设置固定资产初始化账套向导。以"001 梁天"身份登录企业应用平台,选择【业务工作】【财务会计】【固定资产】【初始化账套向导】,在【约定及说明】选择"我同意",单击【下一步】,启用月份默认,单击【下一步】按钮,在【折旧信息】选择"平均年限法(二)""1 个月"折旧,如图 5-92 所示。然后,根据资料完成固定资产管理系统参数设置中编码方案、财务接口的设置,操作结果如图 5-93、图 5-94 所示。

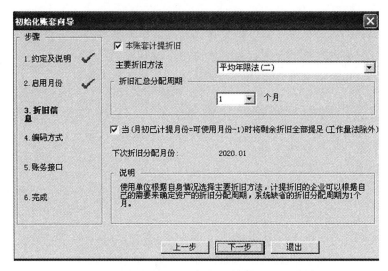

图 5-92　固定资产初始化账套向导【折旧信息】窗口

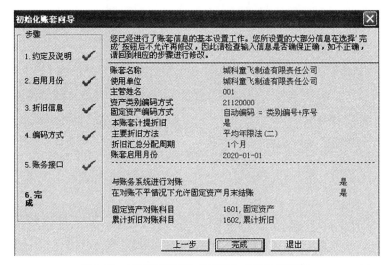

图 5-93　固定资产初始化账套向导【完成】窗口

图 5-94　固定资产初始化账套向导【确定】窗口

(2)设置与账务系统接口。以"001 梁天"身份登录企业应用平台,选择【业务工作】【财务会计】【固定资产】【设置】【选项】,选择【编辑】【与账务系统接口】进行设置。操作结果如图 5-95 所示。

第五章 各模块系统初始设置

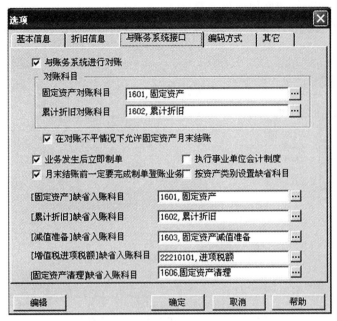

图 5-95 固定资产系统【选项】设置窗口

▶ 2. 设置固定资产部门对应折旧科目

【业务描述】

2020年1月1日,"001梁天"设置固定资产部门对应折旧科目,相关信息如表5-29所示。

表 5-29 固定资产部门对应折旧科目

部　　门	对应折旧科目
企业管理部、人力资源部、采购部、仓储部、财务部	660207"管理费用——折旧费"
市场营销部	660105"销售费用——折旧费"
机加车间	51010401"制造费用——折旧费——机加车间"
组装车间	51010402"制造费用——折旧费——组装车间"
生产计划办公室	51010403"制造费用——折旧费——生产计划办公室"

【岗位说明】

"001梁天"设置固定资产部门对应折旧科目。

【操作指导】

(1)在企业应用平台中,执行【财务会计】【固定资产】【设置】【部门对应折旧科目】命令,进入【部门对应折旧科目—列表视图】窗口。

(2)选择【企业管理部】所在行,单击【修改】按钮,打开【单张视图】窗口。也可直接选中固定资产部门编码目录中的【企业管理部】,单击打开【单张视图】选项卡,在【折旧科目】

栏录入或选择"660207-管理费用—折旧费"。

（3）单击【保存】按钮。以此方法继续录入其他部门对应的折旧科目，操作结果如图 5-96、图 5-97 所示。

图 5-96　【部门对应折旧科目】窗口

图 5-97　【部门对应折旧科目】窗口

注意

➢本系统录入卡片时，只能选择明细部门，所以设置折旧科目也只有设置明细部门才有意义。如果某一上级部门设置了对应的折旧科目，则下级部门继承上级部门的设置。

➢设置【生产部对应折旧科目】为"510101 制造费用折旧费"时，系统会提示"是否将生产部的所有下级部门的折旧科目"替换为"制造费用——折旧费"？如果选择"是"，请在成功保存后单击【刷新】按钮查看。单击【是】按钮，即将生产部的两个下级部门的折旧科目一并设置完成。

➢设置部门对应折旧科目时，必须选择末级会计科目，设置上级部门的折旧科目，则下级部门也可自动继承，也可以选择不同的科目，即上下级部门的折旧科目可以相同，也可以不同。

▶ 3. 设置固定资产类别

【业务描述】

2020 年 1 月 1 日，"001 梁天"设置固定资产类别，相关信息如表 5-30 所示。

【岗位说明】

"001 梁天"设置固定资产类别。

表 5-30 固定资产类别

编 码	类别名称	折旧年限（总工作量）	计提属性	折旧方法	卡片样式
01	房屋及建筑物	240 月	正常计提	平均年限（二）	含税卡片样式
02	生产设备	120 月	正常计提	平均年限（二）	含税卡片样式
03	办公设备	48 月	正常计提	平均年限（二）	含税卡片样式

【操作指导】

（1）在固定资产管理系统中，执行【设置】【资产类别】命令，进入【资产类别—列表视图】窗口。单击【增加】按钮，打开【资产类别—单张视图】窗口，在【类别名称】栏录入"房屋及建筑物"，在【使用年限】栏录入"240"，单击【卡片样式】选项卡，选择【含税卡片样式】按钮，如图 5-98 所示。单击【确定】按钮，返回【资产类别】窗口，单击【保存】按钮。

图 5-98 新增【资产类别——单张视图】窗口

（2）以此方法继续录入其他资产类别，录完单击【保存】按钮。

（3）单击【放弃】按钮，系统提示"是否取消本次操作"，单击【是】按钮，返回【资产类别—列表视图】窗口，如图 5-99 所示。

图 5-99 【资产类别——列表视图】窗口

注意

➢ 要建立多级固定资产类别，应先建立上级固定资产类别后再建立下级类别，由于在建立上级固定资产类别时就设置了使用年限、净残值率，其下级类别如果与上级类别设置相同，可自动继承不用修改；如果下级类别与上级类别设置不同，可以修改。

➢ 类别编码、名称、计提属性及卡片样式不能为空。

➢ 非明细级别类别编码不能修改和删除，明细级别类别编码修改时只能修改本级的编码。

➢ 使用过的类别的计提属性不能修改。

> 系统已使用的类别不允许增加下级类别和删除。

▶ 4. 设置固定资产增减方式对应入账科目

【业务描述】

2020 年 1 月 1 日,"001 梁天"设置固定资产增减方式对应入账科目,相关信息如表 5-31 所示。

表 5-31 固定资产增减方式对应入账科目

项目	增减方式	对应入账科目
增减方式	直接购入	100201"银行存款—工行存款"
	在建工程转入	1604"在建工程"
减少方式	出售	1606"固定资产清理"
	报废	1606"固定资产清理"
	盘亏	1901"待处理财产损溢"

【岗位说明】

"001 梁天"设置固定资产增减方式对应入账科目。

【操作指导】

(1) 在固定资产管理系统中,执行【设置】【增减方式】命令。

(2) 选中【直接购入】所在行,单击【修改】按钮,打开【增减方式——单张视图】窗口,在【对应入账科目】栏录入"100201",单击【保存】。

(3) 以此方法继续设置其他增减方式对应入账科目。录入结果如图 5-100 所示。

【注意】事项同固定资产类别设置

图 5-100 【增减方式——对应入账科目设置】窗口

▶ 5. 原始卡片录入

【业务描述】

2020 年 1 月 1 日,"001 梁天"录入固定资产原始卡片,相关信息如表 5-32 所示。

表 5-32 固定资产明细表

固定资产编号	固定资产名称	类别名称	使用部门	使用年限（月）	开始使用日期	已计提月份	原值（元）	残值（元）	月折旧额（元）	累计折旧（元）	使用状况
100001	办公楼	01	企业管理部	240	2018.09.15	15	12 000 000.00	600 000.00	47 500.00	712 500.00	在用
100002	原料库	01	仓储部	240	2018.09.15	15	1 350 000	67500	5343.75	80 156.25	在用
100003	半成品库	01	仓储部	240	2018.09.15	15	1 350 000	67500	5343.75	80 156.25	在用
100004	产成品库	01	仓储部	240	2018.09.15	15	1 350 000	67500	5343.75	80 156.25	在用
100005	资产库	01	仓储部	240	2018.09.15	15	1 350 000	67500	5343.75	80 156.25	在用
100006	大厂房	01	生产计划办公室	240	2018.09.15	15	7 200 000.00	360 000.00	28 500.00	427 500.00	在用
200001	普通机床（机加工生产线）	02	机加车间	120	2018.09.15	15	210 000.00	—	1 750.00	26 250.00	在用
200002	普通机床（机加工生产线）	02	机加车间	120	2018.09.15	15	210 000.00	—	1 750.00	26 250.00	在用
200003	普通机床（机加工生产线）	02	机加车间	120	2018.09.15	15	210 000.00	—	1 750.00	26 250.00	在用
200004	普通机床（机加工生产线）	02	机加车间	120	2018.09.15	15	210 000.00	—	1 750.00	26 250.00	在用
200005	普通机床（机加工生产线）	02	机加车间	120	2018.09.15	15	210 000.00	—	1 750.00	26 250.00	在用
200006	普通机床（机加工生产线）	02	机加车间	120	2018.09.15	15	210 000.00	—	1 750.00	26 250.00	在用
200007	普通机床（机加工生产线）	02	机加车间	120	2018.09.15	15	210 000.00	—	1 750.00	26 250.00	在用
200008	普通机床（机加工生产线）	02	机加车间	120	2018.09.15	15	210 000.00	—	1 750.00	26 250.00	在用
200009	普通机床（机加工生产线）	02	机加车间	120	2018.09.15	15	210 000.00	—	1 750.00	26 250.00	在用
200010	普通机床（机加工生产线）	02	机加车间	120	2018.09.15	15	210 000.00	—	1 750.00	26 250.00	在用

续表

固定资产编号	固定资产名称	类别名称	使用部门	使用年限（月）	开始使用日期	已计提月份	原值（元）	残值（元）	月折旧额（元）	累计折旧（元）	使用状况
200011	组装生产线	02	组装车间	120	2018.09.15	15	510 000.00	—	4 250.00	63 750.00	在用
300001	笔记本电脑	03	企业管理部	48	2018.09.15	15	6 000.00	—	125	1 875.00	在用
300002	笔记本电脑	03	人力资源部	48	2018.09.15	15	6 000.00	—	125	1 875.00	在用
300003	笔记本电脑	03	财务部	48	2018.09.15	15	6 000.00	—	125	1 875.00	在用
300004	笔记本电脑	03	采购部	48	2018.09.15	15	6 000.00	—	125	1 875.00	在用
300005	笔记本电脑	03	营销部	48	2018.09.15	15	6 000.00	—	125	1 875.00	在用
300006	笔记本电脑	03	仓储部	48	2018.09.15	15	6 000.00	—	125	1 875.00	在用
300007	笔记本电脑	03	生产计划办公室	48	2018.09.15	15	6 000.00	—	125	1 875.00	在用
300008	台式电脑	03	财务部	48	2018.09.15	15	4 800.00	—	100	1 500.00	在用
300009	台式电脑	03	财务部	48	2018.09.15	15	4 800.00	—	100	1 500.00	在用
300010	台式电脑	03	企业管理部	48	2018.09.15	15	4 800.00	—	100	1 500.00	在用
300011	台式电脑	03	人力资源部	48	2018.09.15	15	4 800.00	—	100	1 500.00	在用
300012	台式电脑	03	财务部	48	2018.09.15	15	4 800.00	—	100	1 500.00	在用
300013	台式电脑	03	采购部	48	2018.09.15	15	4 800.00	—	100	1 500.00	在用
300014	台式电脑	03	营销部	48	2018.09.15	15	4 800.00	—	100	1 500.00	在用
300015	台式电脑	03	营销部	48	2018.09.15	15	4 800.00	—	100	1 500.00	在用
300016	台式电脑	03	仓储部	48	2018.09.15	15	4 800.00	—	100	1 500.00	在用
300017	台式电脑	03	生产计划办公室	48	2018.09.15	15	4 800.00	—	100	1 500.00	在用
300018	台式电脑	03	生产计划办公室	48	2018.09.15	15	4 800.00	—	100	1 500.00	在用
300019	打印复印一体机	03	企业管理部	48	2018.09.15	15	24 000.00	—	500	7 500.00	在用
合计							27 328 800.00		121 600	1 824 000.00	

【岗位说明】

"001 梁天"录入固定资产原始卡片。

【操作指导】

（1）在固定资产管理系统中，执行【固定资产】【卡片】【录入原始卡片】命令，打开【固定资产类别档案】窗口，选择【01 房屋及建筑物】前的复选框，单击【确定】按钮后进入【固定资产卡片录入原始卡片 1000001 卡片】窗口。

（2）在【固定资产名称】栏录入"办公楼"，单击【使用部门】，打开【固定资产】窗口，选择【单部门使用】单选框，单击【确定】按钮，打开【使用部门】窗口，单击【增加】按钮，录入【企业管理部】等信息，单击【确定】按钮，退出【使用部门】窗口。

（3）在增加方式中选择【直接购入】，使用状况【在用】，折旧年限【240 月】，折旧方法【平均年限法二】。

（4）其他相关信息参考表 5-32 信息完成。如图 5-101 所示。以此方法继续录入其他卡片。

图 5-101 【固定资产卡片设置】窗口

注意

➢ 在【使用部门】栏，选择【企业管理部】，在【使用比例%】栏录入"100.00%"，在【固定资产卡片】界面中，除【固定资产卡片】选项卡外，还有若干附属选项卡，附属选项卡上的信息只供参考，不参与计算也不回溯。

➢ 在执行原始卡片录入或资产增加功能时，可以为一个资产选择多个使用部门。

➢ 当资产为多部门使用时，原值、累计折旧等数据可以在多部门之间按预先设置的比例进行分摊。

➢ 单个资产对应多个使用部门时，卡片上的【对应折旧科目】处不能输入，默认为选择使用部门时设置的对应折旧科目。

➢ 录入完成后，要查询已录入【固定资产原始卡片】的信息，执行【固定资产】【卡片】

【卡片管理】命令，打开【查询条件选择—卡片管理】窗口，在【开始使用日期】栏中输入该资产的开始使用日期，否则查询记录为空。

（5）执行【固定资产】【处理】【对账】命令，打开【与账务对账结果】对话框，提示"结果：平衡"，单击【确定】按钮，退出【与账务对账结果】提示框，如图5-102所示。

图5-102　【与账务对账结果】窗口

注意

➢录入完成后，执行【固定资产】【处理】【对账】命令，验证固定资产系统中录入的固定资产明细资料是否与总账中的固定资产数据一致；如果不一致，需要检查总账期初余额中固定资产的原值和累计折旧的期初余额是否录入错误，确定总账期初余额准确无误后，再检查原始卡片的原值和累计折旧是否录入错误，最终要保证固定资产管理系统【固定资产原值】和【累计折旧原值】与总账中【固定资产】和【累计折旧】的期初余额平衡。

▶6. 设置"是否固定资产"过滤条件

【业务描述】

2020年1月1日，以"001梁天"身份登录企业应用平台，设置采购管理系统参数：普通业务必有订单，其他项目默认。

【岗位说明】

"001梁天"设置"是否固定资产"过滤条件。

【操作指导】

（1）在采购管理系统中，执行【采购结算】【手工结算】命令，打开【手工结算】窗口。

特别注意：若提示"采购管理系统需进行期初记账方能操作"，则按照下文【采购管理系统】的初始设置，进行期初记账。

（2）单击【选单】按钮，打开【结算选单】窗口。

（3）单击【查询】按钮，打开【查询条件选择—采购手工结算】窗口。

（4）单击【过滤方案】按钮，打开【查询条件配置】窗口，单击【增加公共方案】按钮，打开【方案属性】窗口，在【方案名】栏录入【采购资产】选中【设为缺省方案】复选框，如图5-103所示。

（5）单击【确定】按钮，返回【查询条件配置】窗口。

（6）单击选中【采购资产（缺省）001】命令，在窗口右侧【标题】栏选中【是否固定资产】，

第五章 各模块系统初始设置

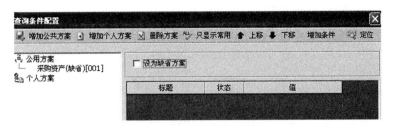

图 5-103 【查询条件配置】窗口

双击打开【条件属性】窗口，选中【常用条件】复选框，单击【确定】按钮，返回【查询条件配置】窗口，将【是否固定资产】上移至【扣税类别】下方，如图 5-104 所示。

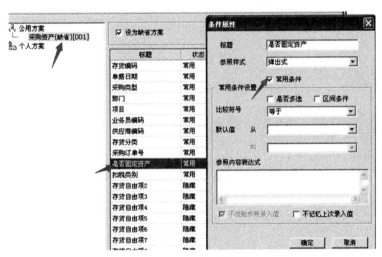

图 5-104 【条件属性】窗口

第四节 供应链子系统初始化设置

一、采购管理子系统初始化设置

▶ 1. 采购管理系统参数设置

【业务描述】

2020 年 1 月 1 日，以"001 梁天"身份登录企业应用平台，设置采购管理系统参数：普通业务必有订单，其他项目默认。

【岗位说明】

"001 梁天"设置采购管理系统参数。

【操作指导】

在企业应用平台中，"001 梁天"执行【业务工作】【供应链】【采购管理】【设置】【采购选项】命令，打开【业务及权限控制】选项卡，勾选"普通业务必有订单"，单击【确定】，操作结果如图 5-105 所示。

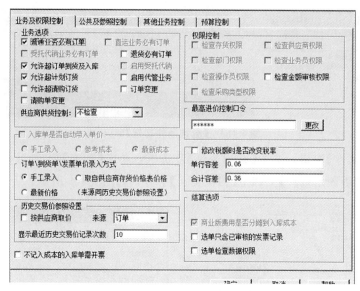

图 5-105 【采购系统选项设置】窗口

▶ 2. 采购管理系统期初记账

【业务描述】

2020年1月1日,以"001梁天"身份对采购管理系统进行期初记账。

【岗位说明】

"001梁天"采购管理系统期初记账。

【操作指导】

在企业应用平台中,"001梁天"执行【业务工作】【供应链】【采购管理】【设置】【采购期初记账】命令,打开【期初记账】窗口,单击【记账】,单击【确定】按钮,完成采购管理系统期初记账,如图5-106所示。

图 5-106 采购管理系统【期初记账】窗口

二、销售管理子系统初始化设置

【业务描述】

2020年1月1日,以"001梁天"身份登录企业应用平台,设置销售管理系统参数:取消销售生成出库单,新增退货单默认参照订单。

【岗位说明】

"001梁天"设置销售管理系统参数。

【操作指导】

（1）在企业应用平台中，"001 梁天"执行【业务工作】【供应链】【销售管理】【设置】【销售选项】命令，打开【业务控制】选项卡，取消【销售生成出库单】，操作结果如图 5-107 所示。

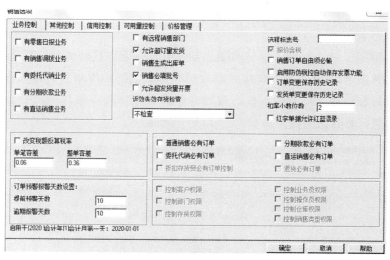

图 5-107　销售管理系统【销售选项——业务控制】窗口

（2）在企业应用平台中，执行【业务工作】【供应链】【销售管理】【设置】【销售选项】命令，打开【其他控制】选项卡，【新增退货单默认】选择【参照订单】，单击确定，操作结果如图 5-108 所示。

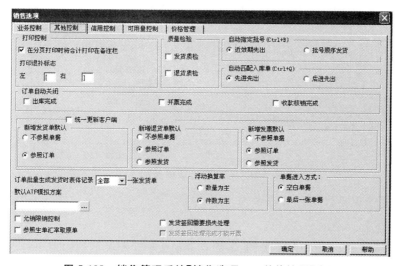

图 5-108　销售管理系统【销售选项——其他控制】窗口

三、库存管理子系统初始化设置

▶ 1. 库存管理系统参数设置

【业务描述】

2020 年 1 月 1 日，以"001 梁天"身份登录企业应用平台，设置库存管理系统参数：将

"修改现存量时点"勾选为"采购入库审核时""销售出库审核时""产成品入库审核时""材料出库审核时""其他出入库审核时"。

【岗位说明】

"001 梁天"设置库存管理系统参数。

【操作指导】

在企业应用平台中,执行【业务工作】【供应链】【库存管理】【初始设置】【选项】命令,选中【通用设置】选项卡中的【采购入库审核时改现存量】【销售出库审核时改现存量】【产成品入库审核时改现存量】【材料出库审核时改现存量】【其他出入库审核时改现存量】复选框,单击【确定】按钮,操作结果如图 5-109 所示。

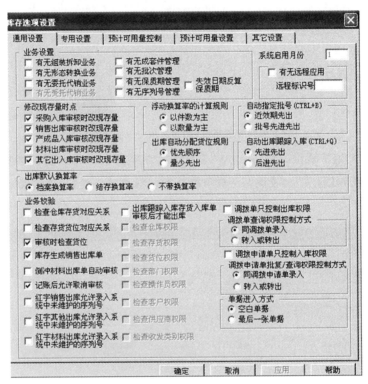

图 5-109 【库存选项设置】窗口

▶ 2. 库存管理系统期初数据录入

【业务描述】

2020 年 1 月 1 日,以"001 梁天"录入库存期初数据,相关信息如表 5-33 所示。

表 5-33 库存管理期初数据

仓库	仓库编码	存货编码	存货名称	计量单位	税率	数量	单价	金额
原料库	01	B0001	钢管	根	13%	10 800	105.20	1 136 160
原料库	01	B0003	坐垫	个	13%	5 400	80.18	432 972
原料库	01	B0005	车篷	个	13%	5 400	144.26	779 004
原料库	01	B0006	车轮	个	13%	21 600	26.89	580 824

续表

仓库	仓库编码	存货编码	存货名称	计量单位	税率	数量	单价	金额
原料库	01	B0007	经济型童车包装套件	套	13%	5 400	90.16	486 864
半成品库	02	M0001	经济型童车车架	个	13%	5 400	346.24	1 869 696
产成品库	03	P0001	经济型童车	辆	13%	5 400	756.82	4 086 828

【岗位说明】

"001梁天"设置库存管理系统期初数据。

【操作指导】

(1) 在企业应用平台中,执行【业务工作】【供应链】【库存管理】【初始设置】【期初结存】命令,打开【库存期初数据录入】窗口。

(2) 在【库存期初】窗口中将仓库选择为【原料库】。

(3) 单击【修改】按钮,单击存货编码栏中的参照按钮,选择【存货名称】为【B0001钢管】,在【数量】栏中输入"10800",在【单价】栏中输入"105.2"。

(4) 依次输入【原料库】的其他期初结存数据。单击【保存】按钮,保存录入存货信息,单击【批审】按钮,如图5-110所示。

图5-110 【原料库库存期初】窗口

(5) 在【库存期初】窗口中将仓库选择为【半成品库】。单击【修改】按钮,依次输入【半成品库】的期初结存数据并保存,单击【批审】按钮,如图5-111所示。

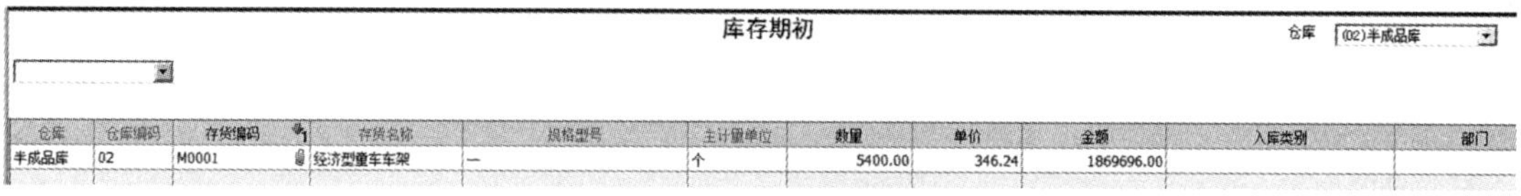

图5-111 【半成品库库存期初】窗口

(6) 在【库存期初】窗口中将仓库选择为【产成品库】。单击【修改】按钮,依次输入【成品库】的期初结存数据并保存,单击【批审】按钮,如图5-112所示。

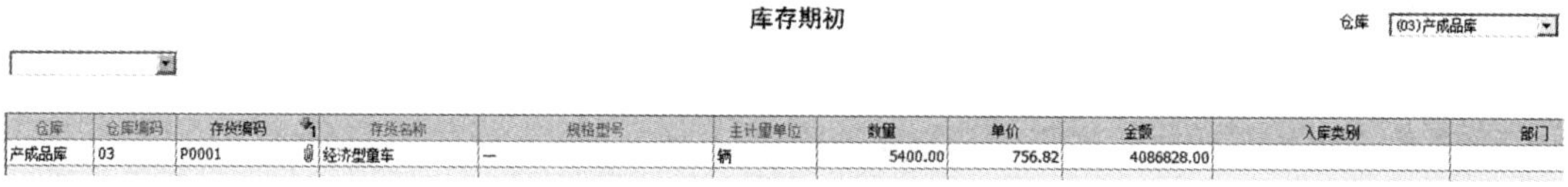

图5-112 【产成品库库存期初】窗口

四、存货核算子系统初始化设置

▶ 1. 存货核算系统期初余额录入

【业务描述】

2020年1月1日,以"001梁天"身份登录企业应用平台,设置存货核算系统期初数据,存货核算系统期初数据与库存管理系统期初数据相同。

【岗位说明】

"001梁天"设置存货核算系统期初数据。

【操作指导】

(1)在企业应用平台中,执行【业务工作】【供应链】【存货核算】【初始设置】【期初数据】【期初余额】命令,打开【期初余额】窗口,仓库选择【原料库】,单击【取数】按钮,系统自动从库存管理系统取出该仓库的存货信息,如图5-113所示。

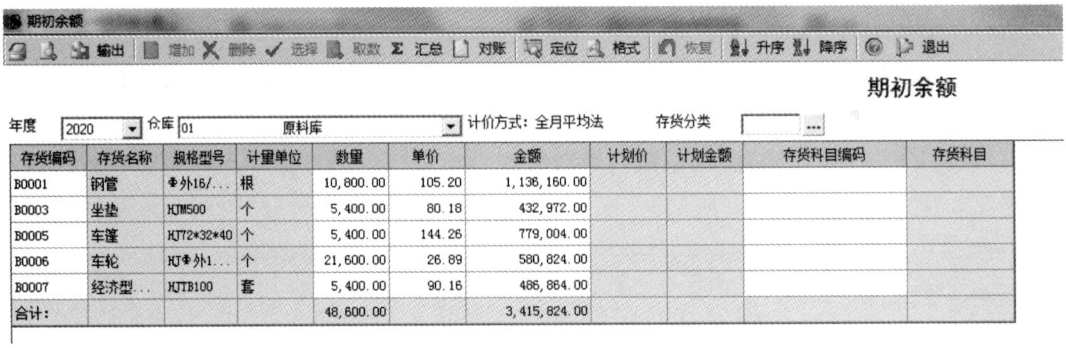

图5-113 存货核算系统原料库【期初余额】窗口

(2)仓库选择【半成品库】,单击【取数】按钮,系统自动从库存管理系统取出该仓库的存货信息,如图5-114所示。

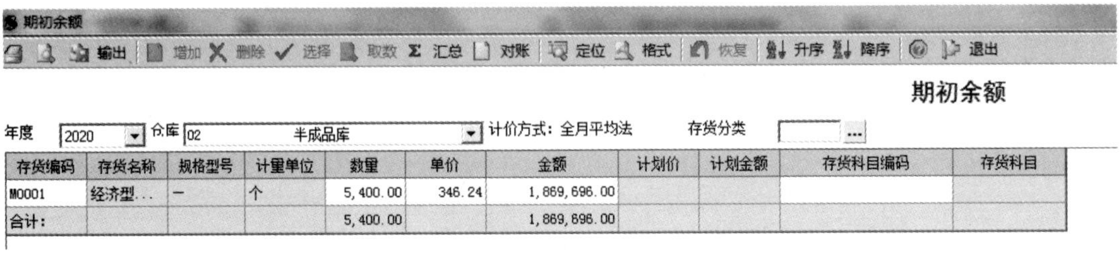

图5-114 存货核算系统半成品库【期初余额】窗口

(3)仓库选择【产成品库】,单击【取数】按钮,系统自动从库存管理系统取出该仓库的存货信息,如图5-115所示。

(4)单击【对账】按钮,选择所有仓库,系统自动对存货核算与库存管理系统的存货数量进行核对,如果对账成功,单击【确定】按钮,操作结果如图5-116所示。

(5)单击【记账】按钮,如果记账成功,单击【确定】按钮,操作结果如图5-117所示。

图 5-115　存货核算系统产成品库【期初余额】窗口

图 5-116　【存货核算对账】窗口

图 5-117　【存货核算期初记账】窗口

▶ 2. 存货核算系统科目设置

【业务描述】

2020年1月1日，以"001梁天"身份登录企业应用平台，根据表5-34～表5-39设置存货核算系统科目设置。

表 5-34　存货科目

仓库编码	仓库名称	存货编码	存货名称	存货科目编码	存货科目名称
03	产成品库	P0001	经济型童车	140501	经济型童车
02	半成品库	M0001	经济型童车车架	140901	经济型车架
01	原料库	B0001	钢管	140301	钢管
01	原料库	B0003	坐垫	140302	坐垫
01	原料库	B0005	车篷	140304	车篷
01	原料库	B0006	车轮	140303	车轮
01	原料库	B0007	经济型童车包装套件	140305	经济型童车包装套件

表 5-35 对方科目

收发类别编码	收发类别名称	项目大类编码	项目大类名称	项目编码	项目名称	对方科目编码	对方科目名称	暂估科目编码
101	采购入库					1402	在途物资	220202
102	采购退货					1402	在途物资	
103	盘盈入库					1901	待处理财产损溢	
104	产成品入库					140501	经济型童车	
201	销售出库					6401	主营业务成本	
202	销售退货					6401	主营业务成本	
203	盘亏出库					1901	待处理财产损溢	
204	材料出库	00	生产成本核算	1	经济型车架	50010101	直接材料	
204	材料出库	00	生产成本核算	2	经济型童车	50010201	直接材料	

表 5-36 税金科目

存货(大类)编码	存货(大类)名称	科目编码	科目名称
B0001	钢管	22210101	进项税额
B0002	芯片	22210101	进项税额
B0003	坐垫	22210101	进项税额
B0004	镀锌管	22210101	进项税额
B0005	车篷	22210101	进项税额
B0006	车轮	22210101	进项税额
B0007	经济型童车包装套件	22210101	进项税额
M0001	经济型童车车架	22210101	进项税额
P0001	经济型童车	22210101	进项税额
Z0001	普通机床(机加工生产线)	22210101	进项税额
Z0002	组装生产线	22210101	进项税额
F0001	运输费	22210101	进项税额
S0001	水	22210101	进项税额
S0002	电	22210101	进项税额

表 5-37 运输科目

存货编码	存货名称	运输科目	运输科目名称	税金科目	税金科目名称
F0001	运输费	1402	在途物资	22210101	进项税额

表 5-38 结算科目

结算方式	币　　种	科　　目	科目名称
1 现金	人民币	1001	库存现金
2 支票	人民币	100201	工行存款
201 现金支票	人民币	100201	工行存款
202 转账支票	人民币	100201	工行存款
3 电汇	人民币	100201	工行存款

表 5-39 应付科目

供应商(分类)编码	供应商(分类)名称	币　　种	科目编码	科目名称
1	恒通工贸有限公司	人民币	220201	一般应付款
2	邦尼工贸有限公司	人民币	220201	一般应付款
3	思远工贸有限公司	人民币	220201	一般应付款
4	新耀工贸有限公司	人民币	220201	一般应付款
5	隆飞物流有限公司	人民币	220201	一般应付款
6	完美物业有限公司	人民币	220201	一般应付款

【岗位说明】

"001 梁天"设置存货核算系统科目。

【操作指导】

(1) 设置存货科目。在企业应用平台中,执行【业务工作】【供应链】【存货核算】【初始设置】【科目设置】【存货科目】命令,单击【增加】输入所要设置的存货科目并保存,操作结果如图 5-118 所示。

图 5-118　存货核算系统【存货科目】窗口

(2) 设置对方科目。在企业应用平台中,执行【业务工作】【供应链】【存货核算】【初始设置】【科目设置】【对方科目】命令,单击【增加】输入所要设置的对方科目并保存,操作结果如图 5-119 所示。

【对方科目】窗口

收发类别编码	收发类别名称	存货分类编码	存货分类名称	存货编码	存货名称	部门编码	部门名称	项目大类编码	项目大类名称	项目编码	项目名称
101	采购入库										
102	采购退货										
103	盘盈入库										
104	产成品入库										
201	销售出库										
202	销售退货										
203	盘亏出库										
204	材料出库							00	生产成本核算	1	经济型车架
204	材料出库							00	生产成本核算	2	经济型童车

图 5-119 【对方科目】窗口

(3) 设置税金科目。在企业应用平台中,执行【业务工作】【供应链】【存货核算】【初始设置】【科目设置】【税金科目】命令,单击【增加】输入所要设置的税金科目并保存,操作结果如图 5-120 所示。

税金科目

存货编码	存货名称	科目编码	科目名称	进项税额转出科目编码	进项税额转出科目名称	出口退税科目编码	出口退税科目名称
B0001	钢管	22210101	进项税额				
B0002	芯片	22210101	进项税额				
B0003	坐垫	22210101	进项税额				
B0004	镀锌管	22210101	进项税额				
B0005	车篷	22210101	进项税额				
B0006	车轮	22210101	进项税额				
B0007	经济型童车包…	22210101	进项税额				
F0001	运输费	22210101	进项税额				
M0001	经济型童车车架	22210101	进项税额				
P0001	经济型童车	22210101	进项税额				
Z0001	普通机床(机…	22210101	进项税额				
Z0002	组装生产线	22210101	进项税额				
Z0003	数控机床	22210101	进项税额				

图 5-120 【税金科目】窗口

(4) 设置运费科目。在企业应用平台中,执行【业务工作】【供应链】【存货核算】【初始设置】【科目设置】【运输科目】命令,单击【增加】输入所要设置的运输科目并保存,操作结果如图 5-121 所示。

运费科目

存货编码	存货名称	运费科目	运费科目名称	税金科目	税金科目名称
F0001	运输费	1402	在途物资	22210101	进项税额

图 5-121 【运输科目】窗口

(5) 设置结算科目。在企业应用平台中,执行【业务工作】【供应链】【存货核算】【初始设置】【科目设置】【结算科目】命令,单击【增加】输入所要设置的结算科目并保存,操作结果如图 5-122 所示。

图 5-122 【结算科目】窗口

（6）设置应付科目。在企业应用平台中，执行【业务工作】【供应链】【存货核算】【初始设置】【科目设置】【应付科目】命令，单击【增加】输入所要设置的应付科目并保存，操作结果如图 5-123 所示。

图 5-123 【应付科目】窗口

第六章 日常经济业务处理实操

第一节 实操模块介绍

财务核算工作是一个企业的基础，随着各行各业信息化建设的不断深入，熟练使用财务软件就成为每个财会人员的必备技能。本书实训操作所使用的软件为用友 U8V10.1 软件，以"注重实践能力培养"为原则，对城科童飞制造有限责任公司日常经济业务进行核算。所使用的软件模块包括财会模块和供应链模块，财会模块涵盖了总账系统、应收应付款管理系统、固定资产系统、薪资管理系统；供应链模块涵盖了销售管理系统、采购管理系统、库存管理系统、存货核算系统。

总账系统，主要是通过输入和处理各种记账凭证或原始凭证，完成记账和结账以及银行对账工作，生成并查询和打印输出各种日记账、明细账和总分类账。

应收款管理系统，主要用于核算和管理客户往来款项。通过发票、其他应收单、收款单等单据的录入，记录销售业务及其他业务所形成的对企业的往来账款。对应收款进行综合管理，及时、准确地提供客户的往来账款余额资料，提供各种分析报表，如账龄分析表、欠款分析情况分析等，通过各种分析报表，帮助企业合理地进行资金的调配，提高资金的利用效率。

应付款管理系统，通过发票、其他应付单、付款单等单据的录入，对企业的往来款项进行综合管理，及时、准确地提供供应商的往来账款余额资料，提供各种分析报表，帮助企业进行资金的调配，提高资金的使用效率。

固定资产系统，主要用于核算企业的固定资产月末折旧业务。通过对固定资产进行资产分类设置、录入原始卡片、资产增加、月末计提折旧，生成转账凭证，最后进行月末结转。

薪资管理系统，主要是对职工工资进行核算并计提个人所得税、职工福利费、工会经费和其他以工资为基数计提的费用，并生成转账凭证传输到总账系统，进行成本费用核算。

销售管理系统，主要是帮助企业对销售业务的全部流程进行管理，提供了报价、订货、发货、开票的完整销售流程，支持普通销售、委托代销、分期收款、直运、零售、销售调拨等多种业务类型的销售业务。

采购管理系统，帮助企业对采购业务的全部流程进行管理，提供请购、订货、到货、检验、入库、开票、采购结算的完整采购流程，支持普通采购、受托代销、直运等多种类型的采购业务，支持按询价比价方式选择供应商，支持以订单为核心的业务模式。企业还可以根据实际情况进行采购流程的定制，既可选择按规范的标准流程操作，又可按最简约的流程来处理实际业务，方便企业构建自己的采购业务管理平台。

库存管理系统，主要是从数量的角度管理存货的出入库业务，能够满足采购入库、销售出库、产成品入库、材料出库、其他出入库、盘点管理等业务需要，提供多计量单位使用、仓库货位管理、批次管理、保质期管理、出库跟踪、入库管理、可用量管理等全面的业务应用。通过对存货的收发存业务处理，及时动态地掌握各种库存存货信息，对库存安全性进行控制，提供各种储备分析，避免库存积压占用资金或材料短缺影响生产。

存货核算系统，是从资金的角度管理存货的出入库业务，掌握存货耗用情况，及时准确地把各类存货成本归集到各成本项目和成本对象上。存货核算主要用于核算企业的入库成本、出库成本、结余成本；反映和监督存货的收发、领退和保管情况；反映和监督存货资金的占用情况，动态反映存货资金的增减变动；提供存货资金周转和占用分析，以降低库存，减少资金积压。

第二节　日常经济业务处理实操演练

▶ 1. 部门提取备用金

【业务描述】

2020年1月2日，企管部去财务部借备用金，相关的原始凭证见附录B"1月日常经济业务"(扫描二维码)表B 1-1借款单。

【岗位说明】

"003 朱中华"制单、记账；"004 赵丹"出纳签字；"002 钱坤"复核。

【操作指导】

(1) 记账会计"003 朱中华"登录企业应用平台，单击【财务会计】【总账】【凭证】填制凭证，打开【填制凭证】窗口，单击【增加】，录入凭证的相关内容，并在制单时录入摘要、科目、金额后，单击【保存】，操作结果如图6-1所示。

(2) 财务经理"002 钱坤"登录企业应用平台，单击【财务会计】【总账】【凭证】【主管签字】对相关凭证审核后，单击【签字】。

(3) 出纳"004 赵丹"登录企业应用平台，单击【财务会计】【总账】【凭证】【出纳签字】，对相关凭证审核后，单击【签字】。

(4) 记账会计"003 朱中华"登录企业应用平台，单击【财务会计】【总账】【凭证】【记账】按屏幕提示完成记账工作。

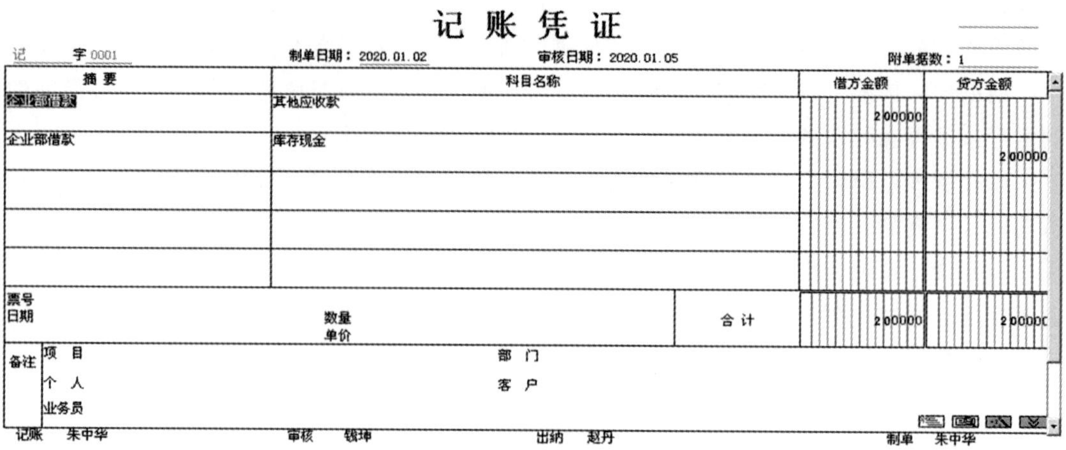

记 账 凭 证

记 字 0001　　制单日期：2020.01.02　　审核日期：2020.01.05　　附单据数：1

摘 要	科目名称	借方金额	贷方金额
企业部借款	其他应收款	200000	
企业部借款	库存现金		200000
票号 日期	数量 单价 合 计	200000	200000

备注　项 目　　部 门
个 人　　客 户
业务员

记账 朱中华　审核 钱坤　出纳 赵丹　制单 朱中华

图 6-1 【记账凭证】窗口

▶ 2. 支付 3C、ISO9000 认证费

【业务描述】

2020 年 1 月 2 日，支付认证费，相关的原始凭证见附录 B“1 月日常经济业务”表 B 2-1 付款申请单、表 B 2-2 增值税抵扣联、表 B 2-3 增值税记账联、表 B 2-4 转账支票副联。

【岗位说明】

“003 朱中华”制单、记账；“002 钱坤”复核；“004 赵丹”出纳签字。

【操作指导】

(1) 记账会计“003 朱中华”登录企业应用平台，单击【财务会计】【总账】【凭证】填制凭证，打开【填制凭证】窗口，单击【增加】，录入凭证的相关内容，并在制单时录入摘要、科目、金额后，单击【保存】，操作结果如图 6-2 所示。

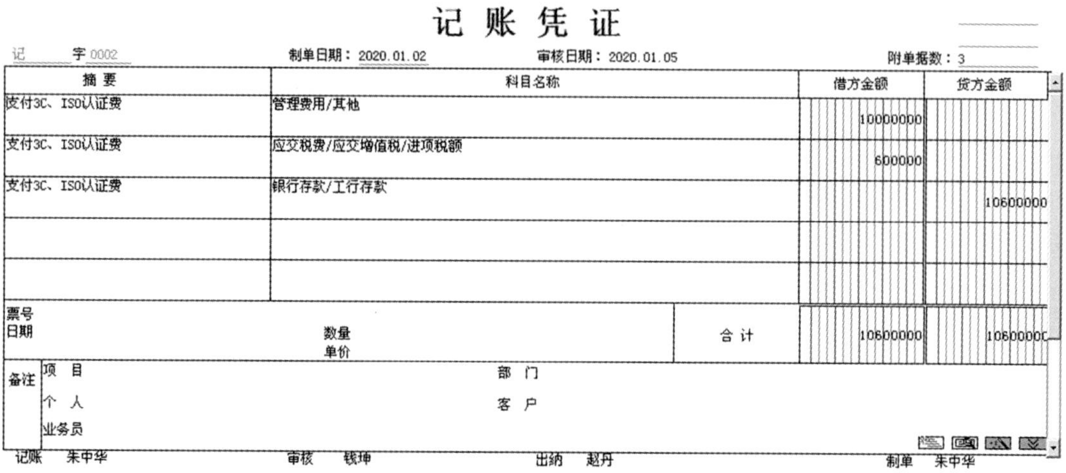

记 账 凭 证

记 字 0002　　制单日期：2020.01.02　　审核日期：2020.01.05　　附单据数：3

摘 要	科目名称	借方金额	贷方金额
支付3C、ISO认证费	管理费用/其他	10000000	
支付3C、ISO认证费	应交税费/应交增值税/进项税额	600000	
支付3C、ISO认证费	银行存款/工行存款		10600000
票号 日期	数量 单价 合 计	10600000	10600000

备注　项 目　　部 门
个 人　　客 户
业务员

记账 朱中华　审核 钱坤　出纳 赵丹　制单 朱中华

图 6-2 【记账凭证】窗口

(2) 财务经理“002 钱坤”登录企业应用平台，单击【财务会计】【总账】【凭证】【主管签字】对相关凭证审核后，单击【签字】。

(3)出纳"004 赵丹"登录企业应用平台,单击【财务会计】【总账】【凭证】【出纳签字】,对相关凭证审核后,单击【签字】。

(4)记账会计"003 朱中华"登录企业应用平台,单击【财务会计】【总账】【凭证】【记账】按屏幕提示完成记账工作。

▶ 3. 短期借款

【业务描述】

2020 年 1 月 3 日,取得短期借款,相关的原始凭证见附录 B"1 月日常经济业务"(扫描二维码)表 B 3-1 借款凭证(批准通知回单)。

【岗位说明】

"003 朱中华"制单、记账;"002 钱坤"复核;"004 赵丹"出纳签字。

【操作指导】

(1)记账会计"003 朱中华"登录企业应用平台,单击【财务会计】【总账】【凭证】填制凭证,打开【填制凭证】窗口,单击【增加】,录入凭证的相关内容,并在制单时录入摘要、科目、金额后,单击【保存】,操作结果如图 6-3 所示。

记 账 凭 证

记 字 0003	制单日期:2020.01.03	审核日期:2020.01.05		附单据数:1
摘 要	科目名称		借方金额	贷方金额
取得银行短期借款	银行存款/工行存款		50000000	
取得银行短期借款	短期借款			50000000
票号 3 -				
日期 2020.01.03	数量 单价	合 计	50000000	50000000
备注 项 目 个 人 业务员	部 门 客 户			
记账 朱中华	审核 钱坤	出纳 赵丹		制单 朱中华

图 6-3 【记账凭证】窗口

(2)财务经理"002 钱坤"登录企业应用平台,单击【财务会计】【总账】【凭证】【主管签字】对相关凭证审核后,单击【签字】。

(3)出纳"004 赵丹"登录企业应用平台,单击【财务会计】【总账】【凭证】【出纳签字】,对相关凭证审核后,单击【签字】。

(4)记账会计"003 朱中华"登录企业应用平台,单击【财务会计】【总账】【凭证】【记账】按屏幕提示完成记账工作。

▶ 4. 支付广告费

【业务描述】

2020 年 1 月 3 日,支付广告费用,有关的原始凭证见附录 B"1 月日常经济业务"(扫描二维码)表 B 4-1 付款申请单、表 B 4-2 增值税专用发票抵扣联、表 B 4-3 发票联、表 B 4-4

中国银行转账支票存根。

【岗位说明】

"003 朱中华"制单、记账;"002 钱坤"复核;"004 赵丹"出纳签字。

【操作指导】

(1) 记账会计"003 朱中华"登录企业应用平台,单击【财务会计】【总账】【凭证】填制凭证,打开【填制凭证】窗口,单击【增加】,录入凭证的相关内容,并在制单时录入摘要、科目、金额后,单击【保存】,操作结果如图 6-4 所示。

记 账 凭 证

记 字 0004		制单日期:2020.01.03	审核日期:2020.01.05		附单据数:3	
摘 要	科目名称				借方金额	贷方金额
支付广告费	销售费用/广告费				53100000	
支付广告费	应交税费/应交增值税/进项税额				3186000	
支付广告费	银行存款/工行存款					56286000
票号 日期	数量 单价		部 门	合 计	56286000	56286000
备注	项 目 个 人 业务员		客 户			
记账 朱中华		审核 钱坤	出纳 赵丹		制单 朱中华	

图 6-4 【记账凭证】窗口

(2) 财务经理"002 钱坤"登录企业应用平台,单击【财务会计】【总账】【凭证】【主管签字】对相关凭证审核后,单击【签字】。

(3) 出纳"004 赵丹"登录企业应用平台,单击【财务会计】【总账】【凭证】【出纳签字】,对相关凭证审核后,单击【签字】。

(4) 记账会计"003 朱中华"登录企业应用平台,单击【财务会计】【总账】【凭证】【记账】按屏幕提示完成记账工作。

▶ 5. 报销差旅费

【业务描述】

2020 年 1 月 5 日,采购部报销差旅费,有关的原始凭证见附录 B"1 月日常经济业务"(扫描二维码)表 B 5-1 增值税专用发票、B 5-2 报销单。

【岗位说明】

"003 朱中华"制单、记账;"002 钱坤"复核;"004 赵丹"出纳签字。

【操作指导】

(1) 记账会计"003 朱中华"登录企业应用平台,单击【财务会计】【总账】【凭证】填制凭证,打开【填制凭证】窗口,单击【增加】,录入凭证的相关内容,并在制单时录入摘要、科目、金额,之后单击【保存】,操作结果如图 6-5 所示。

(2) 财务经理"002 钱坤"登录企业应用平台,单击【财务会计】【总账】【凭证】【主管签

记 账 凭 证

记　字 0005　　制单日期：2020.01.05　　审核日期：2020.01.05　　附单据数：2

摘要	科目名称	借方金额	贷方金额
报销差旅费	管理费用/差旅费	84800	
报销差旅费	库存现金		84800
票号 - 日期	数量 单价 合计	84800	84800

备注　项目　　部门
个人　　客户
业务员

记账 朱中华　　审核 钱坤　　出纳 赵丹　　制单 朱中华

图 6-5　【记账凭证】窗口

字】，对相关凭证审核，之后单击【签字】。

（3）出纳“004 赵丹”登录企业应用平台，单击【财务会计】【总账】【凭证】【出纳签字】，对相关凭证审核后，单击【签字】。

（4）记账会计“003 朱中华”登录企业应用平台，单击【财务会计】【总账】【凭证】【记账】，按屏幕提示完成记账工作。

▶ 6. 发放工资、缴纳五险一金

【业务描述】

2020 年 1 月 5 日，发放上月工资，并代扣代缴五险和住房公积金、个税，有关的原始凭证见附录 B“1 月日常经济业务”(扫描二维码)表 B 6-1 工资结算表、表 B 6-2 中国工商银行转账支票存根、表 B 6-3 中国工商银行转账支票存根(受理回单)、表 B 6-4 中国工商银行进账单。

【岗位说明】

“003 朱中华”制单、记账；“002 钱坤”复核；“004 赵丹”出纳签字。

【操作指导】

（1）记账会计“003 朱中华”登录企业应用平台，单击【财务会计】【总账】【凭证】填制凭证，打开【填制凭证】窗口，单击【增加】，录入凭证的相关内容，并在制单时录入摘要、科目、金额后，单击【保存】，操作结果如图 6-6、图 6-7、图 6-8 所示。

（2）财务经理“002 钱坤”登录企业应用平台，单击【财务会计】【总账】【凭证】【主管签字】对相关凭证审核后，单击【签字】。

（3）出纳“004 赵丹”登录企业应用平台，单击【财务会计】【总账】【凭证】【出纳签字】，对相关凭证审核后，单击【签字】。

（4）记账会计“003 朱中华”登录企业应用平台，单击【财务会计】【总账】【凭证】【记账】，按屏幕提示完成记账工作。

记 账 凭 证

记 字 0006　　制单日期：2020.01.05　　审核日期：2020.01.05　　附单据数：2

摘 要	科目名称	借方金额	贷方金额
支付工资	应付职工薪酬/工资	21106094	
支付工资	银行存款/工行存款		21106094
票号 - 日期	数量 单价　　合 计	21106094	21106094
备注	项 目　　部 门 个 人　　客 户 业务员		

记账 朱中华　　审核 钱坤　　出纳 赵丹　　制单 朱中华

图 6-6 【记账凭证】窗口——支付工资

记 账 凭 证

记 字 0007　　制单日期：2020.01.05　　审核日期：2020.01.05　　附单据数：0

摘 要	科目名称	借方金额	贷方金额
代扣五险一金和个税	应付职工薪酬/工资	5443906	
代扣五险一金和个税	应交税费/应交个人所得税		63406
代扣五险一金和个税	其他应付款		5380500
票号 - 日期	数量 单价　　合 计	5443906	5443906
备注	项 目　　部 门 个 人　　客 户 业务员		

记账 朱中华　　审核 钱坤　　出纳　　制单 朱中华

图 6-7 【记账凭证】窗口——代扣五捡一金和个税

记 账 凭 证

记 字 0008　　制单日期：2020.01.05　　审核日期：2020.01.05　　附单据数：1

摘 要	科目名称	借方金额	贷方金额
支付公司五险	应付职工薪酬/社会保险费	8522550	
支付公司一金	应付职工薪酬/住房公积金	2655000	
支付公司一金	其他应付款	5380500	
支付公司一金	银行存款/工行存款		11248050
支付公司一金	银行存款/工行存款		5310000
票号 - 日期	数量 单价　　合 计	16558050	16558050
备注	项 目　　部 门 个 人　　客 户 业务员		

记账 朱中华　　审核 钱坤　　出纳 赵丹　　制单 朱中华

图 6-8 【记账凭证】窗口——支付五险一金

第六章 日常经济业务处理实操

▶ 7. 缴纳增值税、个税

【业务描述】

2020年1月5日,缴纳上月未交增值税、代扣代缴的个人所得税,有关的原始凭证见附录B"1月日常经济业务"(扫描二维码)表B 7-1 增值税电子缴税付款凭证、表B 7-2 中国工商银行转账支票存根、表B 7-3 个税完税凭证、表B 7-4 中国工商银行转账支票存根。

【岗位说明】

"003 朱中华"制单、记账;"002 钱坤"复核;"004 赵丹"出纳签字。

【操作指导】

(1)记账会计"003 朱中华"登录企业应用平台,单击【财务会计】【总账】【凭证】填制凭证,打开【填制凭证】窗口,单击【增加】,录入凭证的相关内容,并在制单时录入摘要、科目、金额,之后单击【保存】,操作结果如图6-9、图6-10所示。

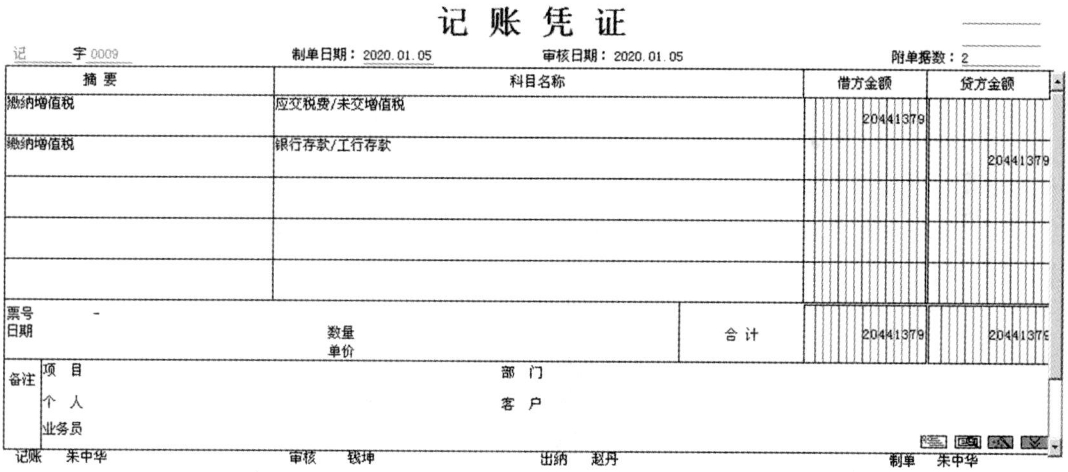

记 账 凭 证

记 字 0009　　制单日期:2020.01.05　　审核日期:2020.01.05　　附单据数:2

摘要	科目名称	借方金额	贷方金额
缴纳增值税	应交税费/未交增值税	20441379	
缴纳增值税	银行存款/工行存款		20441379

票号 日期		数量 单价		合计	20441379	20441379

备注　项目　　　　　　　　　部门
　　　个人　　　　　　　　　客户
　　　业务员

记账　朱中华　　审核　钱坤　　出纳　赵丹　　制单　朱中华

图6-9 【记账凭证】窗口——缴纳增值税

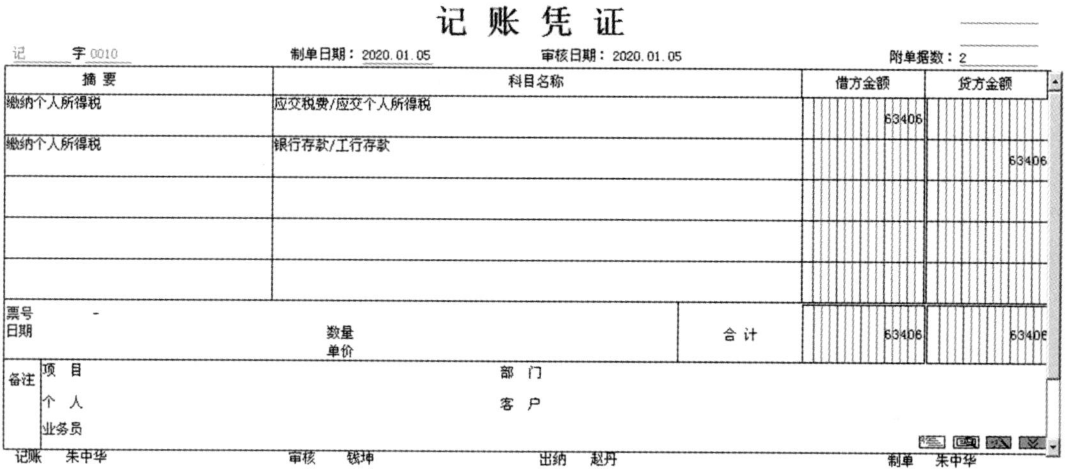

记 账 凭 证

记 字 0010　　制单日期:2020.01.05　　审核日期:2020.01.05　　附单据数:2

摘要	科目名称	借方金额	贷方金额
缴纳个人所得税	应交税费/应交个人所得税	63406	
缴纳个人所得税	银行存款/工行存款		63406

票号 日期		数量 单价		合计	63406	63406

备注　项目　　　　　　　　　部门
　　　个人　　　　　　　　　客户
　　　业务员

记账　朱中华　　审核　钱坤　　出纳　赵丹　　制单　朱中华

图6-10 【记账凭证】窗口——缴纳个税

（2）财务经理“002 钱坤”登录企业应用平台，单击【财务会计】【总账】【凭证】【主管签字】，对相关凭证审核后，单击【签字】。

（3）出纳“004 赵丹”登录企业应用平台，单击【财务会计】【总账】【凭证】【出纳签字】，对相关凭证审核后，单击【签字】。

（4）记账会计“003 朱中华”登录企业应用平台，单击【财务会计】【总账】【凭证】【记账】，按屏幕提示完成记账工作。

▶ 8. 派工生产童车和车架

【业务描述】

2020 年 1 月 6 日，领料生产童车和车架，有关的原始凭证见附录 B“1 月日常经济业务”(扫描二维码)表 B 8-1 领料单车架、表 B 8-2 领料单童车。领料单只写数量不写金额，原材料领用采取全月一次加权平均。

【岗位说明】

“006 王宝珠”填写材料出库单。

【操作指导】

（1）仓储管理员“006 王宝珠”登录企业应用平台，单击【供应链】【库存管理】，单击【出库业务】【材料出库单】命令，打开【材料出库单】窗口，单击【增加】按钮。

（2）根据经济型童车生产所需，分别从半成品库和原料库领取材料，输入相关信息，单击【保存】按钮保存数据，单击【审核】按钮审核此张单据。如图 6-11、图 6-12 所示。

（3）根据经济型车架生产所需，从原材料库领取材料，输入相关信息，单击【保存】按钮保存数据，单击【审核】按钮审核此张单据。如图 6-13 所示。

材料出库单

材料出库单打印模版

表体排序　　　蓝字　红字　　合并显示

出库单号 0000000001　出库日期 2020-01-06　仓库 半成品库

订单号　产品编码　产量 0.00

生产批号　业务类型 领料　业务号

出库类别 材料出库　部门 组装车间　委外商

审核日期　备注

	材料编码	材料名称	规格型号	主计量单位	数量	单价	金额	项目	项目编码	项目大类编码	项目:
1	M0001	经济型童车车架		个	5400.00			经济型童车	2	00	生产成本
2											

图 6-11　半成品库【材料出库单】窗口

材料出库单

材料出库单打印模版

表体排序　　　蓝字　红字　　合并显示

出库单号 0000000002　出库日期 2020-01-06　仓库 原材料库

订单号　产品编码　产量 0.00

生产批号　业务类型 领料　业务号

出库类别 材料出库　部门 组装车间　委外商

审核日期　备注

	材料编码	材料名称	规格型号	主计量单位	数量	单价	金额	项目	项目编码	项目大类编码	项目:
1	B0005	车篷	HJ72*32*40	个	5400.00			经济型童车	2	00	生产成本
2	B0006	车轮	HJΦ外125/Φ内 60 ...	个	21600.00			经济型童车	2	00	生产成本
3	B0007	经济型童车包装套件	HJTB100	套	5400.00			经济型童车	2	00	生产成本
4											
5											

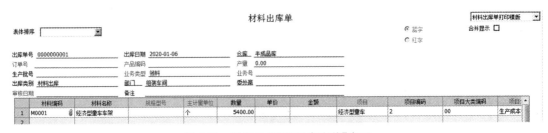

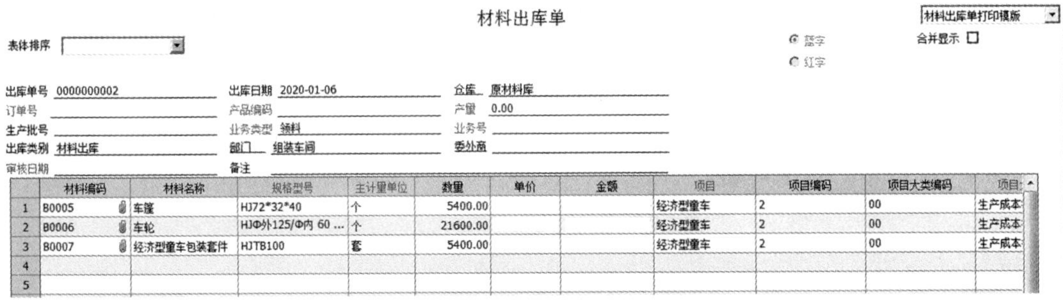

图 6-12　原材料库【材料出库单】窗口

图 6-13 原材料库【材料出库单】窗口

▶ 9. 支付上月水电费

【业务描述】

2020年1月7日支付上月水电费，有关的原始凭证见附录B"1月日常经济业务"（扫描二维码）表B 9-1 中国工商银行水电费转账支票存根。

【岗位说明】

"003朱中华"填写付款单、制单与记账；"002钱坤"复核；"004赵丹"出纳签字

【操作指导】

(1) 记账会计"003朱中华"登录【企业应用平台】，单击【应付款管理】【付款单据处理】，双击【付款单据录入】，单击【增加】，单击【保存】，操作结果如图 6-14 所示，单击【审核】并制单，操作结果如图 6-15 所示，显示红色字样【已生成】。

图 6-14 【付款单录入审核】窗口

(2) 财务经理"002钱坤"登录企业应用平台，单击【财务会计】【总账】【凭证】【主管签字】对相关凭证审核后，单击【签字】。

(3) 出纳"004赵丹"登录企业应用平台，单击【财务会计】【总账】【凭证】【出纳签字】，对相关凭证审核后，单击【签字】。

(4) 记账会计"003朱中华"登录企业应用平台，单击【财务会计】【总账】【凭证】【记账】按屏幕提示完成记账工作。

记 账 凭 证

记 字 0011　　制单日期：2020.01.07　　审核日期：2020.01.07　　附单据数：1

摘 要	科目名称	借方金额	贷方金额
支付水电费	应付账款/一般应付款	5807930	
支付水电费	银行存款/工行存款		5807930
票号 日期	数量 单价 合计	5807930	5807930

备注　项 目　　部 门

个 人　　供应商 完美

业务员 叶润中

记账 朱中华　　审核 钱坤　　出纳 赵丹　　制单 朱中华

图 6-15 【记账凭证】窗口——支付水电费

▶ 10. 采购原材料款未付货未到

【业务描述】

2020 年 1 月 7 日，从思远工贸采购原材料，有关的原始凭证见附录 B“1 月日常经济业务”(扫描二维码)表 B 10-1 购销合同、表 B 10-2 增值税专用发票(抵扣联)、表 B 10-3 增值税专用发票(发票联)，并委托隆飞物流公司承运，货到付款。

【岗位说明】

采购部“005 付海生”填写并审核采购订单、采购到货单、采购专用发票。

【操作指导】

(1) 填制采购订单。采购部“005 付海生”登录【企业应用平台】，单击【业务工作】【供应链】【采购管理】，双击【采购订货】【采购订单】，单击【增加】，输入采购相关数据，操作结果如图 6-16 所示，单击【保存】，并单击【审核】。

采购订单　　打印模版 8174 采购订单打印模版

表体排序　　合并显示 □

业务类型 普通采购　　订单日期 2020-01-07　　订单编号 0000000001

采购类型 正常采购　　供应商 思远　　部门 采购部

业务员 付海生　　税率 13.00　　付款条件

币种 人民币　　汇率 1　　备注

	存货编码	存货名称	规格型号	主计量	数量	原币含税单价	原币单价	原币金额	原币
1	B0006	车轮	HJΦ外12…	个	25000.00	30.39	26.89	672250.00	8
2	B0005	车篷	HJ72*32*…	个	11000.00	163.01	144.26	1586860.00	20
3	B0001	钢管	Φ外16/Φ…	根	10800.00	118.88	105.20	1136160.00	14
4									

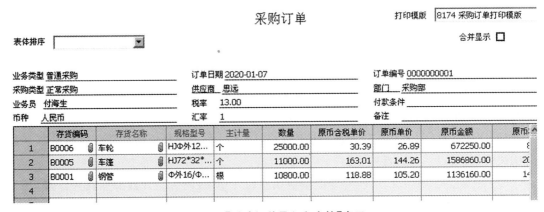

图 6-16 【采购订单录入和审核】窗口

(2) 生成采购到货单。采购部“005 付海生”执行【采购管理】【采购到货】【到货单】命令，打开【到货单】窗口，单击【增加】按钮，选择【生单】【采购订单】命令，打开【查询条件选择—采购列表过滤】窗口,选中与该笔采购相应的表头和表体记录,操作结果如图6-17所示,单击【确定】按钮,单击【保存】,并单击【审核】。

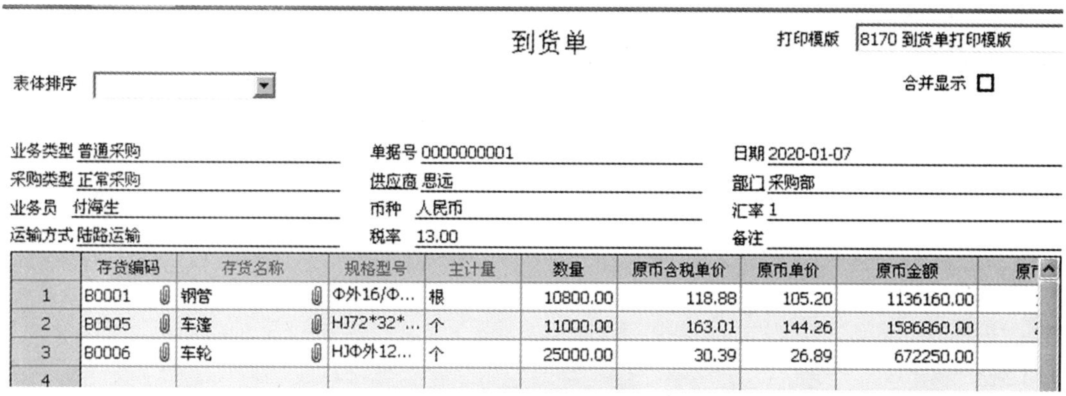

图 6-17 【到货单】窗口

(3) 填制采购专用发票。采购部"005 付海生"执行【采购管理】【采购发票】【采购专用发票】命令,打开【采购专用发票】窗口,单击【增加】按钮,选择【生单】【到货单】命令,打开【查询条件选择—采购入库单列表过滤】窗口,单击【确定】按钮,操作结果如图6-18所示。

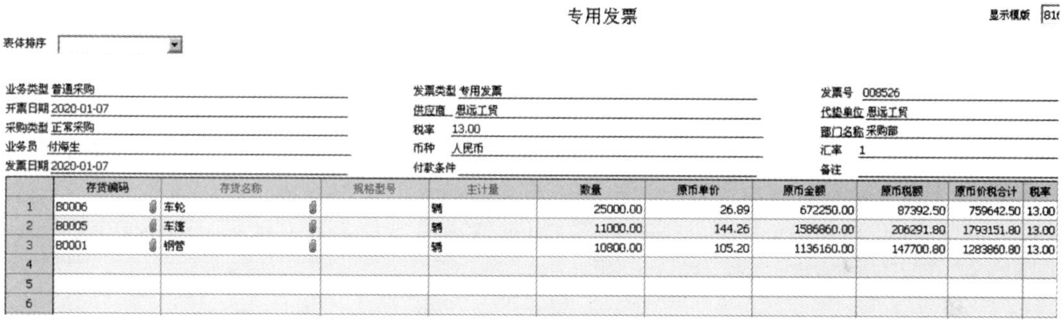

图 6-18 【专用发票】窗口

▶ 11. 支付运费、办理入库、支付货款

【业务描述】

2020年1月9日,收到隆飞物流有限公司通知,收取思远工贸发来的货物,运费由城科童飞制造公司承担,有关的原始凭证见附录B"1月日常经济业务"(扫描二维码)表B 11-1 运费付款申请单、表B 11-2 运费增值税专用发票(抵扣联)、表B 11-3 运费增值税专用发票(发票联)、表B 11-4 中国工商银行转账支票存根、表B 11-5 货物入库单、表B 11-6 货款付款申请单、表B 11-7 中国工商银行转账支票存根。

【岗位说明】

"005 付海生"填制(运费)采购专用发票、生成采购入库单、采购结算;"003 朱中华"确认应付款、录入并审核付款单、成本核算、制单与记账;"002 钱坤"复核;"004 赵丹"出纳签字。

【操作指导】

（1）填制(运费)采购专用发票。采购部“005 付海生”执行【采购管理】【采购发票】【采购专用发票】命令，打开【采购专用发票】窗口，单击【增加】按钮，填写运输费相关信息，单击【确定】按钮，单击【保存】，操作结果如图 6-19 所示。

提示：若提示【普通业务必有订单】，才能保存运输的专用发票，则先录入运输的采购订单，再生成专用发票。

专用发票　　打印模版 8164 专用发票打印模版

表体排序　　合并显示 □

业务类型 普通采购　发票类型 专用发票　发票号 005264
开票日期 2020-01-09　供应商 隆飞　代垫单位 隆飞
采购类型 正常采购　税率 9.00　部门名称 采购部
业务员 付海生　币种 人民币　汇率 1
发票日期　付款条件　备注

	存货编码	存货名称	规格型号	主计量	数量	原币单价	原币金额	原币税额	原币
1	F0001	运输费		公里	30.00	150.00	4500.00	405.00	
2									

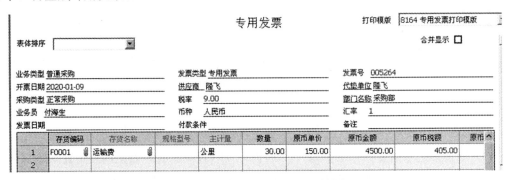

图 6-19 【采购专用发票录入和审核】窗口

（2）生成采购入库单。仓储部“006 王宝珠”登录【企业应用平台】，双击【业务工作】【供应链】【库存管理】【入库业务】【采购入库单】命令，打开【采购入库单】窗口，选择【生单】【采购到货单(蓝字)】命令，打开【查询条件选择—采购到货单列表】窗口，单击【确定】按钮，打开【到货单生单列表】，选择相应的【到货单生单表头】，单击【确定】按钮，系统自动生成采购入库单，选择仓库为【原料库】，单击【保存】按钮，单击【审核】按钮，操作结果如图 6-20 所示。

提示：在采购结算尚未完成时本币单价为采购成本不含运杂费，即本币单价为：钢管 105.20、车篷为 144.26、车轮为 26.89。当采购结算完成时本币单价为采购成本与运杂费的合计数，图 6-20 为结算完成后的采购入库单。

采购入库单　　打印模版 28 采购入库单打印模版

表体排序　　合并显示 □

入库单号 0000000001　入库日期 2020-01-09　仓库 原材料库
订单号 0000000001　到货单号 0000000001　业务号
供货单位 思远　部门 采购部　业务员 付海生
到货日期 2020-01-07　业务类型 普通采购　采购类型 正常采购
入库类别 采购入库　审核日期 2020-01-09　备注

	存货编码	存货名称	规格型号	主计量单位	数量	本币单价	本币金额
1	B0001	钢管	Φ外16/Φ内11/L50...	根	10800.00	105.34	1137665.
2	B0005	车篷	HJ72*32*40	个	11000.00	144.45	1588963.
3	B0006	车轮	HJΦ外125/Φ内 60...	个	25000.00	26.93	673140.
4							

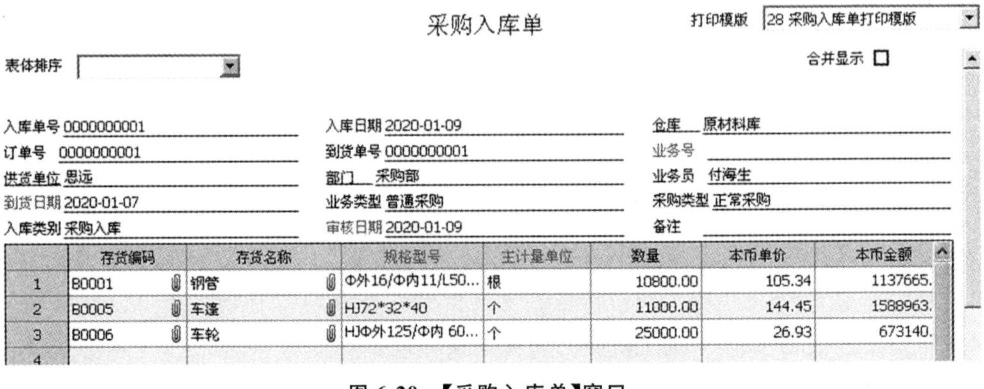

图 6-20 【采购入库单】窗口

（3）采购结算。采购部“005 付海生”执行【业务工作】【供应链】【采购管理】【采购结算】，双击【手工结算】命令，单击【选单】，单击【查询】，打开【查询条件选择—采购手工结算】，单击【确定】，选择相应的【采购专用发票】(包括货物和运费发票)及【采购入库单】，单击【确定】按钮；单击【按金额】【分摊】【结算】，单击【结算单列表】查询结算单，操作结果如图 6-21所示。

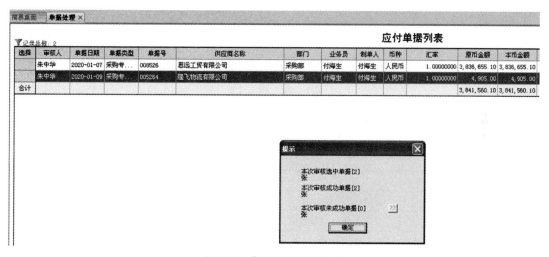

图 6-21 【采购结算单】查询窗口

(4) 财务部门确认应付账款。财务部"003 朱中华"执行【业务工作】【财务会计】【应付款管理】【应付单据处理】【应付单据审核】，打开【应付单据查询条件】窗口，选中日期 2020 年 1 月 1 日至 2020 年 1 月 9 日，选中需要审核的单据，单击【审核】，单击【确定】按钮后退出，操作结果如图 6-22 所示。

图 6-22 【应付单列表】窗口

(5) 在【应付款管理】单击【制单处理】，选择【发票制单】【确定】，选中要制单的采购专用发票，点击【合并】【制单】，生成一张记账凭证，操作结果如图 6-23、图 6-24 所示。

图 6-23 【采购发票制单】窗口

(6) 录入并审核付款单。财务部"003 朱中华"执行【业务工作】【财务会计】【应付款管理】【付款单据处理】【付款单据录入】，打开【付款单】窗口，录入付款单的相关信息，单击【保存】按钮。依此分别录入支付思远工贸货款及隆飞物流运输费的付款单。"003 朱中华"执行【付款单据处理】【付款单审核】命令，打开【付款单查询条件】窗口，单击【确定】按钮，双击【选择】栏，或单击【全选】按钮，单击【审核】按钮，弹出【是否立即制单】，单击【是】选中相应的单据制单，单击【确定】按钮后退出，单击付款单界面的【核销】按钮，输入【本次结算金额】，单击【保存】按钮，操作结果如图 6-25、图 6-26 所示。

记 账 凭 证

记 字 0012　　制单日期：2020.01.09　　审核日期：2020.01.09　　附单据数：2

摘 要	科目名称	借方金额	贷方金额
采购专用发票	在途物资	339977000	
采购专用发票	应交税费/应交增值税/进项税额	44179010	
采购专用发票	应付账款/一般应付款		490500
采购专用发票	应付账款/一般应付款		383665510
票号 日期	数量 单价 合 计	384156010	384156010

备注　项 目　　部 门　　个 人　　客 户　　业务员

记账 朱中华　　审核 钱坤　　出纳　　制单 朱中华

图 6-24 【记账凭证】窗口——采购专用发票

记 账 凭 证

记 字 0013　　制单日期：2020.01.09　　审核日期：2020.01.09　　附单据数：2

摘 要	科目名称	借方金额	贷方金额
采购原材料	应付账款/一般应付款	383665510	
采购原材料	银行存款/工行存款		383665510
票号 日期	数量 单价 合 计	383665510	383665510

备注　项 目　　部 门　　个 人　　供应商 思远　　业务员 付海生

记账 朱中华　　审核 钱坤　　出纳　　制单 朱中华

图 6-25 【记账凭证】窗口——付款单(采购原材料)

记 账 凭 证

记 字 0014　　制单日期：2020.01.09　　审核日期：2020.01.09　　附单据数：2

摘 要	科目名称	借方金额	贷方金额
支付运费	应付账款/一般应付款	490500	
支付运费	银行存款/工行存款		490500
票号 - 日期	数量 单价 合 计	490500	490500

备注　项 目　　部 门　　个 人　　供应商 隆飞　　业务员 付海生

记账 朱中华　　审核 钱坤　　出纳　　制单 朱中华

图 6-26 【记账凭证】窗口——付款单(支付运费)

（7）采购成本核算。财务部“003 朱中华”执行【业务工作】【供应链】【存货核算】【业务核算】【正常单据记账】【查询条件选择】窗口，单击【确定】按钮，打开【正常单据记账列表】，选中思远工贸采购入库的三栏采购入库单，单击【记账】按钮，将采购入库记账，系统提示【记账成功】，单击【确定】按钮，操作结果如图 6-27 所示。

正常单据记账列表

记录总数：9

选择	日期	单据号	存货编码	存货名称	单据类型	仓库名称	收发类别	数量	单价	金额	供应商简称
	2020-01-06	0000000001	M0001	经济型童车车架	材料出库单	半成品库	材料出库	5,400.00			
	2020-01-06	0000000002	B0005	车篷	材料出库单	原材料库	材料出库	5,400.00			
	2020-01-06	0000000002	B0006	车轮	材料出库单	原材料库	材料出库	21,600.00			
	2020-01-06	0000000002	B0007	经济型童车包...	材料出库单	原材料库	材料出库	5,400.00			
	2020-01-06	0000000003	B0001	钢管	材料出库单	原材料库	材料出库	10,800.00			
	2020-01-06	0000000003	B0003	坐垫	材料出库单	原材料库	材料出库	5,400.00			
Y	2020-01-09	0000000002	B0006	车轮	采购入库单	原材料库	采购入库	25,000.00	26.93	673,140.98	思远工贸
Y	2020-01-09	0000000002	B0005	车篷	采购入库单	原材料库	采购入库	11,000.00	144.45	1,588,963.18	思远工贸
Y	2020-01-09	0000000002	B0001	钢管	采购入库单	原材料库	采购入库	10,800.00	105.34	1,137,665.84	思远工贸
小计								100,800.00		3,399,770.00	

图 6-27 【正常单据记账列表】窗口

（8）执行【财务核算】【生成凭证】命令，打开【查询条件】窗口，单击【确定】按钮，打开【未生成凭证单据一览表】窗口，单击【选择】栏，单击【确定】按钮，选择【记账凭证】，操作结果如图 6-28 所示。

简易桌面　生成凭证 ×

凭证类别　记 记账凭证

选择	单据类型	单据号	摘要	科目类型	科目编码	科目名称	借方金额	贷方金额	借方数量	贷方数量	科目方向	存货编码	存货名称	3..	部门名称	业...	供...	供
1	采购入库单	0000000002	采购入...	存货	140303	车轮	673,14...		25,000.00		1	B0006	车轮	3	采购部	付海生	3	思远
				对方	1402	在途物资		673,14...		25,000.00	2	B0006	车轮	3	采购部	付海生	3	思远
				存货	140304	车篷	1,588,...		11,000.00		1	B0005	车篷	3	采购部	付海生	3	思远
				对方	1402	在途物资		1,588,...		11,000.00	2	B0005	车篷	3	采购部	付海生	3	思远
				存货	140301	钢管	1,137,...		10,800.00		1	B0001	钢管	3	采购部	付海生	3	思远
				对方	1402	在途物资		1,137,...		10,800.00	2	B0001	钢管	3	采购部	付海生	3	思远
合计							3,399,...	3,399,...										

图 6-28 【生成凭证】窗口

（9）单击【生成】按钮，生成一张记账凭证，单击【保存】按钮，操作结果如图 6-29 所示。

已生成

记 账 凭 证

记　字 0015　　制单日期：2020.01.09　　审核日期：2020.01.09　　附单据数：1

摘 要	科目名称	借方金额	贷方金额
采购入库单	原材料/钢管	113766584	
采购入库单	原材料/车轮	67314098	
采购入库单	原材料/车篷	158896318	
采购入库单	在途物资		339977000
票号 日期　数量 10800.00000根　单价 105.33943	合 计	339977000	339977000

备注　项　目　　部　门
　　　个　人　　客　户
　　　业务员

记账　朱中华　　审核　钱坤　　出纳　　制单　朱中华

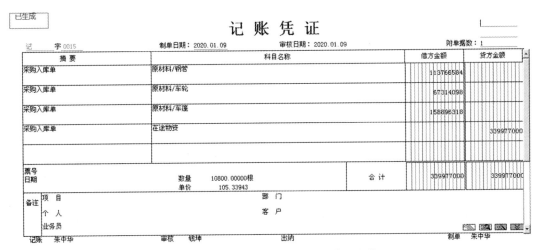

图 6-29 【记账凭证】窗口——采购入库单

(10) 财务经理"002 钱坤"登录企业应用平台，单击【财务会计】【总账】【凭证】【主管签字】，对相关凭证审核后，单击【签字】。

(11) 记账会计"003 朱中华"登录企业应用平台，单击【财务会计】【总账】【凭证】【记账】，按屏幕提示完成记账工作。

▶ 12. 采购原材料款已付款已到货

【业务描述】

2020 年 1 月 10 日，从恒通工贸采购经济型童车包装套件、坐垫，物流费用由恒通工贸承担，有关的原始凭证见附录 B"1 月份日常经济业务"（扫描二维码）表 B 12-1 购销合同、表 B 12-2 增值税专用发票、表 B 12-2 增值税专用发票(发票联)、表 B 12-3 增值税专用发票(抵扣联)、表 B 12-4 入库单、表 B 12-5 中国工商银行转账支票存根联。

【岗位说明】

"005 付海生"采购订单、到货单、采购专用发票；"006 王宝珠"生成入库单；"003 朱中华"现付制单与记账；"002 钱坤"复核；"004 赵丹"出纳签字。

【操作指导】

(1) 填制采购订单。采购部"005 付海生"登录【企业应用平台】，单击【业务工作】【供应链】【采购管理】，双击【采购订货】【采购订单】，单击【增加】，输入采购相关数据，单击【保存】，并单击【审核】，操作结果如图 6-30 所示。

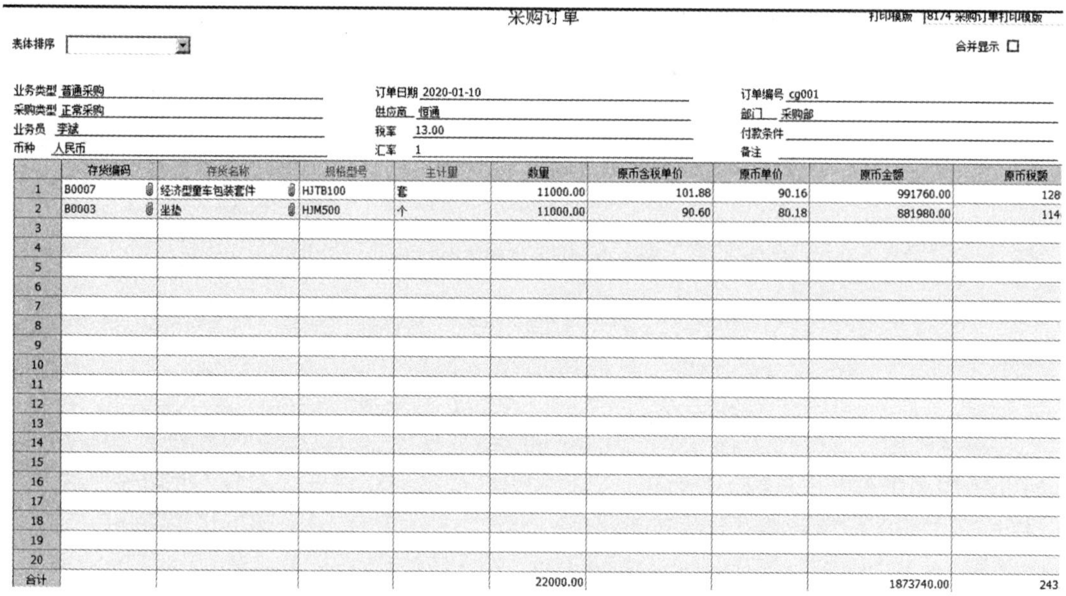

图 6-30 【采购订单】窗口

(2) 生成采购到货单。采购部"005 付海生"执行【采购管理】【采购到货】【到货单】命令，打开【到货单】窗口。单击【增加】按钮，选择【生单】【采购订单】命令，打开【查询条件选择采购—列表过滤】窗口，选中与该笔采购相应的表头和表体记录，单击【确定】按钮，单击【保存】按钮，再单击【审核】按钮，操作结果如图 6-31 所示。

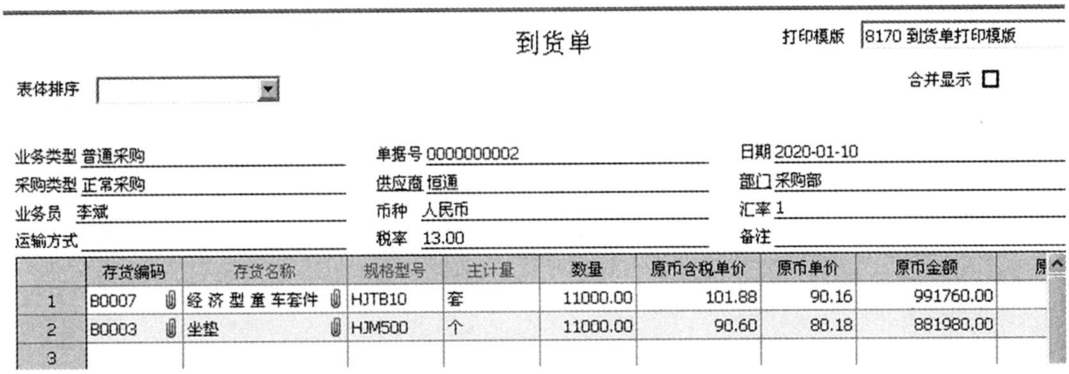

到货单

打印模版 8170 到货单打印模版

表体排序

合并显示 □

业务类型 普通采购　单据号 0000000002　日期 2020-01-10

采购类型 正常采购　供应商 恒通　部门 采购部

业务员 李斌　币种 人民币　汇率 1

运输方式　税率 13.00　备注

	存货编码	存货名称	规格型号	主计量	数量	原币含税单价	原币单价	原币金额
1	B0007	经济型童车套件	HJTB10	套	11000.00	101.88	90.16	991760.00
2	B0003	坐垫	HJM500	个	11000.00	90.60	80.18	881980.00
3								

图 6-31　【到货单】窗口

(3) 生成采购入库单。仓储部“006 王宝珠”登录【企业应用平台】，双击【业务工作】【供应链】【库存管理】【入库业务】【采购入库单】命令，打开【采购入库单】窗口，选择【生单】【采购到货单(蓝字)】命令，打开【查询条件选择—采购到货单列表】窗口，单击【确定】按钮，打开【到货单生单列表】，选择相应的【到货单生单表头】，单击【确定】按钮，系统自动生成采购入库单，选择仓库为【原材料库】，单击【保存】按钮，单击【审核】按钮，操作结果如图 6-32所示。

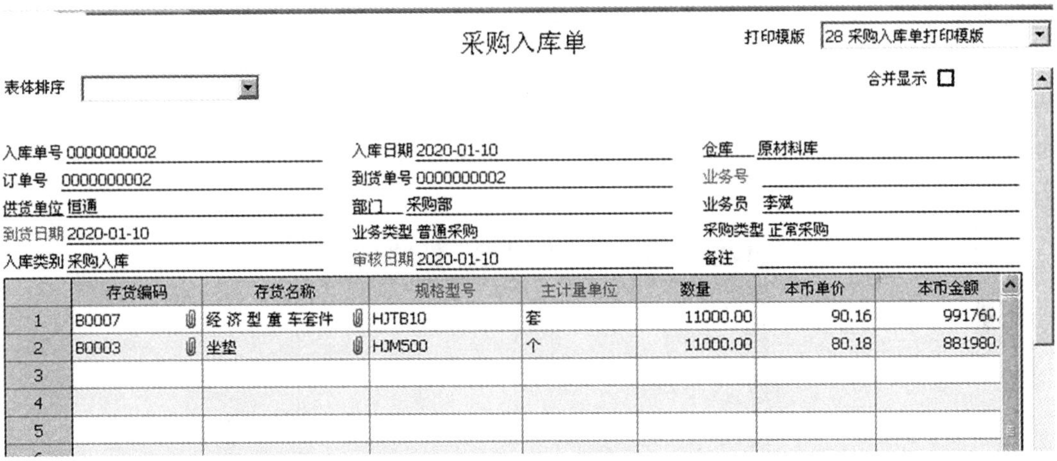

采购入库单

打印模版 28 采购入库单打印模版

表体排序

合并显示 □

入库单号 0000000002　入库日期 2020-01-10　仓库 原材料库

订单号 0000000002　到货单号 0000000002　业务号

供货单位 恒通　部门 采购部　业务员 李斌

到货日期 2020-01-10　业务类型 普通采购　采购类型 正常采购

入库类别 采购入库　审核日期 2020-01-10　备注

	存货编码	存货名称	规格型号	主计量单位	数量	本币单价	本币金额
1	B0007	经济型童车套件	HJTB10	套	11000.00	90.16	991760.
2	B0003	坐垫	HJM500	个	11000.00	80.18	881980.
3							
4							
5							

图 6-32　【采购入库单】窗口

(4) 填制采购专用发票。采购部“005 付海生”执行【采购管理】【采购发票】【采购专用发票】命令，打开【采购专用发票】窗口，单击【增加】按钮，选择【生单】【入库单】命令，打开【查询条件选择—采购入库单列表过滤】窗口，单击【确定】按钮。系统弹出【拷贝并执行】窗口，选中所要拷贝的采购入库单，单击【确定】按钮，系统自动生成采购专用发票，修改发票号，单击【保存】按钮。单击【现付】按钮，打开【采购现付】窗口，输入结算相应信息【电汇】单号“001”，金额“2 117 326.20”，单击【确定】按钮，采购专用发票提示【已现付】，操作结果如图 6-33 所示。

(5) 采购结算。采购部“005 付海生”执行【业务工作】【供应链】【采购管理】【采购结算】，双击【自动结算】命令，根据需要输入结算过滤条件和结算模式，如单据的起止日期，选择

图 6-33 【专用发票】窗口

单据和发票结算模式，单击【确定】按钮，系统自动进行结算。如果存在完全匹配的记录，则系统弹出信息提示窗口操作结果如图 6-34 所示；如果不存在完全匹配的记录，则系统弹出"状态：没有符合条件的红蓝入库单和发票"信息提示框。结算完成后，系统提示采购专用发票已结算，执行【结算单列表】命令，双击需要查询的结算单，操作结果如图 6-35 所示可以打开结算单。

图 6-34 【采购管理】窗口

(6) 现付单据审核与制单。财务部"003 朱中华"执行【业务工作】【财务会计】【应付款管理】【应付单据处理】【应付单据审核】命令，打开【应付单据查询条件】窗口，勾选【包含现结发票】，单击【确定】按钮，系统弹出【应付单据列表】窗口，双击【选择】栏或单击【全选】按

简易桌面　结算单列表 ×

8176 结算单打印模版

结算单列表

记录总数：6

选择	结算单号	结算日期	供应商	入库单号/...	发票号	存货编码	存货名称	规格型号
	000000000000001	2020-01-09	思远工贸	0000000002	008526	B0001	钢管	
	000000000000001	2020-01-09	思远工贸	0000000002	008526	B0005	车篷	
	000000000000001	2020-01-09	思远工贸	0000000002	008526	B0006	车轮	
	000000000000001	2020-01-09	思远工贸		005264	F0001	运输费	
Y	000000000000002	2020-01-10	恒通工贸	0000000003	008571	B0003	坐垫	
Y	000000000000002	2020-01-10	恒通工贸	0000000003	008571	B0007	经济型...	
合计								

图 6-35　【结算单列表】窗口

钮，单击【审核】按钮，系统完成审核并给出审核报告，单击【确定】按钮后退出。执行【制单处理】命令，打开【制单查询】窗口，选择【现结制单】，单击【确定】，打开【采购发票制单】窗口，选择【记账凭证】，再单击【全选】按钮，选中要制单的【采购专用发票】，单击【制单】按钮，生成记账凭证，单击【保存】按钮，操作结果如图 6-36 所示。

已生成

记 账 凭 证

记　字 0016　　制单日期：2020.01.10　　审核日期：2020.01.10　　附单据数：2

摘 要	科目名称	借方金额	贷方金额
现结	在途物资	187374000	
现结	应交税费/应交增值税/进项税额	24358620	
现结	银行存款/工行存款		211732620
票号 日期	数量 单价	合 计 211732620	211732620

备注　项　目　　部　门
　　　个　人　　客　户
　　　业务员

记账　朱中华　　审核　钱坤　　出纳　　制单　朱中华

图 6-36　【记账凭证】窗口——现结

（7）采购成本核算。财务部“003 朱中华”执行【业务工作】【供应链】【存货核算】【业务核算】【正常单据记账】【查询条件选择】窗口，单击【确定】按钮，打开【正常单据记账列表】，选中相应的采购入库单，单击【记账】按钮，将采购入库记账，系统提示【记账成功】，单击【确定】按钮，操作结果如图 6-37 所示。

（8）执行【财务核算】【生成凭证】命令，打开【查询条件】窗口，单击【确定】按钮，打开【未生成凭证单据一览表】窗口，单击【选择】栏或单击【全选】按钮，选中待生成凭证单据，单击【确定】按钮，选择【记账凭证】，单击【生成】按钮，生成一张记账凭证，单击【保存】按钮，操作结果如图 6-38、图 6-39 所示。

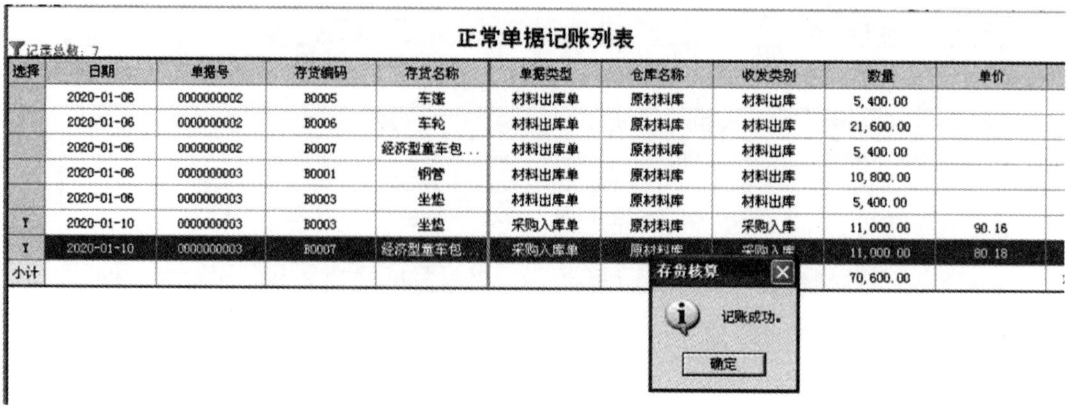

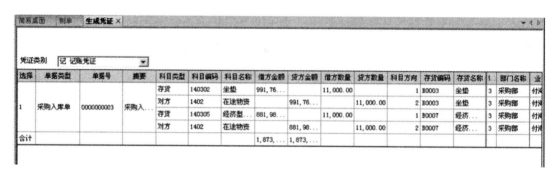

正常单据记账列表

记录总数：7

选择	日期	单据号	存货编码	存货名称	单据类型	仓库名称	收发类别	数量	单价
	2020-01-06	0000000002	B0005	车篷	材料出库单	原材料库	材料出库	5,400.00	
	2020-01-06	0000000002	B0006	车轮	材料出库单	原材料库	材料出库	21,600.00	
	2020-01-06	0000000002	B0007	经济型童车包...	材料出库单	原材料库	材料出库	5,400.00	
	2020-01-06	0000000003	B0001	钢管	材料出库单	原材料库	材料出库	10,800.00	
	2020-01-06	0000000003	B0003	坐垫	材料出库单	原材料库	材料出库	5,400.00	
Y	2020-01-10	0000000003	B0003	坐垫	采购入库单	原材料库	采购入库	11,000.00	90.16
Y	2020-01-10	0000000003	B0007	经济型童车包...	采购入库单	原材料库	采购入库	11,000.00	80.18
小计								70,600.00	

存货核算

记账成功。

确定

图 6-37 【正常单据记账列表】窗口

简易桌面 | 制单 | 生成凭证

凭证类别 记 记账凭证

选择	单据类型	单据号	摘要	科目类型	科目编码	科目名称	借方金额	贷方金额	借方数量	贷方数量	科目方向	存货编码	存货名称	...	部门名称	业
1	采购入库单	0000000003	采购入...	存货	140302	坐垫	991,76...		11,000.00		1	B0003	坐垫	3	采购部	付...
				对方	1402	在途物资		991,76...		11,000.00	2	B0003	坐垫	3	采购部	付...
				存货	140305	经济型...	881,98...		11,000.00		1	B0007	经济...	3	采购部	付...
				对方	1402	在途物资		881,98...		11,000.00	2	B0007	经济...	3	采购部	付...
合计							1,873,...	1,873,...								

图 6-38 【生成凭证】窗口

已生成

记账凭证

记 字 0017　　制单日期：2020.01.10　　审核日期：2020.01.10　　附单据数：1

摘要	科目名称	借方金额	贷方金额
采购入库单	原材料/坐垫	88198000	
采购入库单	原材料/经济型童车包装套件	99176000	
采购入库单	在途物资		187374000
票号 日期	数量 11000.00000个 单价 80.18000 合计	187374000	187374000

备注 项目　部门　个人　客户　业务员

记账 朱中华　审核 钱坤　出纳　制单 朱中华

图 6-39 【记账凭证】窗口——采购入库单

(9) 财务经理“002 钱坤”登录企业应用平台，单击【财务会计】【总账】【凭证】【主管签字】，对相关凭证审核后，单击【签字】。

(10) 记账会计“003 朱中华”登录企业应用平台，单击【财务会计】【总账】【凭证】【记账】，按屏幕提示完成记账工作。

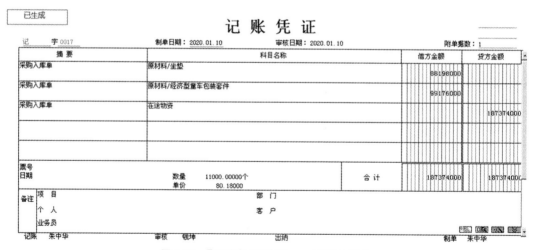

13. 销售商品、货已发款未收

【业务描述】

2020 年 1 月 12 日，销售童车给旭日商贸有限公司，有关的原始凭证见附录 B“1 月份日常经济业务”(扫描二维码)表 B 13-1 购销合同、表 B 13-2 增值税专用发票、表 B 13-3 出库单。

【岗位说明】

销售部“007 马博”填制销售订单(审核)、销售专用发票(复核)；仓储部“006 王宝珠”填制销售出库单(审核)；财务部“003 朱中华”审核发票(制单)、单据记账；“002 钱坤”复核。

【操作指导】

(1) 填制销售订单。销售部“007 马博”在企业应用平台中执行【业务工作】【供应链】【销售管理】【销售订货】【销售订单】命令，打开【销售订单】窗口。单击【增加】按钮，修改【订单编号】为“XS001”，选择【销售类型】为“正常销售”，按照购销合同录入订单信息，单击【保存】按钮，操作结果如图 6-40 所示。

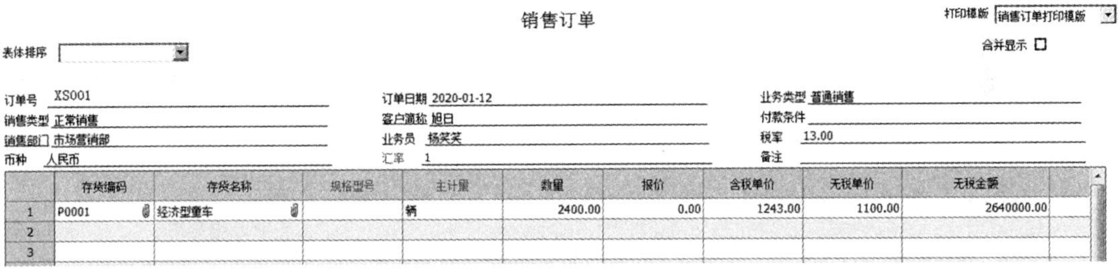
销售订单

打印模版 销售订单打印模版

表体排序

合并显示 □

订单号 XS001	订单日期 2020-01-12	业务类型 普通销售
销售类型 正常销售	客户简称 旭日	付款条件
销售部门 市场营销部	业务员 杨笑笑	税率 13.00
币种 人民币	汇率 1	备注

	存货编码	存货名称	规格型号	主计量	数量	报价	含税单价	无税单价	无税金额
1	P0001	经济型童车		辆	2400.00	0.00	1243.00	1100.00	2640000.00
2									
3									

图 6-40 【销售订单】窗口

(2) 生成销售专用发票。销售部“007 马博”在企业应用平台中执行【业务工作】【供应链】【销售管理】【销售开票】【销售专用发票】命令，打开【销售专用发票】窗口。单击【增加】按钮，系统弹出【查询条件选择—参照订单】窗口，选择相应的订单，单击【确定】按钮，选择【仓库名称】为“产成品库”，修改【发票号】为“000001”，单击【保存】按钮，单击【复核】按钮，操作结果如图 6-41 所示。

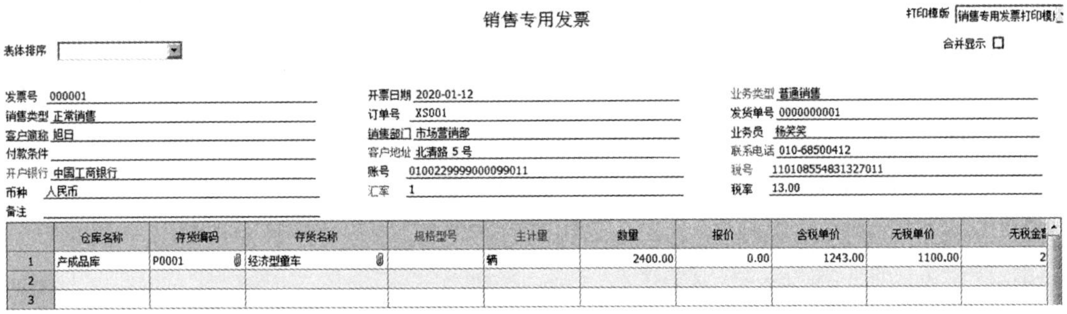
销售专用发票

打印模版 销售专用发票打印模

表体排序

合并显示 □

发票号 000001	开票日期 2020-01-12	业务类型 普通销售
销售类型 正常销售	订单号 XS001	发货单号 0000000001
客户简称 旭日	销售部门 市场营销部	业务员 杨笑笑
付款条件	客户地址 北清路 5 号	联系电话 010-68500412
开户银行 中国工商银行	账号 0100229999000099011	税号 110108554831327011
币种 人民币	汇率 1	税率 13.00
备注		

	仓库名称	存货编码	存货名称	规格型号	主计量	数量	报价	含税单价	无税单价	无税金
1	产成品库	P0001	经济型童车		辆	2400.00	0.00	1243.00	1100.00	2
2										
3										

图 6-41 【销售专用发票】窗口

（3）仓储部"006 王宝珠"在企业应用平台中执行【业务工作】【供应链】【库存管理】【出库业务】【销售出库单】命令，打开【销售出库单】窗口，选择【生单】【销售生单】命令，打开【查询条件选择—销售发货单列表】窗口，单击【确定】按钮。打开【销售生单】窗口，选择相应的【出库单号】，单击【确定】按钮，系统自动生成销售出库单，单击【审核】按钮，操作结果如图 6-42 所示。

图 6-42 【销售出库单】窗口

（4）应收单据审核与制单。财务部"003 朱中华"在企业应用平台中执行【业务工作】【财务会计】【应收款管理】【应收款单据处理】【应收单据审核】命令，单击【确定】按钮，打开【应收单据列表】窗口，单击【全选】按钮，单击【审核】按钮；执行【制单处理】，选择【发票制单】，单击【确定】，选择需要制单的记录，凭证类别选中【记账凭证】，单击【制单】，系统生成相关凭证，单击【保存】。操作结果如图 6-43、图 6-44 所示。

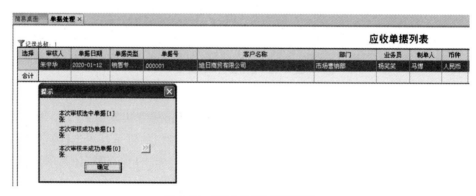

图 6-43 【应收单据列表】窗口

（5）单据记账。财务部"003 朱中华"在企业应用平台中执行【业务工作】【供应链】【存货核算】【业务核算】【正常单据记账】命令，打开【查询条件选择】窗口，单击【确定】按钮，打开【正常单据记账列表】窗口，单击选择本业务的销售出库单，单击【记账】按钮，将销售发票记账，系统提示【记账成功】，操作结果如图 6-45 所示。

（6）财务经理"002 钱坤"登录企业应用平台，单击【财务会计】【总账】【凭证】【主管签字】，对相关凭证审核后，单击【签字】。

（7）记账会计"003 朱中华"登录企业应用平台，单击【财务会计】【总账】【凭证】【记账】，按屏幕提示完成记账工作。

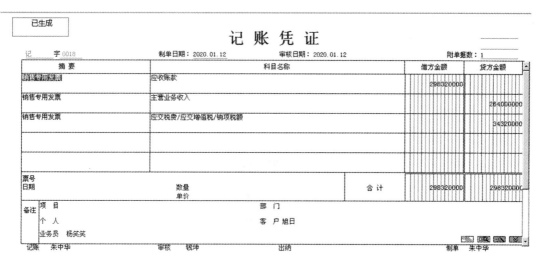

图 6-44 【记账凭证】窗口——销售专用发票

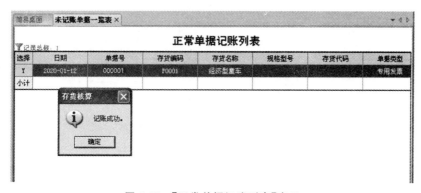

图 6-45 【正常单据记账列表】窗口

▶14. 销售商品、货已发、款已收

【业务描述】

2020年1月13日，城科童飞公司销售童车给华晨商贸有限公司，与业务有关的原始凭证见附录B"1月份日常经济业务"(扫描二维码)表B 14-1 购销合同、表B 14-2 增值税专用发票、表B 14-3 出库单、表B 14-4 中国工商银行进账单。

【岗位说明】

销售部"007 马博"填制销售订单(审核)、销售专用发票(复核)；仓储部"006 王宝珠"填制销售出库单(审核)；财务部"003 朱中华"审核发票(制单)、单据记账；"002 钱坤"复核。

【操作指导】

(1)填制销售订单。销售部"007 马博"在企业应用平台中执行【业务工作】【供应链】【销售管理】【销售订货】【销售订单】命令，打开【销售订单】窗口。单击【增加】按钮，修改【订单编号】为"XS002"，选择【销售类型】为"正常销售"，按照购销合同录入订单信息，单击【保存】按钮，操作结果如图 6-46 所示。

图 6-46 【销售订单】窗口

(2) 生成发货单。销售部"007 马博"在企业应用平台中执行【业务工作】【供应链】【销售管理】【销售发货】【发货单】命令，打开【发货单】窗口。单击【生单】按钮，单击【保存】按钮，操作结果如图 6-47 所示。

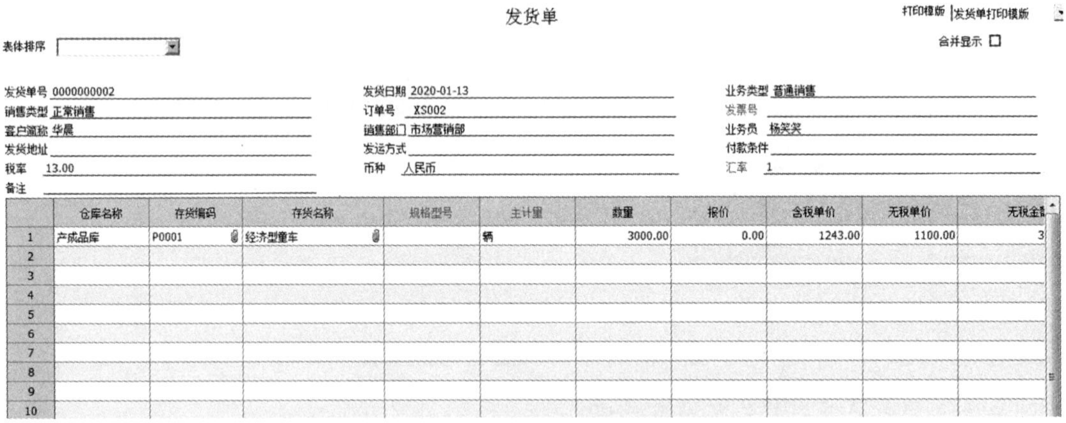

图 6-47 【发货单】窗口

(3) 生成销售专用发票并现结。销售部"007 马博"在企业应用平台中执行【业务工作】【供应链】【销售管理】【销售开票】【销售专用发票】命令，打开【销售专用发票】窗口。单击【增加】按钮，系统弹出【查询条件选择—参照订单】窗口，选择相应的订单，单击【确定】按钮，选择【仓库名称】为【产成品库】，修改【发票号】为"000002"，单击【保存】按钮；单击【现结】按钮，打开【现结】窗口，输入结算相应信息，单击【确定】按钮，销售专用发票提示【现结】，单击【复核】按钮，操作结果如图 6-48、图 6-49 所示，退出销售专用发票界面。

(4) 生成销售出库单。仓储部"006 王宝珠"在企业应用平台中执行【业务工作】【供应链】【库存管理】【出库业务】【销售出库单】命令，打开【销售出库单】窗口，选择【生单】【销售生单】命令，打开【查询条件选择—销售发货单列表】窗口，单击【确定】按钮。打开【销售生单】窗口，选择相应的【发货单】，单击【确定】按钮，系统自动生成销售出库单，单击【审核】按钮，操作结果如图 6-50 所示。

(5) 应收单据审核与制单。财务部"003 朱中华"在企业应用平台中执行【业务工作】【财

图 6-48 【销售专用发票】窗口

图 6-49 【现结】窗口

图 6-50 【销售出库单】窗口

务会计】【应收款管理】【应收款单据处理】【应收单据审核】命令，勾选【包含已现结发票】，单击【确定】按钮，打开【应收单据列表】窗口，双击选中要审核的单据，单击【审核】按钮，关闭单据列表。执行【制单处理】，选择【现结制单】，单击【确定】。选择需要制单的记录，凭证类别选中【记账凭证】，单击【制单】，系统生成相关凭证，单击【保存】。操作结果如图 6-51~图 6-54 所示。

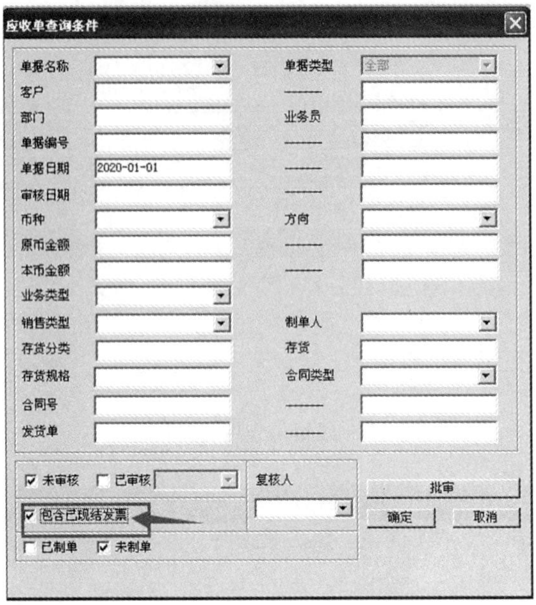

图 6-51 【应收单查询条件】窗口

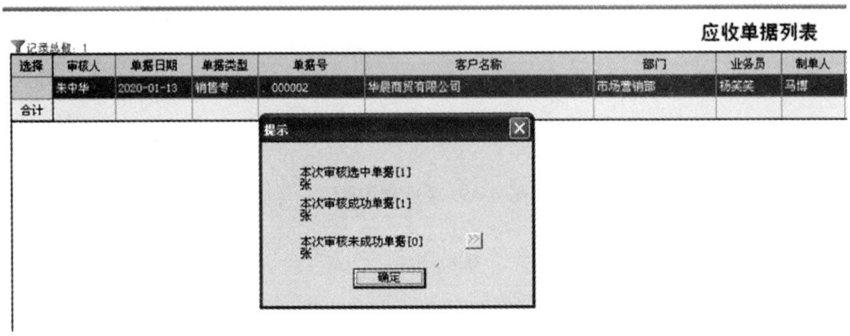

图 6-52 【应收单据列表】窗口

图 6-53 【制单查询】窗口

图 6-54 【记账凭证】窗口——现结

（6）单据记账。财务部"003 朱中华"在企业应用平台中执行【业务工作】【供应链】【存货核算】【业务核算】【正常单据记账】命令，打开【查询条件选择】窗口，单击【确定】按钮，打开【正常单据记账列表】窗口，存货编码选择"P0001"，单击【全选】按钮，单击【记账】按钮，将销售发票记账，系统提示【记账成功】。

图 6-55 【正常单据记账列表】窗口

（7）财务经理"002 钱坤"登录企业应用平台，单击【财务会计】【总账】【凭证】【主管签字】，对相关凭证审核后，单击【签字】。

（8）记账会计"003 朱中华"登录企业应用平台，单击【财务会计】【总账】【凭证】【记账】，按屏幕提示完成记账工作。

▶ 15. 销售退回

【业务描述】

2020 年 1 月 14 日，旭日商贸退货，有关的原始凭证见附录 B "1 月份日常经济业务"（扫描二维码）表 B 15-1 增值税专用发票、表 B 15-2 退货产品出库单。

【岗位说明】

销售部"007 马博"填制退货单（审核）、销售专用发票（现结、复核）；仓储部"006 王宝珠”填制红字销售出库单（审核）；财务部“003 朱中华”审核发票（制单）、单据记账；财务部“002 钱坤”审核。

【操作指导】

（1）填制退货单。销售部“007 马博”在企业应用平台中执行【业务工作】【供应链】【销售管理】【销售发货】【退货单】命令，打开【退货单】窗口。单击【增加】按钮，系统弹出【查询条件选择—退货单参照订单】窗口，单击【确定】按钮，在【参照生单】窗口，选择订单号为“XS001”的记录，单击【确定】按钮，系统自动生成一张退货单，修改表体数量为“－2”，单击【保存】按钮，单击【审核】按钮，操作结果如图 6-56 所示。

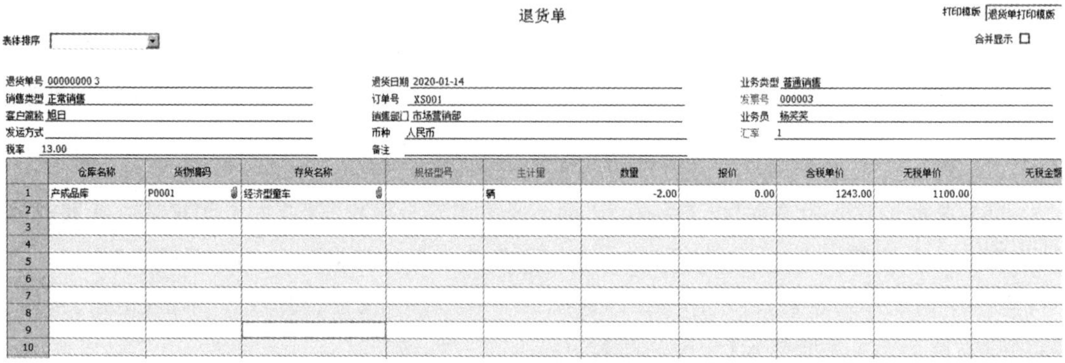
退货单

打印模版 退货单打印模版

表体排序

合并显示 □

退货单号 00000000 3　退货日期 2020-01-14　业务类型 普通销售
销售类型 正常销售　订单号 XS001　发票号 000003
客户简称 旭日　销售部门 市场营销部　业务员 杨笑笑
发运方式　币种 人民币　汇率 1
税率 13.00　备注

	仓库名称	货物编码	存货名称	规格型号	主计量	数量	报价	含税单价	无税单价	无税金额
1	产成品库	P0001	经济型童车		辆	-2.00	0.00	1243.00	1100.00	
2										
3										
4										
5										
6										
7										
8										
9										
10										

图 6-56 【退货单】窗口

（2）生成红字销售专用发票。销售部“007 马博”在企业应用平台中执行【业务工作】【供应链】【销售管理】【销售开票】【红字销售专用发票】命令，打开【红字销售专用发票】窗口，单击【增加】按钮，关闭系统弹出的【查询条件选择—参照订单】窗口，执行【生单】【参照发货单】命令，打开【查询条件选择—发票参照发货单】窗口，选择【发货单类型】为【红字记录】。系统自动生成一张红字销售发票，修改【发票号】为“000003”，单击【保存】按钮，单击【复核】按钮。操作结果如图 6-57 所示。

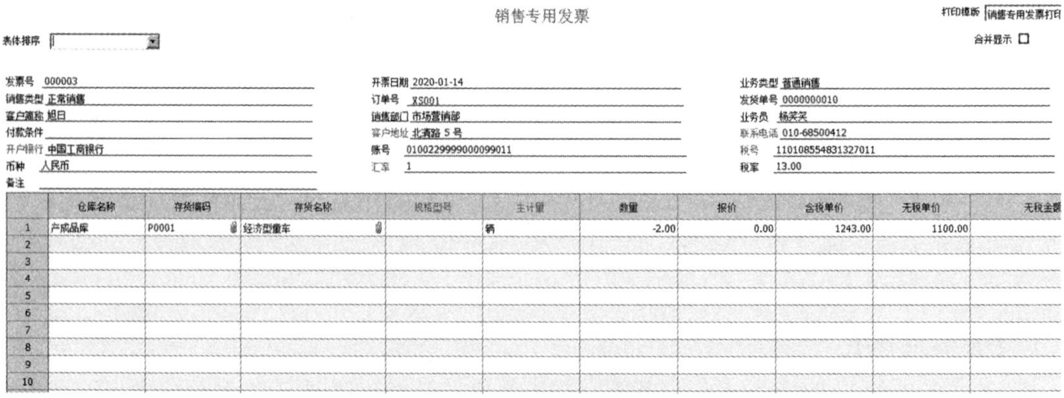
销售专用发票

打印模版 销售专用发票打印

表体排序

合并显示 □

发票号 000003　开票日期 2020-01-14　业务类型 普通销售
销售类型 正常销售　订单号 XS001　发货单号 0000000010
客户简称 旭日　销售部门 市场营销部　业务员 杨笑笑
付款条件　客户地址 北清路 5 号　联系电话 010-68500412
开户银行 中国工商银行　账号 0100229999000099011　税号 110108554831327011
币种 人民币　汇率 1　税率 13.00
备注

	仓库名称	存货编码	存货名称	规格型号	主计量	数量	报价	含税单价	无税单价	无税金额
1	产成品库	P0001	经济型童车		辆	-2.00	0.00	1243.00	1100.00	
2										
3										
4										
5										
6										
7										
8										
9										
10										

图 6-57 【销售专用发票】窗口

（3）生成红字销售出库单。仓储部“006 王宝珠”在企业应用平台中执行【业务工作】【供应链】【库存管理】【出库业务】【销售出库单】命令，打开【销售出库单】窗口，选择【生单】【销售生单】命令，打开【查询条件选择—销售发货单列表】窗口，单击【确定】按钮。打开【销售生单】窗口，选择相应的【发货单】，单击【确定】按钮，系统自动生成销售出库单，单击【审核】按钮。操作结果如图 6-58 所示。

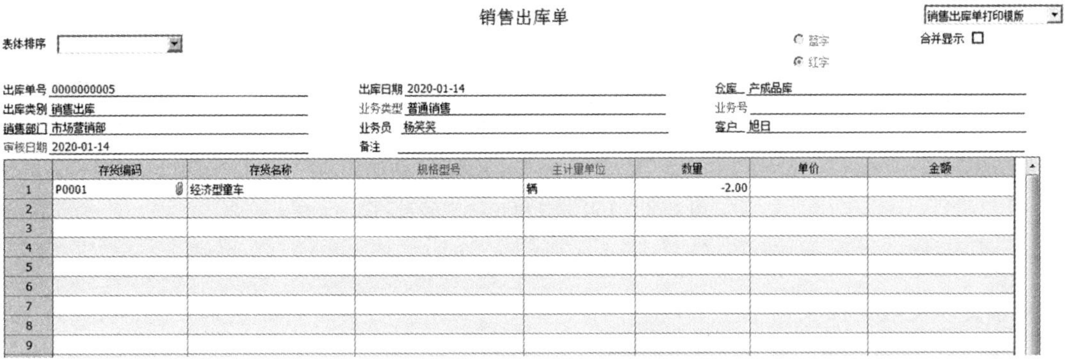
销售出库单

表体排序　　　　　　蓝字　红字　　销售出库单打印模版　合并显示

出库单号 0000000005　出库日期 2020-01-14　仓库 产成品库
出库类别 销售出库　业务类型 普通销售　业务号
销售部门 市场营销部　业务员 杨笑笑　客户 旭日
审核日期 2020-01-14　备注

	存货编码	存货名称	规格型号	主计量单位	数量	单价	金额
1	P0001	经济型童车		辆	-2.00		
2							
3							
4							
5							
6							
7							
8							
9							

图 6-58　【销售出库单】窗口

（4）应收单据审核与制单。财务部“003 朱中华”在企业应用平台中执行【业务工作】【财务会计】【应收款管理】【应收款单据处理】【应收单据审核】命令，勾选【包含已现结的发票】，单击【确定】按钮，打开【应收单据列表】窗口，单击【全选】按钮，单击【审核】按钮；执行【制单处理】命令，选择【发票制单】，单击【确定】，选择需要制单的记录，凭证类别选中【记账凭证】，单击【制单】，系统生成相关凭证，单击【保存】按钮。操作结果如图 6-59 所示。

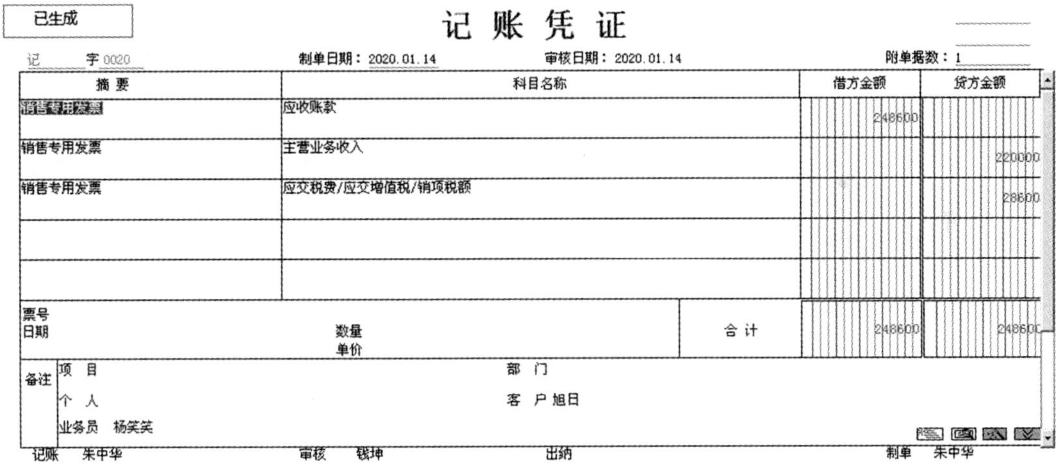
已生成

记账凭证

记　字 0020　制单日期：2020.01.14　审核日期：2020.01.14　附单据数：1

摘要	科目名称	借方金额	贷方金额
销售专用发票	应收账款	248600	
销售专用发票	主营业务收入		220000
销售专用发票	应交税费/应交增值税/销项税额		28600
票号 日期　数量 单价	合计	248600	248600

备注　项目　部门
个人　客户 旭日
业务员 杨笑笑

记账 朱中华　审核 钱坤　出纳　制单 朱中华

图 6-59　【记账凭证】窗口

（5）单据记账。财务部“003 朱中华”在企业应用平台中执行【业务工作】【供应链】【存货核算】【业务核算】【正常单据记账】命令，打开【查询条件选择】窗口，单击【确定】按钮，打开【正常单据记账列表】窗口，单击相应业务的出库单，单击【记账】按钮，将销售专用发票记账，系统提示【记账成功】。操作结果如图 6-60 所示。

（6）财务经理“002 钱坤”登录企业应用平台，单击【财务会计】【总账】【凭证】【主管签字】，对相关凭证审核后，单击【签字】。

图 6-60 【正常单据记账列表】窗口

（7）记账会计"003 朱中华"登录企业应用平台，单击【财务会计】【总账】【凭证】【记账】，按屏幕提示完成记账工作。

▶ 16. 收到货款

【业务描述】

2020 年 1 月 15 日，收到旭日商贸货款，有关的原始凭证见附录 B"1 月份日常经济业务"（扫描二维码）表 B 16-1 中国工商银行进账单。

【岗位说明】

财务部"003 朱中华"填制收款单、审核收款单、单据核销并制单、记账；财务部"002 钱坤"审核。

【操作指导】

（1）填制收款单。财务部"003 朱中华"在企业应用平台中执行【业务工作】【财务会计】【应收款管理】【收款单据处理】【收款单据录入】命令，打开【收款单】窗口，单击【增加】按钮，按照进账单的信息录入，在表体中选择【款项类型】为【应收款】，单击【保存】按钮，操作结果如图 6-61 所示。

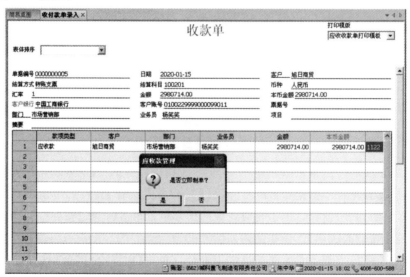

图 6-61 【收款单】窗口

(2)收款单审核。财务部"003 朱中华"在企业应用平台中执行【业务工作】【财务会计】【应收款管理】【收款单据处理】【收款单据审核】命令,单击【确定】按钮,打开【收付款单列表】窗口,单击【全选】按钮,单击【审核】按钮。

(3)单据核销并制单。财务部"003 朱中华"在企业应用平台中执行【业务工作】【财务会计】【应收款管理】【核销处理】【手工核销】命令,打开【手工核销】窗口,选择客户为"旭日",单击【确定】按钮,打开【单据核销】窗口,输入本次结算金额,单击【保存】按钮,操作结果如图 6-62 所示。

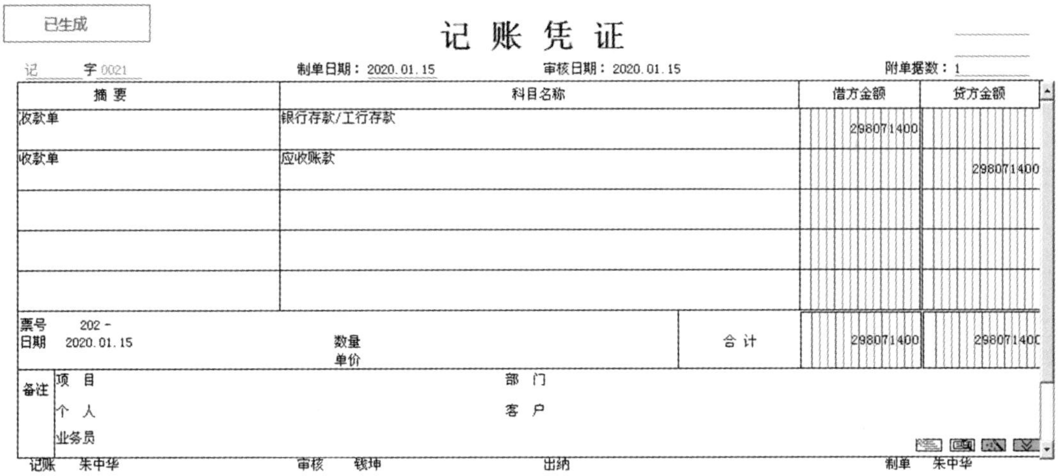

图 6-62 【记账凭证】窗口

(4)财务经理"002 钱坤"登录企业应用平台,单击【财务会计】【总账】【凭证】【主管签字】,对相关凭证审核后,单击【签字】。

(5)记账会计"003 朱中华"登录企业应用平台,单击【财务会计】【总账】【凭证】【记账】,按屏幕提示完成记账工作。

▶ 17. 完工产品入库

【业务描述】

2020 年 1 月 15 日,本月第一批经济型车架和童车完工,仓库保管员办理入库手续,生产计划部经理填写入库单,并办理入库手续,有关的原始凭证见附录 B"1 月日常经济业务"(扫描二维码)表 B 17-1 入库单、表 B 17-2 入库单(月末核算成本,发生登记数量)。

【岗位说明】

"006 王宝珠"填制和审核产品入库单。

【操作指导】

(1)经济型童车车架入库。仓储部"006 王宝珠"登录企业应用平台,打开【业务工作】【供应链】【库存管理系统】,执行【库存管理】【入库业务】【产成品入库单】命令,打开【产成品入库】窗口。单击【增加】按钮,在表头修改【仓库】为"半产品仓库",【部门】为"机加车间",【入库类别】为"半成品入库";在表体,选择【产品编码】【数量】等信息,其他信息默认。单击【保存】按钮，单击【审核】按钮，完成入库单审核，操作结果如图 6-63 所示。

图 6-63 【产成品入库单】窗口

(2) 经济型童车入库。仓储部"006 王宝珠"登录企业应用平台，打开【业务工作】【供应链】【库存管理系统】，执行【库存管理】【入库业务】【产成品入库单】命令，打开【产成品入库】窗口。单击【增加】按钮，在表头修改【仓库】为"产成品仓库"、【部门】为"组装车间"，【入库类别】为"产成品入库"；在表体，选择【产品编码】【数量】等信息，其他信息默认。单击【保存】按钮，单击【审核】按钮，完成入库单审核。操作结果如图 6-64 所示。

图 6-64 【产成品入库单】窗口

▶ 18. 销售商品货已发、款未收

【业务描述】

2020 年 1 月 16 日，与天府商贸有限公司签订销售合同，销售经济型童车，货物已发出，相关原始凭证见附录 B"1 月份日常经济业务"表 B 18-1 购销合同、表 B 18-2 出库单、表 B 18-3 增值税专用发票(记账联)。

【岗位说明】

销售部"007 马博"填制销售订单(审核)、销售专用发票(复核)；仓储部"006 王宝珠"填制销售出库单(审核)；财务部"003 朱中华"审核发票(制单)、单据记账；"002 钱坤"复核。

【操作指导】

(1) 填制销售订单。销售部"007 马博"在企业应用平台中执行【业务工作】【供应链】【销售管理】【销售订货】【销售订单】命令，打开【销售订单】窗口。单击【增加】按钮，修改【订单编号】为"XS003"，选择【销售类型】为"正常销售"，按照购销合同录入订单信息，单击【保存】按钮，操作结果如图 6-65 所示。

(2) 生成发货单。销售部"007 马博"在企业应用平台中执行【业务工作】【供应链】【销售管理】【销售发货】【发货单】命令，打开【发货单】窗口。单击【生单】按钮，单击【保存】按钮，操作结果如图 6-66 所示。

图 6-65 【销售订单】窗口

图 6-66 【发货单】窗口

(3) 生成销售专用发票。销售部"007 马博"在企业应用平台中执行【业务工作】【供应链】【销售管理】【销售开票】【销售专用发票】命令,打开【销售专用发票】窗口。单击【增加】按钮,系统弹出【查询条件选择—参照订单】窗口,选择相应的订单,单击【确定】按钮,选择【仓库名称】为"产成品库",修改【发票号】为"000004",单击【保存】按钮,单击【复核】按钮,操作结果如图 6-67 所示。

(4) 仓储部"006 王宝珠"在企业应用平台中执行【业务工作】【供应链】【库存管理】【出库业务】【销售出库单】命令,打开【销售出库单】窗口,选择【生单】【销售生单】命令,打开【查询条件选择——销售发货单列表】窗口,单击【确定】按钮。打开【销售生单】窗口,选择相应的【发货单】,单击【确定】按钮,系统自动生成销售出库单,单击【审核】按钮,操作结果如图 6-68 所示。

(5) 应收单据审核与制单。财务部"003 朱中华"在企业应用平台中执行【业务工作】【财务会计】【应收款管理】【应收款单据处理】【应收单据审核】命令,单击【确定】按钮,打开【应收单据列表】窗口,单击【全选】按钮,单击【审核】按钮;执行【制单处理】,选择【发票制单】,单击【确定】,选择需要制单的记录,凭证类别选中【记账凭证】,单击【制单】,系统生成相关凭证,单击【保存】。操作结果如图 6-69、图 6-70 所示。

(6) 单据记账。财务部"003 朱中华"在企业应用平台中执行【业务工作】【供应链】【存货核算】【业务核算】【正常单据记账】命令,打开【查询条件选择】窗口,单击【确定】按钮,打开【正常单据记账列表】窗口,单击【全选】按钮,单击【记账】按钮,将销售发票记账,系统

图6-67 【销售专用发票】窗口

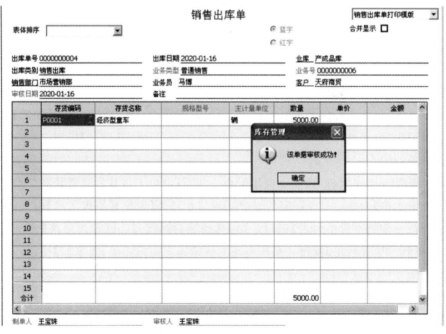

图6-68 【销售出库单】窗口

提示【记账成功】。

(7) 财务经理"002 钱坤"登录企业应用平台,单击【财务会计】【总账】【凭证】【主管签字】,对相关凭证审核后,单击【签字】。

(8) 记账会计"003 朱中华"登录企业应用平台,单击【财务会计】【总账】【凭证】【记账】,按屏幕提示完成记账工作。

图 6-69 【应收单据列表】窗口

图 6-70 【记账凭证】窗口

▶ 19. 购买固定资产

【业务描述】

2020年1月16日,向新耀公司采购普通机床2台,有关的原始凭证见附录B"1月日常经济业务"(扫描二维码)表 B 19-1 购销合同、表 B 19-2 增值税抵扣联(发票联)、表 B 19-3 增值税专用发票(抵扣联)、表 B 19-4 中国工商银行转账支票存根。

【岗位说明】

采购部"005 付海生"增加并审核采购订单、采购到货单,增加并结算采购专用发票;仓储部"006 王宝珠"增加并审核采购入库单;"003 朱中华"审核采购专用发票,增加采购资产并生成固定资产卡片,审核付款单并生成固定资产增加和付款的会计凭证;"002 钱坤"复核。

【操作指导】

(1)填制采购订单。采购部"005 付海生"在企业应用平台中执行【业务工作】【供应链】【采购管理】【采购订货】【采购订单】命令,打开【采购订单】窗口。单击【增加】按钮,在表头修改【业务类型】为"固定资产",修改【订购日期】,修改【订单编号】,选择【采购类型】为"正常采购",选择【供应商】,其他信息默认;在表体,选择【存货编码】为"Z0001",输入

【数量】【原币含税单价】等信息,其他信息由系统自动导出,单击【保存】按钮,单击【审核】按钮,审核填制的采购订单,操作结果如图6-71所示。

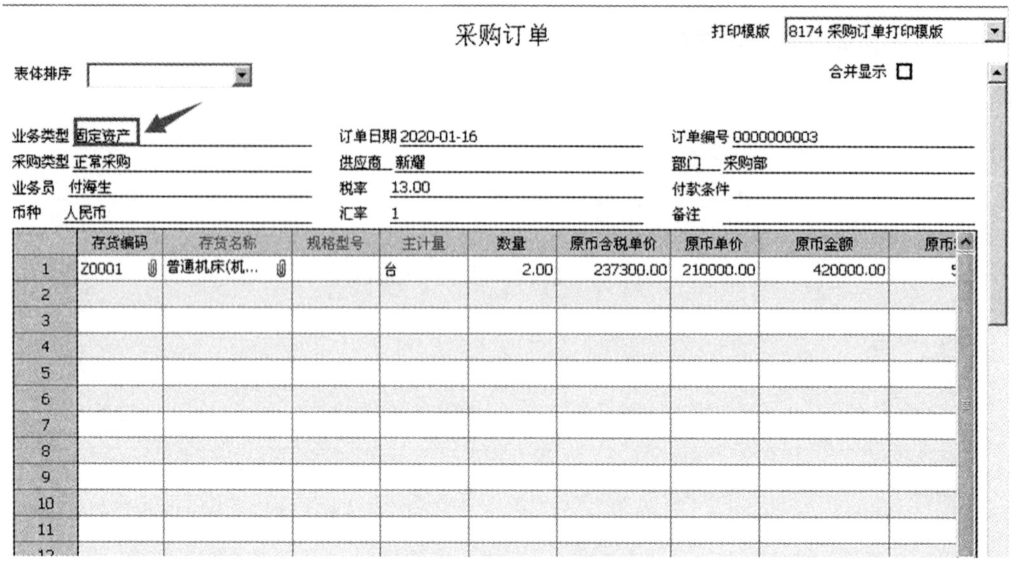

图 6-71 【采购订单】窗口

(2)生成采购到货单。采购部"005付海生"在企业应用平台中执行【业务工作】【供应链】【采购管理】【采购订货】【采购到货】命令,打开【到货单】窗口。单击【增加】按钮,修改【业务类型】为"固定资产",选择【生单】【采购订单】命令,打开【查询条件选择—采购订单列表过滤】窗口,单击【确定】按钮。系统弹出【拷贝并执行】窗口,选中所要拷贝的采购订单,单击【确定】按钮,系统自动生成到货单,单击【保存】按钮。单击【审核】按钮,审核【到货单】,操作结果如图6-72所示。最后,单击【退出】按钮。

图 6-72 【到货单】窗口

(3)生成采购入库单。仓储部"006王宝珠"在企业应用平台中执行【业务工作】【供应链】【库存管理】【入库业务】【采购入库单】命令,打开【采购入库单】窗口,选择【生单】【采购到货单(蓝字)】命令,打开【查询条件选择—采购到货单表过滤】窗口,单击【确定】按钮。

系统弹出【到货单生单列表】窗口，选中所要拷贝的到货单，单击【确定】按钮，生成【采购入库单】。修改【仓库】为"资产库"等信息，其他信息默认，单击【保存】按钮，单击【审核】按钮，审核入库单，操作结果如图 6-73 所示。最后，单击【退出】按钮。

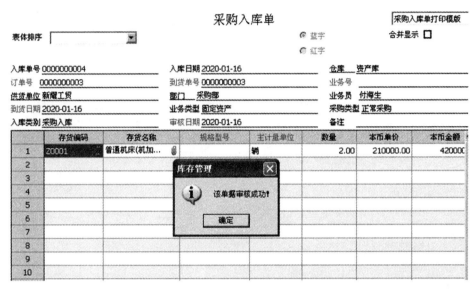

图 6-73 【采购入库单】窗口

（4）填制采购专用发票。采购部"005 付海生"在企业应用平台中执行【业务工作】【供应链】【采购管理】【采购发票】【专用采购发票】命令，打开【采购专用发票】窗口。单击【增加】按钮，选择【生单】【入库单】命令，打开【查询条件选择—采购入库单列表过滤】窗口，单击【确定】按钮。系统弹出【拷贝并执行】窗口，选中所要拷贝的入库单，单击【确定】按钮，系统自动生成增值税专用发票，修改【业务类型】为"固定资产"，录入【发票号】，单击【保存】按钮。单击【现付】按钮，打开【采购现付】窗口。输入结算方式、结算金额、票据号等信息，单击【确定】按钮，采购专用发票提示"已现付"，操作结果如图 6-74 所示。

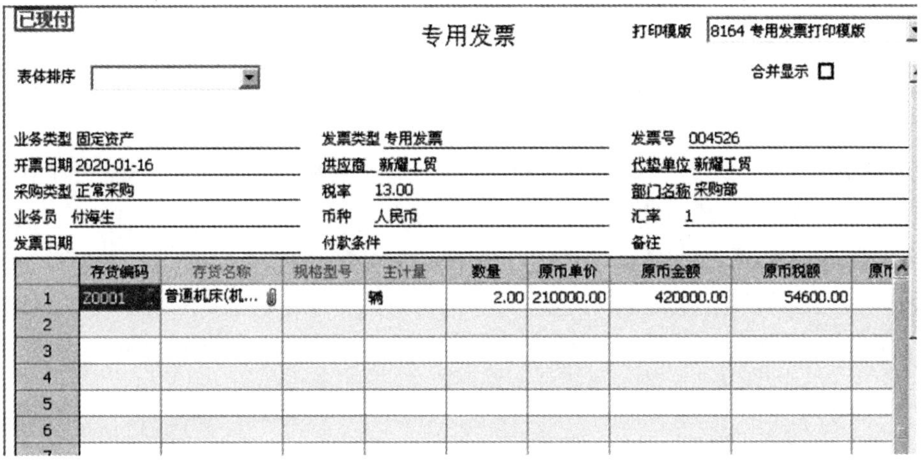

图 6-74 【专用发票】窗口

（5）采购结算。采购部"006 付海生"在企业应用平台中执行【业务工作】【供应链】【采购管理】【采购结算】【自动结算】命令，打开【自动结算】窗口。根据需要输入结算过滤条件和结算模式，如单据的起止日期，选择单据和发票结算模式，单击【确定】按钮，系统自动进行结算。如果存在完全匹配的记录，则系统弹出信息提示窗口；如果不存在完全匹配的记录，则系统弹出"状态：没有符合条件的红蓝入库单和发票"信息提示框。结算完成后，系统提示采购专用发票已结算，执行【结算单列表】命令，双击需要查询的结算单，可以打开结算单，操作结果如图 6-75 所示。

图 6-75 【专用发票】窗口

（6）审核采购专用发票。财务部"003 朱中华"在企业应用平台中执行【业务工作】【财务会计】【应付款管理】【应付单据处理】【应付单据审核】命令，打开【应付单据查询条件】窗口，勾选【包含现结发票】，单击【确定】按钮，系统弹出【应付单据列表】窗口，双击【选择】栏或单击【全选】按钮，单击【审核】按钮，系统提示"本次审核选中单据"，单击【确定】按钮，退出【提示】窗口。执行【制单处理】命令，打开【制单查询】窗口，选择【现结制单】，单击【确定】按钮，打开【采购发票制单】窗口，选择【记账凭证】，单击【全选】按钮，选中要制单的【采购专用发票】，单击【制单】按钮，生成一张记账凭证，单击【保存】按钮，操作结果如图 6-76、图 6-77 所示。

（7）增加固定资产卡片。财务部"003 朱中华"在企业应用平台中执行【业务工作】【财务会计】【固定资产】【卡片】【采购资产】命令，打开【未转采购资产订单列表】窗口，双击【选择】或单击【全选】按钮。单击【编辑】【新增】命令，打开【采购资产分配设置】窗口，修改【类别编号】【使用部门】【使用状况】等信息，其他信息默认。单击【保存】按钮，生成【固定资产卡片】。单击【保存】按钮，提示固定资产卡片保存成功，操作结果如图 6-78、图 6-79 所示。

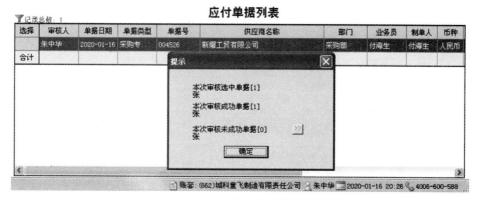

图 6-76 【应付单据列表】窗口

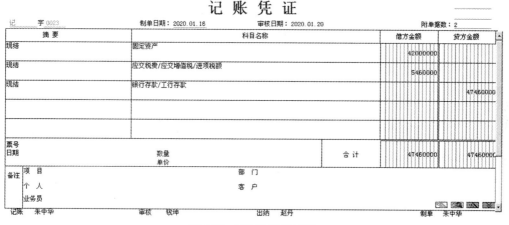

图 6-77 【记账凭证】窗口

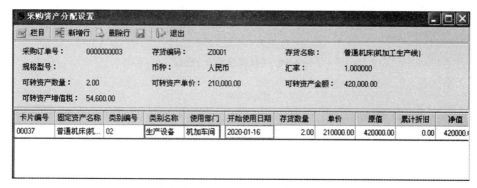

图 6-78 【采购资产分配设置】窗口

▶ 20. 派工生产童车和车架

【业务描述】

2020年1月16日，领料生产童车和车架，有关的原始凭证见附录B"1月日常经济业务"（扫描二维码）表 B 20-1 领料单（童车）、表 B 20-2 领料单（车架）。

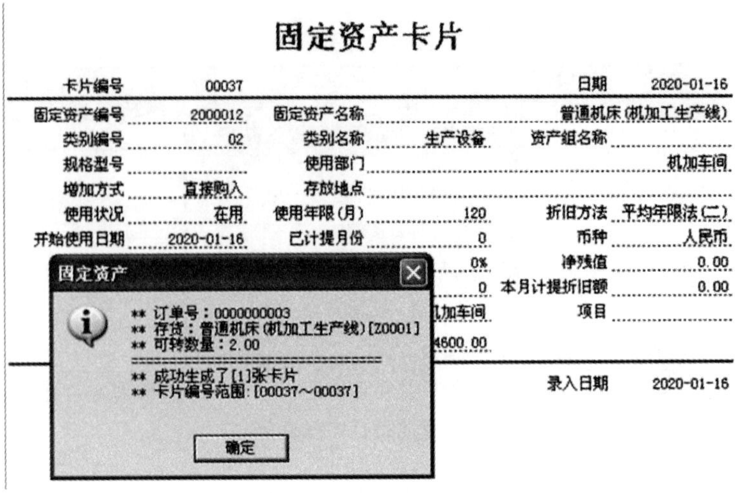

图 6-79 【固定资产卡片】窗口

【岗位说明】

仓储部“006 王宝珠”填写材料出库单并审核。

【操作指导】

仓储管理员“006 王宝珠”登录企业应用平台，单击【供应链】【库存管理】，单击【出库业务】【材料出库单】命令，打开【材料出库单】窗口，单击【增加】输入相关信息，单击【保存】按钮保存数据，单击【审核】按钮审核此张单据。操作结果如图 6-80～图 6-82 所示。

材料出库单

表体排序　　材料出库单打印模版　　蓝字　红字　合并显示

出库单号 0000000004　出库日期 2020-01-16　仓库 半成品库
订单号　产品编码　产量 0.00
生产批号　业务类型 领料　业务号
出库类别　部门 组装车间　委外商
审核日期 2020-01-16　备注

	材料编码	材料名称	规格型号	主计量单位	数量	单价	金额	项目	项目编码	项目大类编码	项目
1	M0001	经济型童车车架		个	5000.00			经济型童车	2	00	生产成本
2											

图 6-80 【材料出库单】窗口

材料出库单

表体排序　　材料出库单打印模版　　蓝字　红字　合并显示

出库单号 0000000005　出库日期 2020-01-16　仓库 原材料库
订单号　产品编码　产量 0.00
生产批号　业务类型 领料　业务号
出库类别　部门 组装车间　委外商
审核日期 2020-01-16　备注

	材料编码	材料名称	规格型号	主计量单位	数量	单价	金额	项目	项目编码	项目大类编码	项目
1	B0005	车篷	HJ72*32*40	个	5000.00			经济型童车	2	00	生产成本
2	B0006	车轮	HJΦ外125/Φ内 60 ...	个	20000.00			经济型童车	2	00	生产成本
3	B0007	经济型童车包装套件	HJTB100	套	5000.00			经济型童车	2	00	生产成本
4											

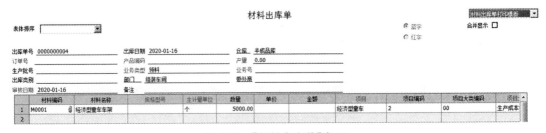

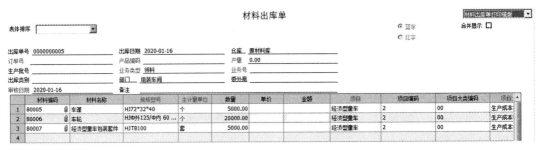

图 6-81 【材料出库单】窗口

图 6-82 【材料出库单】窗口

▶ 21. 购买固定资产

【业务描述】

2020年1月18日，向新耀公司采购需要安装的流水线1条，有关的原始凭证见附录B"1月份日常经济业务"（扫描二维码）表 B 21-1 购销合同、表 B 21-2 增值税专用发票（发票联）、表 B 21-3 增值税专用发票（抵扣联）发票联、表 B 21-4 中国工商银行转账支票存根。

【岗位说明】

采购部"005 付海生"增加并审核采购订单、采购到货单，增加并结算采购专用发票；仓储部"006 王宝珠"增加并审核采购入库单；财务部"003 朱中华"审核采购专用发票，增加采购资产并生成固定资产卡片、审核付款单并生成固定资产增加和付款的会计凭证；财务部"002 钱坤"复核。

【操作指导】

（1）填制采购订单。采购部"005 付海生"在企业应用平台中执行【业务工作】【供应链】【采购管理】【采购订货】【采购订单】命令，打开【采购订单】窗口。单击【增加】按钮，在表头修改【业务类型】为"固定资产"，修改【订购日期】，修改【订单编号】，选择【采购类型】为【正常采购】，选择【供应商】，其他信息默认；在表体，选择【存货编号】为"Z0002"输入【数量】、【原币含税单价】等信息，其他信息由系统自动导出，单击【保存】按钮，单击【审核】按钮，审核填制的采购订单，操作结果如图 6-83 所示。

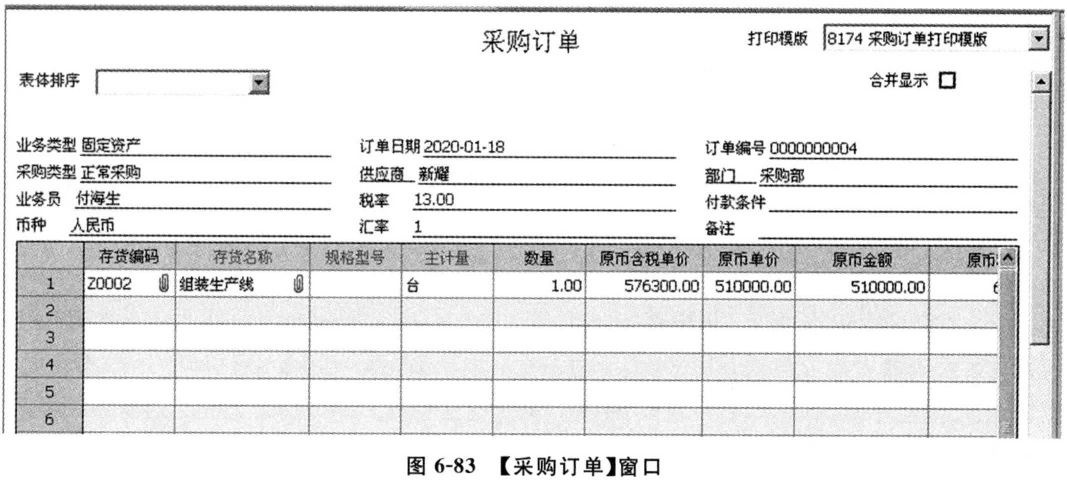

图 6-83 【采购订单】窗口

(2) 生成采购到货单。采购部"005 付海生"在企业应用平台中执行【业务工作】【供应链】【采购管理】【采购订货】【采购到货】命令，打开【到货单】窗口。单击【增加】按钮，修改【业务类型】为【固定资产】，选择【生单】【采购订单】命令，打开【查询条件选择—采购订单列表过滤】窗口，单击【确定】按钮。系统弹出【拷贝并执行】窗口，选中所要拷贝的采购订单，单击【确定】按钮，系统自动生成到货单，单击【保存】按钮。单击【审核】按钮，审核到货单。操作结果如图 6-84 所示，单击【退出】按钮。

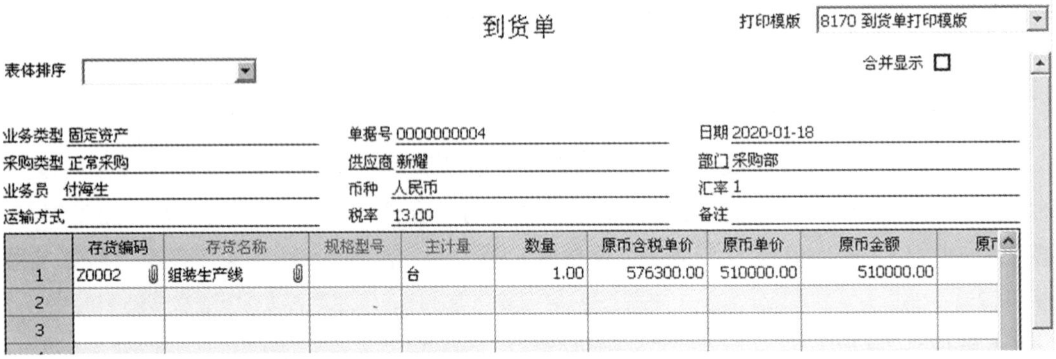

图 6-84 【到货单】窗口

(3) 生成采购入库单。仓储部"006 王宝珠"在企业应用平台中执行【业务工作】【供应链】【库存管理】【入库业务】【采购入库单】命令，打开【采购入库单】窗口，选择【生单】【采购到货单（蓝字）】命令，打开【查询条件选择—采购到货单表过滤】窗口，单击【确定】按钮。系统弹出【到货单生单列表】窗口，选中所要拷贝的到货单，单击【确定】按钮，生成【采购入库单】修改【仓库】为"资产库"等信息，其他信息默认，单击【保存】按钮。单击【审核】按钮，审核入库单，操作结果如图 6-85 所示。单击【退出】按钮。

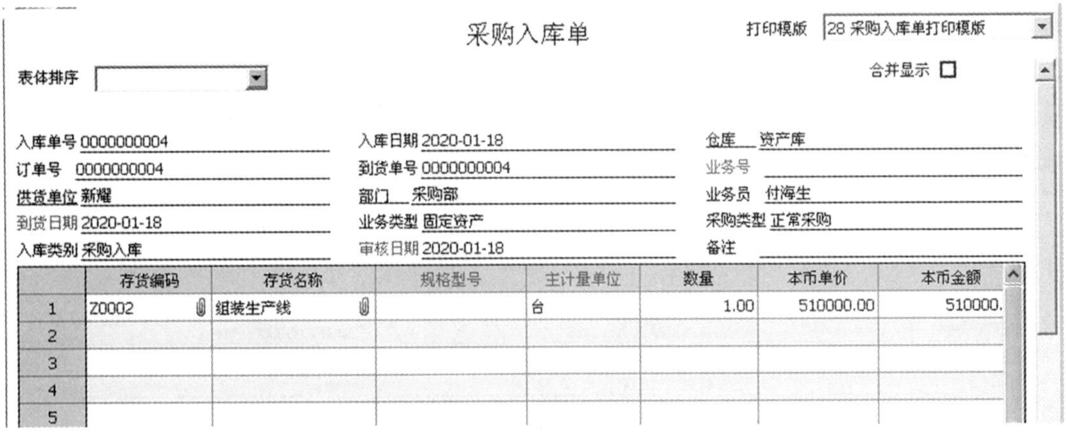

图 6-85 【采购入库单】窗口

(4) 填制采购专用发票。采购部"005 付海生"在企业应用平台中执行【业务工作】【供应链】【采购管理】【采购发票】【专用采购发票】命令，打开【采购专用发票】窗口。单击【增加】按钮，选择【生单】【入库单】命令，打开【查询条件选择—采购入库单列表过滤】窗口，单击【确定】按钮。系统弹出【拷贝并执行】窗口，选中所要拷贝的入库单，单击【确定】按钮，系统自动生成增值税专用发票,修改【业务类型】为"固定资产",录入【发票号】,单击【保存】按钮。单击【现付】按钮,打开【采购现付】窗口。输入结算方式、结算金额,票据号等信息,单击【确定】按钮,采购专用发票提示【已现付】,操作结果如图 6-86 所示。

图 6-86 【专用发票】窗口

(5)采购结算。采购部"005 付海生"在企业应用平台中执行【业务工作】【供应链】【采购管理】【采购结算】【自动结算】命令,打开【自动结算】窗口。根据需要输入结算过滤条件和结算模式,如单据的起止日期,选择单据和发票结算模式,单击【确定】按钮,系统自动进行结算。如果存在完全匹配的记录,则系统弹出信息提示窗口;如果不存在完全匹配的记录,则系统弹出"状态:没有符合条件的红蓝入库单和发票"信息提示框。结算完成后,系统提示采购专用发票已结算,执行【结算单列表】命令,双击需要查询的结算单,可以打开结算单,操作结果如图 6-87、图 6-88 所示。

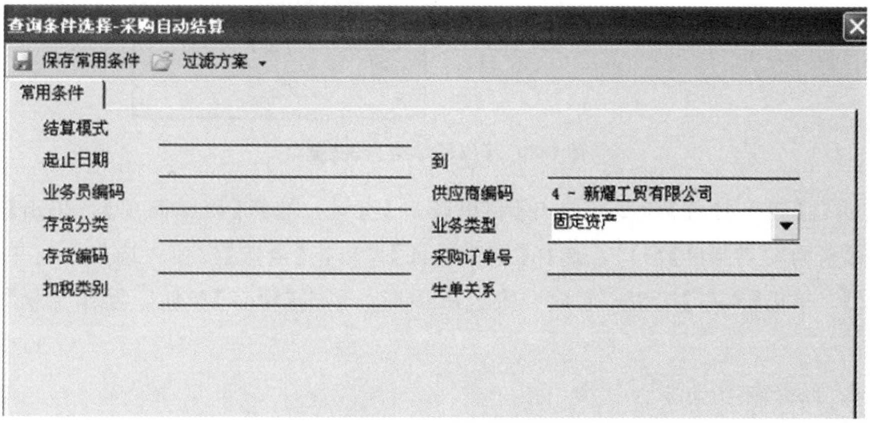

图 6-87 【查询条件选择—采购自动结算】窗口

(6)审核应付单据。财务部"003 朱中华"在企业应用平台中执行【业务工作】【财务会计】【应付款管理】【应付单据处理】【应付单据审核】命令,打开【应付单据查询条件】窗口,勾选【包含现结发票】,单击【确定】按钮,系统弹出【应付单据列表】窗口,双击【选择】栏或

图 6-88 【采购管理】窗口

单击【全选】按钮,单击【审核】按钮,系统提示"本次审核选中单据",单击【确定】按钮,操作结果如图 6-89 所示,退出【提示】窗口。

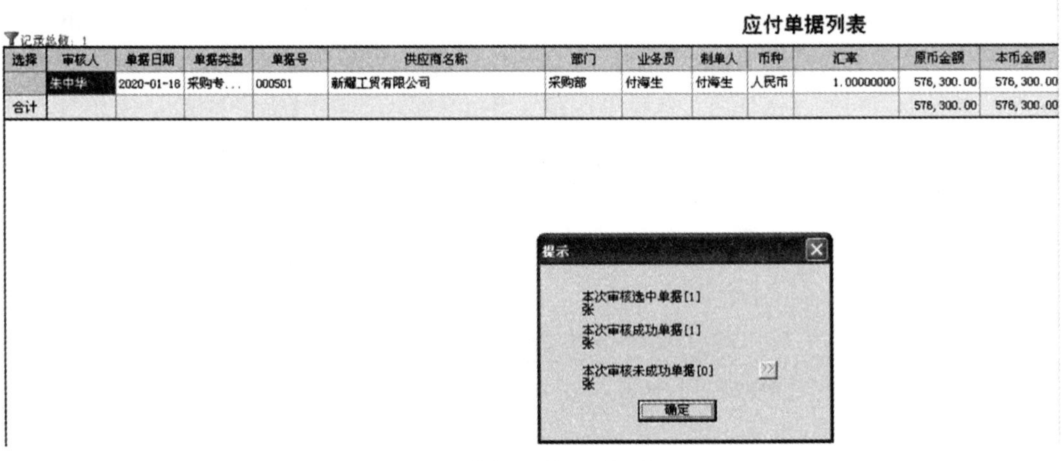

图 6-89 【应付单据列表】窗口

(7) 执行【制单处理】命令,打开【制单查询】窗口,选择【现结制单】,单击【确定】按钮,打开【采购发票制单】窗口,选择【记账凭证】,单击【全选】按钮,选中要制单的【采购专用发票】,单击【制单】按钮,生成一张记账凭证,单击【保存】按钮,操作结果如图 6-90 所示。

▶ 22. 经营租赁设备

【业务描述】

2020 年 1 月 20 日,向荣泰设备租赁公司租赁 2 台普通机床,有关的原始凭证见附录 B"1 月份日常经济业务"(扫描二维码)表 B 22-1 增值税普通发票(发票联)、表 B 22-2 银行转账支票存根。

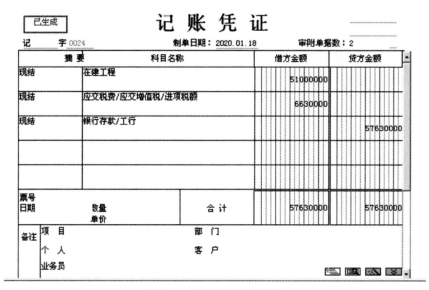

图 6-90 【记账凭证】窗口

【岗位说明】

财务部"003 朱中华"录入并审核付款单、制单、记账;"002 钱坤"复核;"004 赵丹"出纳签字。

【操作指导】

(1) 记账会计"003 朱中华"登录企业应用平台,单击【财务会计】【总账】【凭证】填制凭证。打开【填制凭证】窗口,单击【增加】,录入凭证的相关内容,并在制单时录入摘要、科目、金额后,单击【保存】,操作结果如图 6-91 所示。

图 6-91 【记账凭证】窗口

(2) 财务经理"002 钱坤"登录企业应用平台,单击【财务会计】【总账】【凭证】【主管签字】,对相关凭证审核后,单击【签字】。

(3) 出纳"004 赵丹"登录企业应用平台,单击【财务会计】【总账】【凭证】【出纳签字】,

对相关凭证审核后,单击【签字】。

(4) 记账会计"003 朱中华"登录企业应用平台,单击【财务会计】【总账】【凭证】【记账】,按屏幕提示完成记账工作。

▶ 23. 购买股票

【业务描述】

2020年1月21日,该公司购买股票,有关的原始凭证见附录B"1月份日常经济业务"(扫描二维码)表 B 23-1 证券成交过户交割单。

【岗位说明】

"003 朱中华"制单、记账;"002 钱坤"复核;"004 赵丹"出纳签字。

【操作指导】

(1) 记账会计"003 朱中华"登录企业应用平台,单击【财务会计】【总账】【凭证】,打开【填制凭证】窗口,单击【增加】,录入凭证的相关内容,并在制单时录入摘要、科目、金额,之后单击【保存】,操作结果如图 6-92 所示。

记账凭证				
记 字 0026	制单日期:2020.01.21	审核日期:2020.10.21		附单据数:1
摘要	科目名称		借方金额	贷方金额
购入短期投资股票	交易性金融资产/成本		7500000	
购入短期投资股票	投资收益		11250	
购入短期投资股票	银行存款/工行存款			7511250
票号 日期	数量 单价	合计	7511250	7511250
备注 项目 个人 业务员		部门 客户		
记账 朱中华	审核 钱坤	出纳 赵丹		制单 朱中华

图 6-92 【记账凭证】窗口

(2) 财务经理"002 钱坤"登录企业应用平台,单击【财务会计】【总账】【凭证】【主管签字】,对相关凭证审核后,单击【签字】。

(3) 出纳"004 赵丹"登录企业应用平台,单击【财务会计】【总账】【凭证】【出纳签字】,对相关凭证审核后,单击【签字】。

(4) 记账会计"003 朱中华"登录企业应用平台,单击【财务会计】【总账】【凭证】【记账】,按屏幕提示完成记账工作。

▶ 24. 在建工程完工结转

【业务描述】

2020年1月23日,流水线安装完毕,达到可使用状态,有关的原始凭证见附录B"1月份日常经济业务"(扫描二维码)表 B 24-1 固定资产竣工验收单。

【岗位说明】

"003 朱中华"生成固定资产卡片、凭证、记账；"002 钱坤"复核。

【操作指导】

(1) 增加固定资产卡片。财务部"003 朱中华"在企业应用平台中执行【业务工作】【财务会计】【固定资产】【卡片】【资产增加】，选择增加资产类别，输入资产类别后，输入固定资产卡片的内容，增加方式为【在建工程转入】，单击【保存】并制单，操作结果如图 6-93、图 6-94 所示。

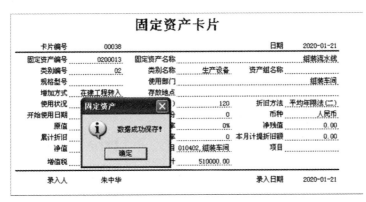

图 6-93 【固定资产卡片】窗口

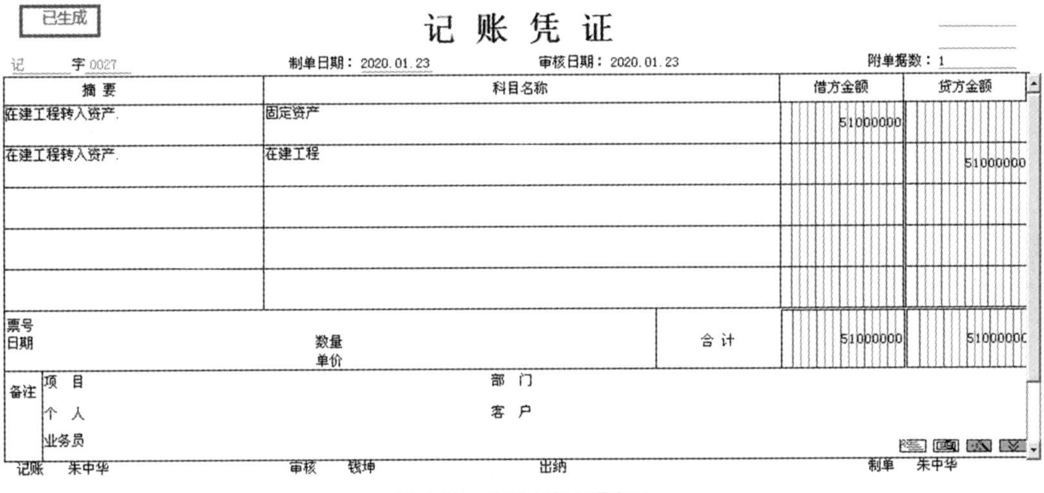

图 6-94 【记账凭证】窗口

(2) 财务经理"002 钱坤"登录企业应用平台，单击【财务会计】【总账】【凭证】【主管签字】，对相关凭证审核后，单击【签字】。

(3) 记账会计"003 朱中华"登录企业应用平台，单击【财务会计】【总账】【凭证】【记账】，按屏幕提示完成记账工作。

▶ 25. 支付电话费

【业务描述】

2020 年 1 月 25 日，缴纳通信费用，收到中国移动永川分公司开具的发票和银行托收凭证付款通知。有关原始凭证见附录B"1月份日常经济业务"（扫描二维码）表B 25-1话费增值税专用发票（抵扣联）、表B 25-2增值税专用发票（发票联）、表B 25-3中国工商银行转账支票存根。

【岗位说明】

"003朱中华"制单、记账；"002钱坤"复核；"004赵丹"出纳签字。

【操作指导】

（1）填制凭证。记账会计"003朱中华"登录企业应用平台，单击【财务会计】【总账】【凭证】填制凭证。打开【填制凭证】窗口，单击【增加】，录入凭证的相关内容，并在制单时录入摘要、科目、金额后，单击【保存】，操作结果如图6-95所示。

（2）审核凭证。财务经理"002钱坤"登录企业应用平台，单击【财务会计】【总账】【凭证】【主管签字】，对相关凭证审核后，单击【签字】。

（3）出纳签字。出纳"004赵丹"登录企业应用平台，单击【财务会计】【总账】【凭证】【出纳签字】，对相关凭证审核后，单击【签字】。

（4）记账会计"003朱中华"登录企业应用平台，单击【财务会计】【总账】【凭证】【记账】，按屏幕提示完成记账工作。

记 账 凭 证

记 字 0028		制单日期：2020.01.25	审核日期：2020.01.25	附单据数：2	
摘要		科目名称		借方金额	贷方金额
支付话费		管理费用/办公费		70000	
支付话费		应交税费/应交增值税/进项税额		4200	
支付话费		银行存款/工行存款			74200
票号 日期	数量 单价			合计 74200	74200
备注	项目 个人 业务员		部门 客户		
记账 朱中华		审核 钱坤	出纳 赵丹		制单 朱中华

图6-95 【记账凭证】窗口

▶ 26. 车架童车完工入库

【业务描述】

2020年1月25日，产品完工，并办理入库手续。有关的原始凭证见附录B"1月份日常经济业务"（扫描二维码）表B 26-1产品入库单。

【岗位说明】

"006王宝珠"填制和审核产品入库单。

【操作指导】

（1）仓储部"006王宝珠"登录企业应用平台，打开【业务工作】【供应链】【库存管理系统】,执行【库存管理】【入库业务】【产成品入库单】命令,打开【产成品入库】窗口。单击【增加】按钮,在表头修改【仓库】为"半成品仓库",【部门】为"机加车间",【入库类别】为"半成品入库";在表体,选择【产品编码】【数量】等信息,其他信息默认。单击【保存】按钮,单击【审核】按钮,完成入库单审核,操作结果如图6-96所示。

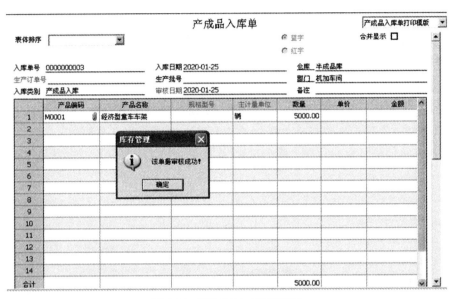

图6-96 【产成品入库单】窗口

(2) 仓储部"006 王宝珠"登录企业应用平台,打开【业务工作】【供应链】【库存管理系统】,执行【库存管理】【入库业务】【产成品入库单】命令,打开【产成品入库】窗口。单击【增加】按钮,在表头修改【仓库】为"产成品仓库",【部门】为"组装车间",【入库类别】为"产成品入库";在表体,选择【产品编码】【数量】等信息,其他信息默认。单击【保存】按钮,单击【审核】按钮,完成入库单审核,操作结果如图6-97所示。

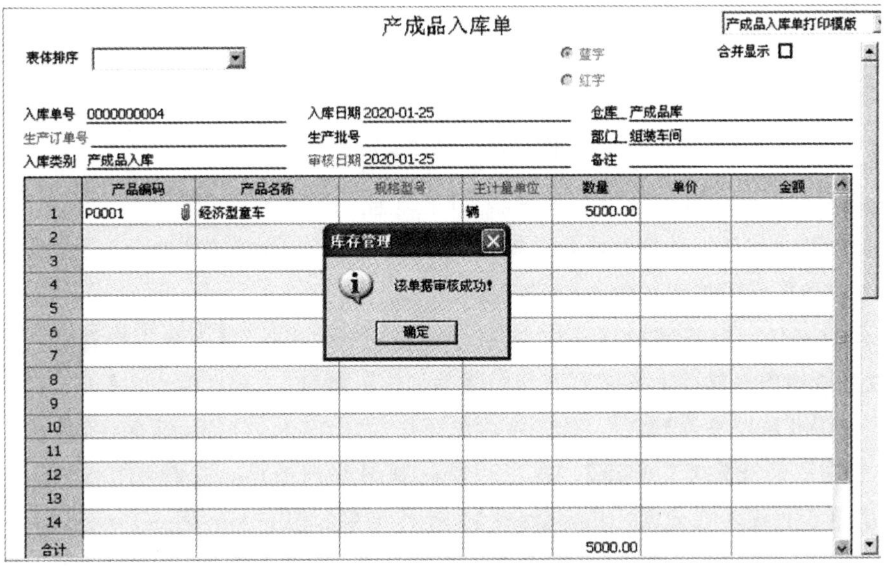

图6-97 【产成品入库单】窗口

▶ 27. 收到货款

【业务描述】

2020年1月26日，收到天府商贸有限公司的货款。有关的原始凭证见附录B"1月日常经济业务"(扫描二维码)表B 27-1中国工商银行进账单。

【岗位说明】

财务部"003朱中华"填制收款单，审核收款单、核销、制单并记账；"002钱坤"复核；"004赵丹"出纳签字。

【操作指导】

(1)填制收款单。财务部"003朱中华"在企业应用平台中执行【业务工作】【财务会计】【应收款管理】【收款单据处理】【收款单据录入】命令，打开【收款单】窗口，单击【增加】按钮，按照进账单的信息录入，在表体中选择【款项类型】为【应收款】，单击【保存】按钮，操作结果如图6-98所示。

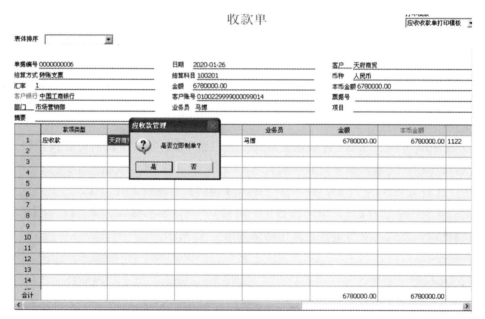

图6-98 【收款单】窗口

(2)收款单审核。财务部"003朱中华"在企业应用平台中执行【业务工作】【财务会计】【应收款管理】【收款单据处理】【收款单据审核】命令，单击【确定】按钮，打开【收付款单列表】窗口，单击【全选】按钮，单击【审核】按钮。

(3)单据核销。财务部"003朱中华"在企业应用平台中执行【业务工作】【财务会计】【应收款管理】【核销处理】【手工核销】命令打开【手工核销】窗口，选择客户为【天府】，单击【确定】按钮，打开【单据核销】窗口，输入本次结算金额"6780000"，单击【保存】按钮。

(4)制单。点击【制单处理】，选择相应的制单查询条件，选择相应记录，单击【制单】，查看是否正确，如无误，单击【保存】，操作结果如图6-99、图6-100所示。

(5)财务经理"002钱坤"登录企业应用平台，单击【财务会计】【总账】【凭证】【主管签

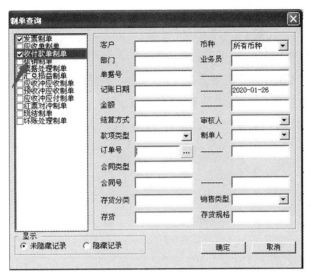

图 6-99 【制单查询】窗口

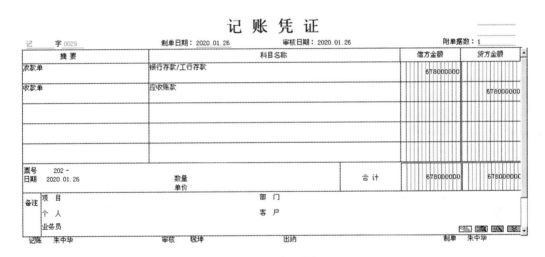

图 6-100 【记账凭证】窗口

字】,对相关凭证审核后,单击【签字】。

(6) 出纳"004 赵丹"登录企业应用平台,单击【财务会计】【总账】【凭证】【出纳签字】,对相关凭证审核后,单击【签字】。

(7) 记账会计"003 朱中华"登录企业应用平台,单击【财务会计】【总账】【凭证】【记账】,按屏幕提示完成记账工作。

▶ 28. 月末股票公允价值变动损益

【业务描述】

最近因经济形势走势不明朗,股票市场波动较大,2020 年 1 月 31 日,公司持有的股票价格为 10 元/股。

【岗位说明】

“003 朱中华”制单、记账；“002 钱坤”复核。

【操作指导】

（1）总账会计“003 朱中华”登录企业应用平台，单击【财务会计】【总账】【凭证】填制凭证。打开【填制凭证】窗口，单击【增加】，录入凭证的相关内容，并在制单时录入摘要、科目、金额后，单击【保存】，操作结果如图 6-101 所示。

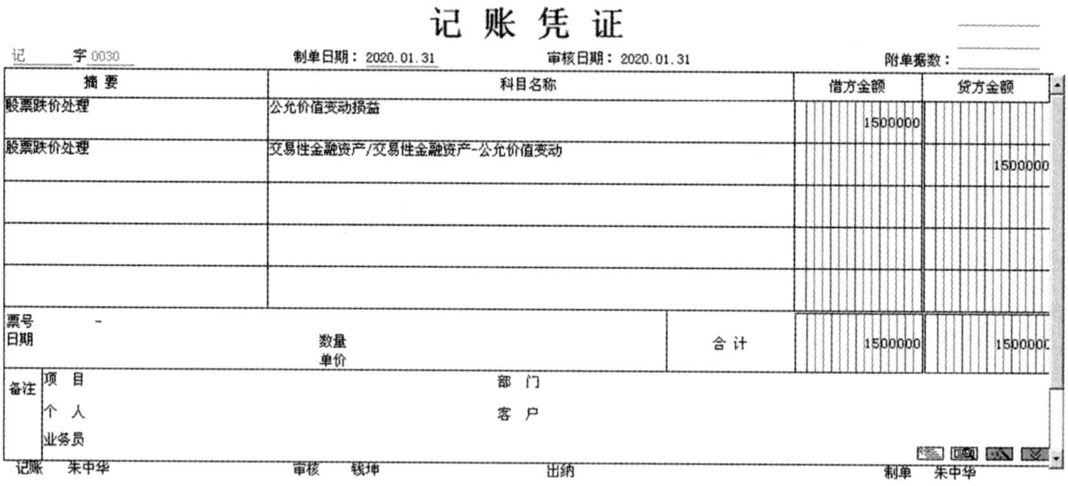

记 账 凭 证

记 字 0030　制单日期：2020.01.31　审核日期：2020.01.31　附单据数：

摘要	科目名称	借方金额	贷方金额
股票跌价处理	公允价值变动损益	1500000	
股票跌价处理	交易性金融资产/交易性金融资产-公允价值变动		1500000
票号 - 日期	数量 单价 合计	1500000	1500000

备注　项目　部门　个人　客户　业务员

记账 朱中华　审核 钱坤　出纳　制单 朱中华

图 6-101 【记账凭证】窗口

（2）财务经理“002 钱坤”登录企业应用平台，单击【财务会计】【总账】【凭证】【主管签字】，对相关凭证审核后，单击【签字】。

（3）记账会计“003 朱中华”登录企业应用平台，单击【财务会计】【总账】【凭证】【记账】，按屏幕提示完成记账工作。

▶ 29. 计提利息

【业务描述】

2020 年 1 月 31 日，计提本月应负担的短期借款利息。有关的原始凭证见附录 B“1 月份日常经济业务”（扫描二维码）表 B 29-1 银行借款利息计算单。

【岗位说明】

“003 朱中华”制单、记账；“002 钱坤”复核。

【操作指导】

（1）总账会计“003 朱中华”登录企业应用平台，单击【财务会计】【总账】【凭证】填制凭证。打开【填制凭证】窗口，单击【增加】，录入凭证的相关内容，并在制单时录入摘要、科目、金额后，单击【保存】，操作结果如图 6-102 所示。

（2）财务经理“002 钱坤”登录企业应用平台，单击【财务会计】【总账】【凭证】【主管签字】，对相关凭证审核后，单击【签字】。

（3）记账会计“003 朱中华”登录企业应用平台，单击【财务会计】【总账】【凭证】【记账】，按屏幕提示完成记账工作。

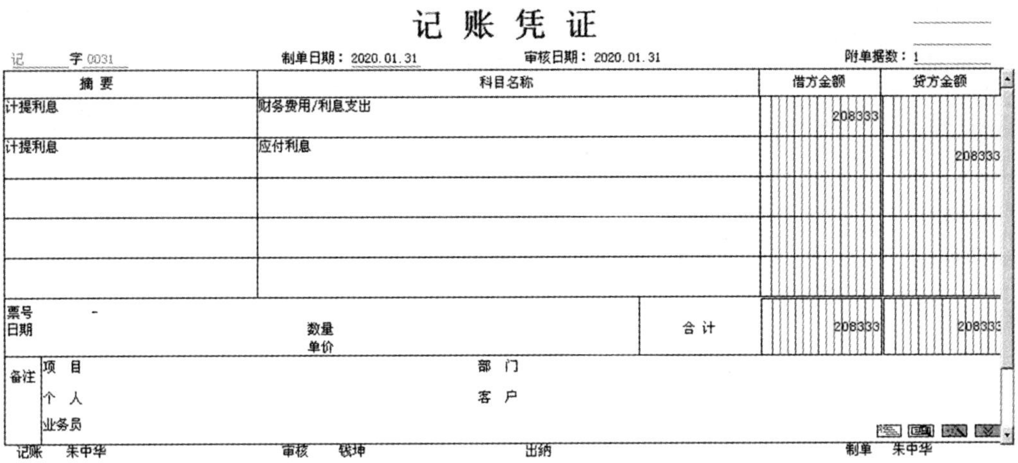

图 6-102 【记账凭证】窗口

▶ 30. 计提折旧

【业务描述】

2020 年 1 月 31 日，编订固定资产折旧计算表。有关的原始凭证见附录 B“1 月份日常经济业务”(扫描二维码)表 B 30-1 固定资产折旧计算表。

【岗位说明】

“003 朱中华”固定资产新增录入、制单、记账；“002 钱坤”复核。

【操作指导】

(1) 财务部“003 朱中华”登录企业应用平台，单击【财务会计】【固定资产】【处理】【计提本月折旧】，单击【是】，系统提示“本操作将计提本月折旧，并花费一定时间，是否继续?”单击【是】，打开【这就清单】窗口，单击【退出】，系统提示“折旧计提完成!”单击【确定】，打开【折旧分配表】窗口，单击【凭证】生成记账凭证，选择凭证类别，单击【保存】。操作结果如图 6-103、图 6-104 所示。

部门编号	部门名称	项目编号	项目名称	科目编号	科目名称	折 旧 额
1	企业管理部			660207	折旧费	48,225.00
2	人力资源部			660207	折旧费	225.00
3	采购部			660207	折旧费	225.00
4	仓储部			660207	折旧费	21,600.00
5	财务部			660207	折旧费	425.00
6	市场营销部			660105	折旧费	325.00
701	机加车间			51010401	机加车间	17,500.00
702	组装车间			51010402	组装车间	4,250.00
703	生产计划办			51010403	生产计划办	28,825.00
合计						121,600.00

图 6-103 【折旧分配表】窗口

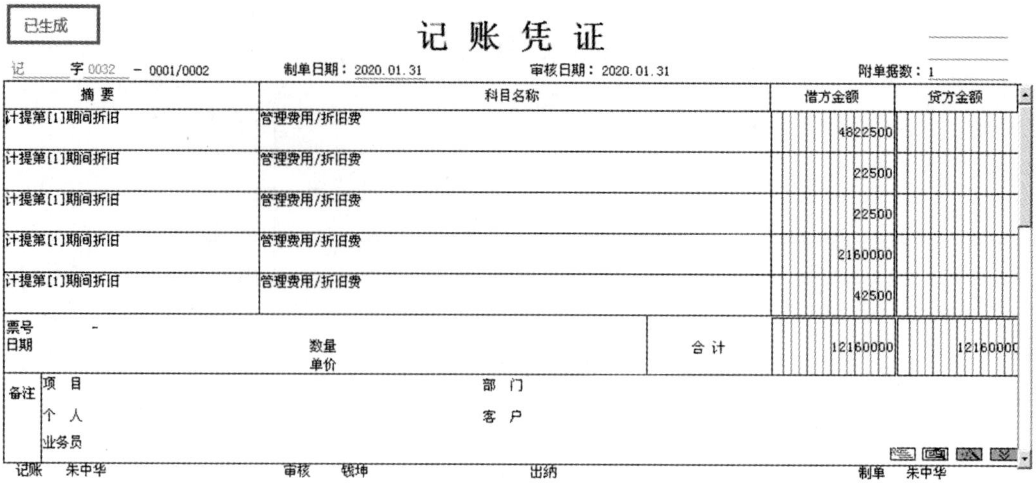

已生成

记账凭证

记 字 0032 － 0001/0002 制单日期：2020.01.31 审核日期：2020.01.31 附单据数：1

摘要	科目名称	借方金额	贷方金额
计提第[1]期间折旧	管理费用/折旧费	4822500	
计提第[1]期间折旧	管理费用/折旧费	22500	
计提第[1]期间折旧	管理费用/折旧费	22500	
计提第[1]期间折旧	管理费用/折旧费	2160000	
计提第[1]期间折旧	管理费用/折旧费	42500	
票号 - 日期	数量 单价 合计	12160000	12160000

备注 项目 部门 个人 客户 业务员

记账 朱中华 审核 钱坤 出纳 制单 朱中华

图 6-104 【记账凭证】窗口

（2）财务经理“002 钱坤”登录企业应用平台，单击【财务会计】【总账】【凭证】【主管签字】，对相关凭证审核后，单击【签字】。

（3）记账会计“003 朱中华”登录企业应用平台，单击【财务会计】【总账】【凭证】【记账】，按屏幕提示完成记账工作。

▶ 31. 计提水电费

【业务描述】

2020 年 1 月 31 日，收到永川完美物业管理有限公司开具的水费发票和电费发票，财务部记账会计根据本公司抄表数和上月水价分配水费、上月电价分配电费，水电费按部门实际耗用分配。有关的原始凭证见附录 B“1 月份日常经济业务”(扫描二维码)表 B 31-1 辅助生产费用分配表、表 B 31-2 增值税专用发票(抵扣联)、表 B 31-3 增值税专用发票(发票联)。

【岗位说明】

“003 朱中华”录入并审核应付单、制单、记账；“002 钱坤”复核。

【操作指导】

（1）财务部“003 朱中华”在企业应用平台中执行【业务工作】【财务会计】【应付款管理】【应付单处理】【应付单录入】命令，单击【增加】，录入计提水电费的相关信息，单击【保存】。执行【制单处理】命令，选择【收付款单制单】，单击确定按钮，弹出【付款单】窗口，单击【全选】按钮，单击【制单】按钮，弹出【记账凭证】窗口，单击【保存】按钮，保存成功，操作结果如图 6-105、图 6-106 所示。

（2）财务经理“002 钱坤”登录企业应用平台，单击【财务会计】【总账】【凭证】【主管签字】，对相关凭证审核后，单击【签字】。

（3）记账会计“003 朱中华”登录企业应用平台，单击【财务会计】【总账】【凭证】【记账】，按屏幕提示完成记账工作。

第六章 日常经济业务处理实操

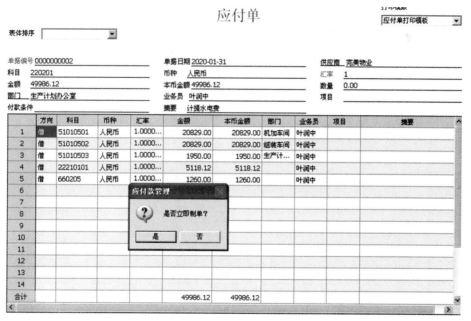

图 6-105 【应付单】窗口

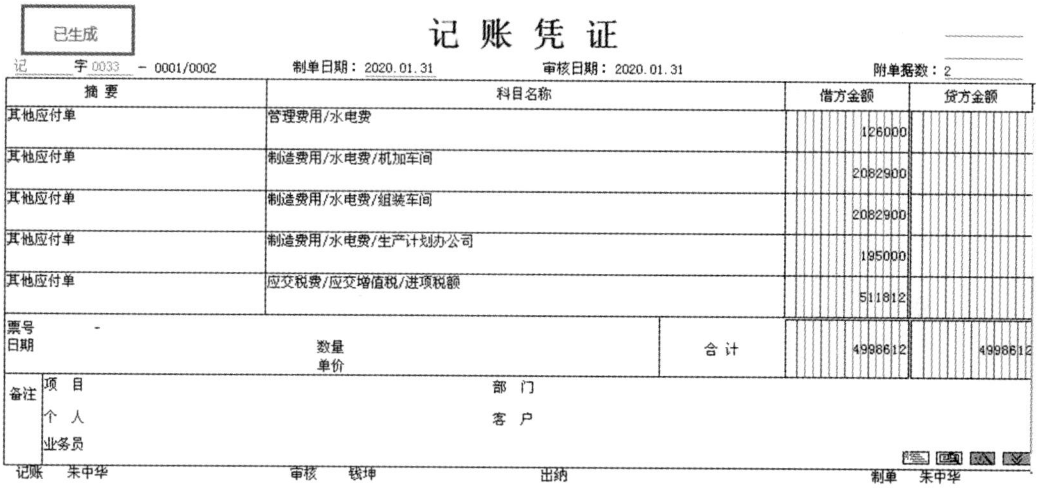

图 6-106 【记账凭证】窗口

▶ 32. 计提工资、五险一金

【业务描述】

2020年1月31日,"003朱中华"录入所有人员工资数据,执行计算与汇总,根据工资分摊设置完成计提工资、公司—社会保险、公司—住房公积金的转账分录。相关信息如表6-1所示。

表 6-1 人员工资信息

人员编号	姓　　名	部　　门	人员类别	基本工资(元)	缺勤天数	缺勤扣款
101	梁天	企业管理部	企业管理人员	12 000.00	—	—
102	叶瑛	企业管理部	企业管理人员	5 500.00	—	—
201	张万军	人力资源部	企业管理人员	7 500.00	—	—
202	肖红	人力资源部	企业管理人员	5 500.00	—	—
301	李斌	采购部	采购人员	7 500.00	—	—
302	付海生	采购部	采购人员	5 500.00	—	—
401	何明海	仓储部	企业管理人员	7 500.00	—	—
402	王宝珠	仓储部	企业管理人员	5 500.00	—	—
501	钱坤	财务部	企业管理人员	7 500.00	—	—
502	刘自强	财务部	企业管理人员	5 500.00	—	—
503	朱中华	财务部	企业管理人员	5 500.00	—	—
504	赵丹	财务部	企业管理人员	5 500.00	—	—
601	杨笑笑	市场营销部	销售人员	7 500.00	—	—
602	马博	市场营销部	销售人员	4 500.00	—	—
603	刘思羽	市场营销部	销售人员	4 500.00	—	—
704	李良钊	机加车间	生产人员	3 600.00	—	—
705	付玉芳	机加车间	生产人员	3 600.00	—	—
706	张接义	机加车间	生产人员	3 600.00	—	—
707	毕红	机加车间	生产人员	3 600.00	—	—
708	吴淑敏	机加车间	生产人员	3 600.00	—	—
709	毛龙生	机加车间	生产人员	3 600.00	—	—
710	扈志明	机加车间	生产人员	3 600.00	—	—
711	李龙吉	机加车间	生产人员	3 600.00	—	—
712	吴官胜	机加车间	生产人员	3 600.00	—	—
713	雷丹	机加车间	生产人员	3 600.00	—	—
714	刘良生	机加车间	生产人员	3 600.00	—	—
715	余俊美	机加车间	生产人员	3 600.00	—	—
716	徐积福	机加车间	生产人员	3 600.00	—	—
717	潘俊辉	机加车间	生产人员	3 600.00	—	—
718	朱祥松	机加车间	生产人员	3 600.00	—	—
719	刘文钦	机加车间	生产人员	3 600.00	—	—
720	龚文辉	机加车间	生产人员	3 600.00	—	—

续表

人员编号	姓　名	部　　门	人员类别	基本工资(元)	缺勤天数	缺勤扣款
721	王小强	机加车间	生产人员	3 600.00	—	—
722	刘胜	机加车间	生产人员	3 600.00	—	—
723	刘贞	机加车间	生产人员	3 600.00	—	—
724	余永俊	组装车间	生产人员	3 600.00	—	—
725	万能	组装车间	生产人员	3 600.00	—	—
726	万俊俊	组装车间	生产人员	3 600.00	—	—
727	张逸君	组装车间	生产人员	3 600.00	—	—
728	言海根	组装车间	生产人员	3 600.00	—	—
729	田勤	组装车间	生产人员	4 000.00	—	—
730	肖鹏	组装车间	生产人员	4 000.00	—	—
731	徐宏	组装车间	生产人员	4 000.00	—	—
732	田军	组装车间	生产人员	4 000.00	—	—
733	郑华珥	组装车间	生产人员	4 000.00	—	—
734	洪梁	组装车间	生产人员	4 000.00	—	—
735	冯奇	组装车间	生产人员	4 000.00	—	—
736	黄聪	组装车间	生产人员	4 000.00	—	—
737	薛萍	组装车间	生产人员	4 000.00	—	—
738	张世平	组装车间	生产人员	4 000.00	—	—
739	李小春	组装车间	生产人员	4 000.00	—	—
740	蔡丽娟	组装车间	生产人员	4 000.00	—	—
741	吴新祥	组装车间	生产人员	4 000.00	—	—
742	胡首科	组装车间	生产人员	4 000.00	—	—
743	邹建榕	组装车间	生产人员	4 000.00	—	—
701	叶润中	生产计划办公室	车间管理人员	7 500.00	—	—
702	周群	生产计划办公室	车间管理人员	5 500.00	—	—
703	孙盛国	生产计划办公室	车间管理人员	5 500.00	—	—
		合计		265 500.00	—	—

【岗位说明】

"003 朱中华"录入所有人员工资，计算、汇总，并根据工资分摊设置生成工资记账凭证、记账，"002 钱坤"复核。

【操作指导】

(1) 财务部"003 朱中华"录入并计算汇总薪资。在薪资管理系统中，执行【薪资管理】【业务处理】【工资变动】命令，打开【工资变动】窗口，录入基本工资、缺勤天数。单击【全选】按钮，在人员记录的选择栏中标记"Y"。单击【计算】按钮，再单击【汇总】按钮，计算全部工资项目内容，操作结果如图 6-107 所示，最后单击【退出】按钮。

图 6-107 【工资变动】窗口

(2) 在薪资管理系统中，"003 朱中华"执行【薪资管理】【业务处理】【工资变动】命令，打开【工资变动】窗口，单击【计算】按钮，完成计算，单击【汇总】按钮，关闭【工资变动】窗口。执行【薪资管理】【业务处理】【工资分摊】命令，打开【工资分摊】窗口。选中【计提工资】【公司—社会保险费】【公司—住房公积金】复选框。单击【全选】复选框，选中所有部门，选中【明细到工资项目】【按项目核算】复选框。单击【确定】按钮，操作结果如图 6-108 所示。

图 6-108 【工资分摊】窗口

（3）“003 朱中华”打开【工资分摊明细】窗口。在【类型】栏中选中【计提工资】，再选中【合同科目相同、辅助项相同的分录】复选框。【公司—社会保险费】【公司—住房公积金】【代扣个人所得税】以此类推。单击【批制】按钮，生成计提工资、公司—社会保险费、公司—住房公积金的会计凭证。依次修改会计凭证类别为【记账凭证】，并保存会计凭证，操作结果如图 6-109～图 6-112 所示。

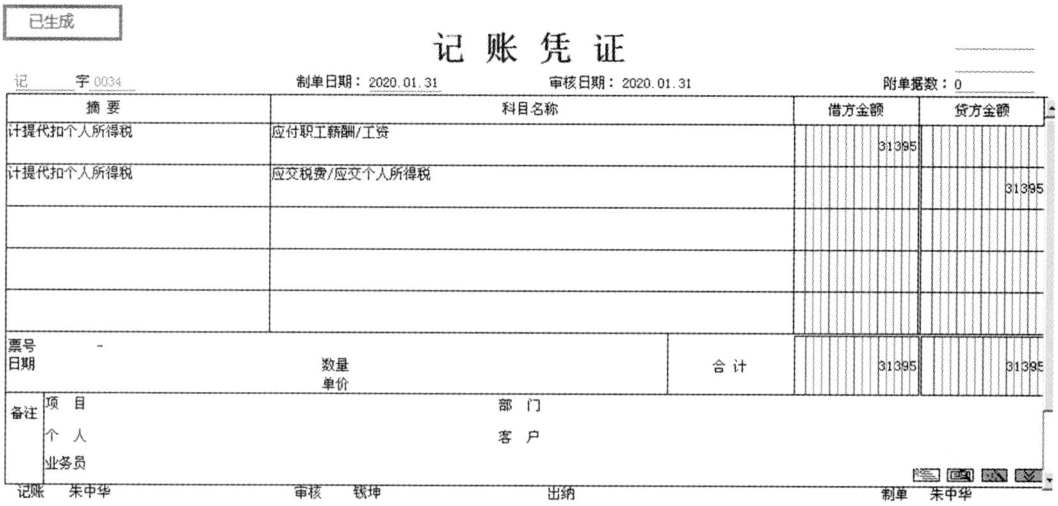

已生成

记 账 凭 证

记　字 0034　制单日期：2020.01.31　审核日期：2020.01.31　附单据数：0

摘要	科目名称	借方金额	贷方金额
计提代扣个人所得税	应付职工薪酬/工资	31395	
计提代扣个人所得税	应交税费/应交个人所得税		31395
票号 - 日期　数量 单价	合计	31395	31395

备注　项目　部门
个人　客户
业务员

记账 朱中华　审核 钱坤　出纳　制单 朱中华

图 6-109　【记账凭证】窗口

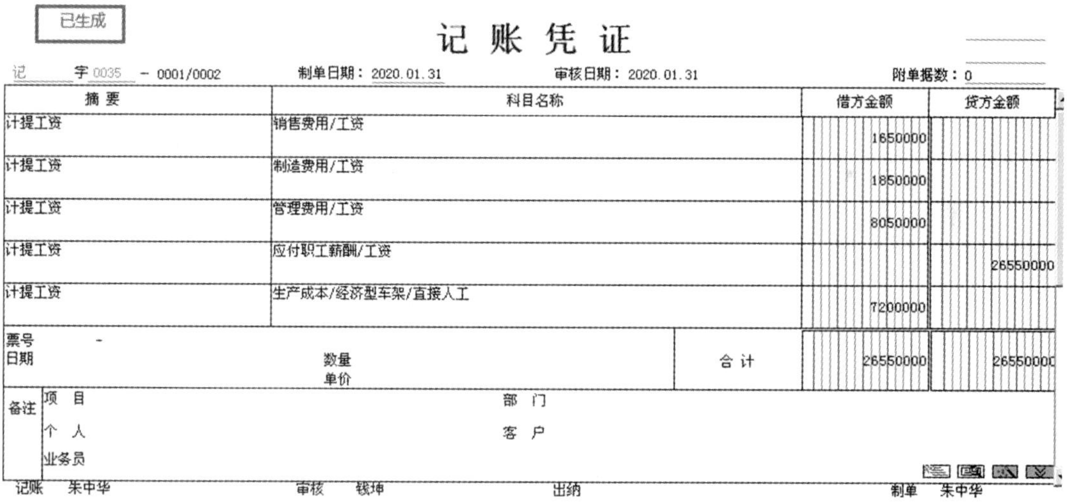

已生成

记 账 凭 证

记　字 0035 - 0001/0002　制单日期：2020.01.31　审核日期：2020.01.31　附单据数：0

摘要	科目名称	借方金额	贷方金额
计提工资	销售费用/工资	1650000	
计提工资	制造费用/工资	1850000	
计提工资	管理费用/工资	8050000	
计提工资	应付职工薪酬/工资		26550000
计提工资	生产成本/经济型车架/直接人工	7200000	
票号 - 日期　数量 单价	合计	26550000	26550000

备注　项目　部门
个人　客户
业务员

记账 朱中华　审核 钱坤　出纳　制单 朱中华

图 6-110　【记账凭证】窗口

（4）财务经理“002 钱坤”登录企业应用平台，单击【财务会计】【总账】【凭证】【主管签字】对相关凭证审核后，单击【签字】。

（5）记账会计“003 朱中华”登录企业应用平台，单击【财务会计】【总账】【凭证】【记账】按屏幕提示完成记账工作。

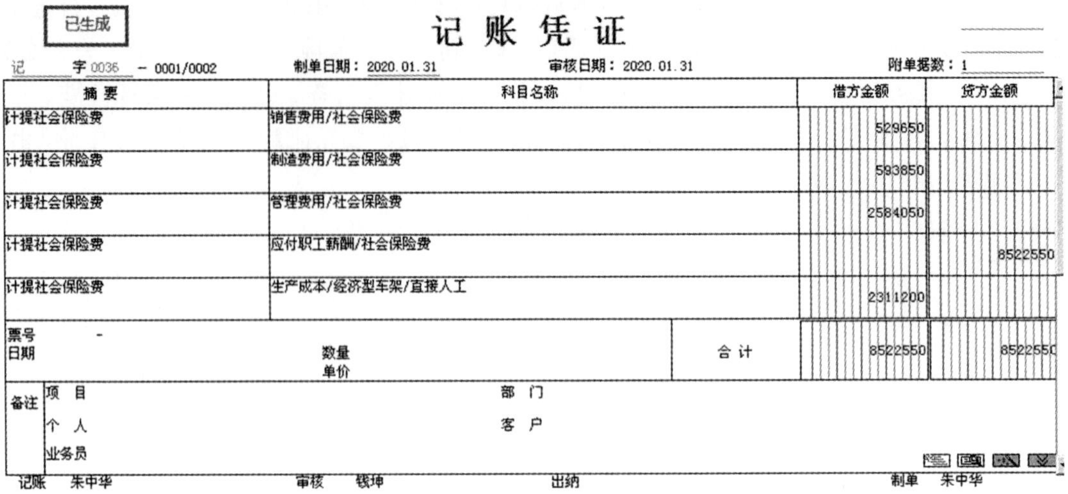

已生成

记 账 凭 证

记 字 0036 - 0001/0002 制单日期：2020.01.31 审核日期：2020.01.31 附单据数：1

摘要	科目名称	借方金额	贷方金额
计提社会保险费	销售费用/社会保险费	529650	
计提社会保险费	制造费用/社会保险费	593850	
计提社会保险费	管理费用/社会保险费	2584050	
计提社会保险费	应付职工薪酬/社会保险费		8522550
计提社会保险费	生产成本/经济型车架/直接人工	2311200	
票号 - 日期	数量 单价 合计	8522550	8522550

备注 项目 部门 个人 客户 业务员

记账 朱中华 审核 钱坤 出纳 制单 朱中华

图 6-111 【记账凭证】窗口

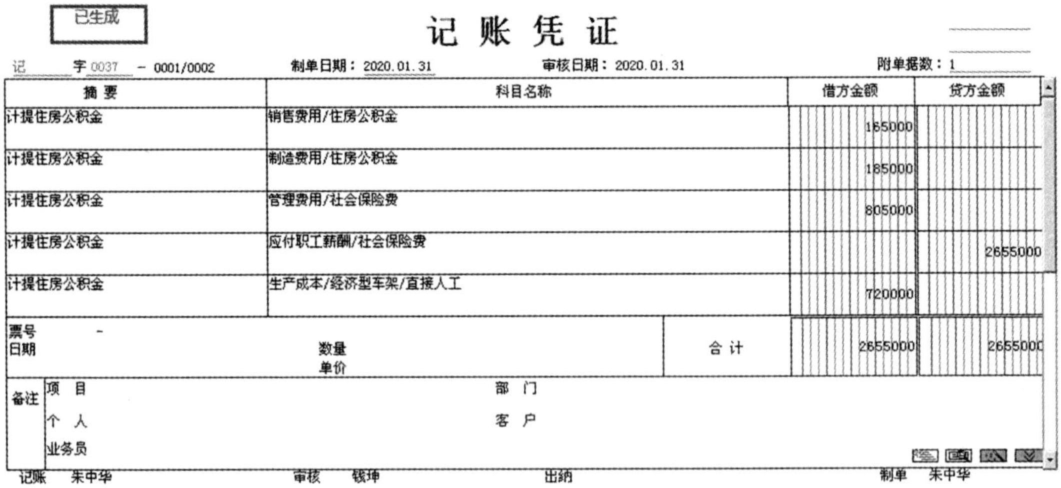

已生成

记 账 凭 证

记 字 0037 - 0001/0002 制单日期：2020.01.31 审核日期：2020.01.31 附单据数：1

摘要	科目名称	借方金额	贷方金额
计提住房公积金	销售费用/住房公积金	165000	
计提住房公积金	制造费用/住房公积金	185000	
计提住房公积金	管理费用/社会保险费	805000	
计提住房公积金	应付职工薪酬/社会保险费		2655000
计提住房公积金	生产成本/经济型车架/直接人工	720000	
票号 - 日期	数量 单价 合计	2655000	2655000

备注 项目 部门 个人 客户 业务员

记账 朱中华 审核 钱坤 出纳 制单 朱中华

图 6-112 【记账凭证】窗口

▶ 33. 分配制造费用

【业务描述】

2020 年 1 月 31 日，根据期末工作安排，本月制造费用汇集完毕，财务部进行制造费用分配，制造费用按完工产成品和自制半产品进行分配。

【岗位说明】

“003 朱中华”制单、记账；“002 钱坤”复核。

【操作指导】

(1) 总账会计“003 朱中华”登录企业应用平台，单击【财务会计】【总账】【账表】【科目表】【余额表】，选择“包含未记账凭证”，查询“制造费用 5101”明细，并记下，操作结果如图 6-113、图 6-114 所示。

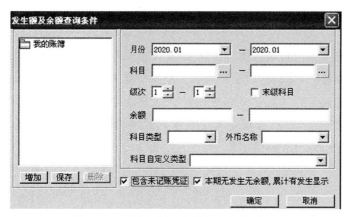

图6-113 【发生额及余额查询条件】窗口

制造费用明细账

科目：5101 制造费用　　　　　　　　　　　　　　　月份：2020.01-2020.01

2020年		凭证号数	摘要	借方	贷方	方向	余额
月	日						
01	31	记-0032	*计提第[1]期间折旧	17,500.00		借	17,500.00
01	31	记-0032	*计提第[1]期间折旧	4,250.00		借	21,750.00
01	31	记-0032	*计提第[1]期间折旧	28,825.00		借	50,575.00
01	31	记-0033	*其他应付单	20,829.00		借	71,404.00
01	31	记-0033	*其他应付单	20,829.00		借	92,233.00
01	31	记-0033	*其他应付单	1,950.00		借	94,183.00
01	31	记-0034	*计提工资	18,500.00		借	112,683.00
01	31	记-0035	*公司社会保险费	5,938.50		借	118,621.50
01	31	记-0036	*公司住房公积金	1,850.00		借	120,471.50

图6-114 【制造费用明细账】窗口

（2）填制凭证。打开【填制凭证】窗口，单击【增加】，录入凭证的相关内容，并在制单时录入摘要、科目、金额，之后单击【保存】，操作结果如图6-115所示。

记 账 凭 证

记 字 0036 - 0001/0002　　制单日期：2020.01.31　　审核日期：2020.01.31　　附单据数：

摘要	科目名称	借方金额	贷方金额
结转制造费用	生产成本/经济型车架/制造费用	6686075	
结转制造费用	生产成本/经济型童车/制造费用	5361075	
结转制造费用	制造费用/折旧费/机加车间		1750000
结转制造费用	制造费用/折旧费/组装车间		425000
结转制造费用	制造费用/折旧费/生产计划办公室		2882500
票号 日期	数量 单价	合计 12047150	12047150

备注：项目 经济型车架　　　部门 机加车间
　　　个人　　　　　　　　客户
　　　业务员

图6-115 【记账凭证】窗口

注意

凡是归属于机加车间的制造费用结转入"生产成本—经济型车架—制造费用";凡是归属于组装车间的制造费用结转入"生产成本—经济型童车—制造费用";凡是归属于生产计划办公室的制造费用按完工数量分配并归集入"经济型车架与经济型童车"中。

(3)财务经理"002 钱坤"登录企业应用平台,单击【财务会计】【总账】【凭证】【主管签字】对相关凭证审核后,单击【签字】。

(4)记账会计"003 朱中华"登录企业应用平台,单击【财务会计】【总账】【凭证】【记账】按屏幕提示完成记账工作。

▶ 34. 财产清查

【业务描述】

2020 年 1 月 31 日,财务部牵头各部门组织财产清查,清查情况说明见附录 B"1 月份日常经济业务"(扫描二维码)表 B 34-1 材料盘亏情况说明。

【岗位说明】

仓储部"006 王宝珠"填制盘点单(审核)、审核其他出库单;财务部"003 朱中华"单据制单并记账;"002 钱坤"复核。

【操作指导】

(1)填制盘点单。仓储部"006 王宝珠"在企业应用平台中执行【业务工作】【供应链】【库存管理】【盘点业务】命令,打开【盘点单】窗口。单击【增加】按钮,选择【盘点仓库】为"原材料库",单击【盘库】按钮,修改存货"车篷"编号,盘点数量(5990 个),单击【保存】按钮,单击【审核】按钮,审核填制的盘点单,操作结果如图 6-116 所示。

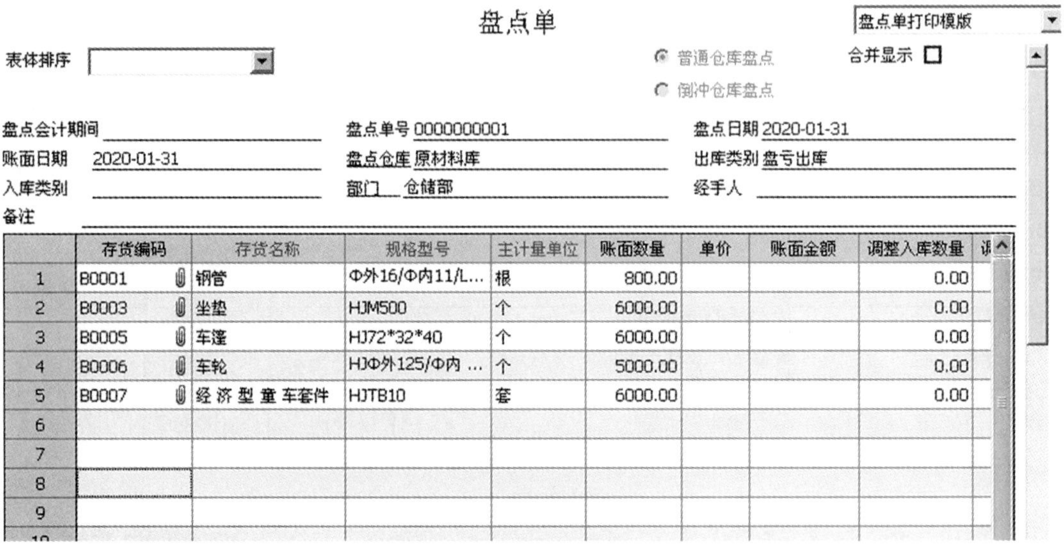

	存货编码	存货名称	规格型号	主计量单位	账面数量	单价	账面金额	调整入库数量
1	B0001	钢管	Φ外16/Φ内11/L...	根	800.00			0.00
2	B0003	坐垫	HJM500	个	6000.00			0.00
3	B0005	车篷	HJ72*32*40	个	6000.00			0.00
4	B0006	车轮	HJΦ外125/Φ内...		5000.00			0.00
5	B0007	经济型童车套件	HJTB10	套	6000.00			0.00

盘点会计期间
账面日期 2020-01-31
入库类别
备注
盘点单号 0000000001
盘点仓库 原材料库
部门 仓储部
盘点日期 2020-01-31
出库类别 盘亏出库
经手人

图 6-116 【盘点单】窗口

(2)审核其他出库单。仓储部"006 王宝珠"在企业应用平台中执行【业务工作】【供应链】【库存管理】【出库业务】【其他出库单】命令,单击【增加】按钮,录入其他出库单,单击【审核】按钮,操作结果如图6-117所示。

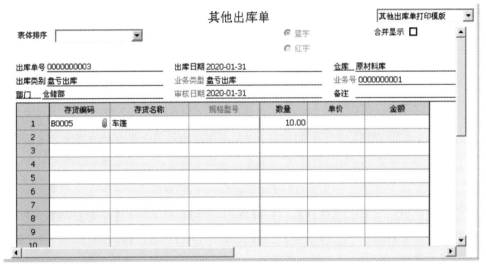

图6-117 【其他出库单】窗口

(3)单据记账。财务部"003朱中华"在企业应用平台中执行【业务工作】【供应链】【存货核算】【业务核算】【正常单据记账】命令,打开【查询条件选择】窗口,单击【确定】按钮,打开【正常单据记账列表】窗口。选择原材料库发出的【材料出库单】【其他出库单】,单击【选择】按钮,单击【记账】按钮,将原材料库的材料出库单、其他出库单记账,系统提示【记账成功】,操作结果如图6-118所示。

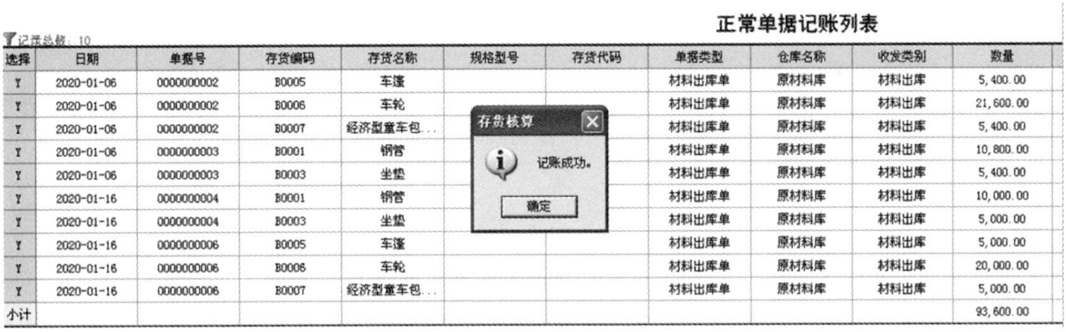

图6-118 【正常单据记账列表】窗口

(4)原材料库的材料月末处理(计算全月一次加权平均单价)。财务部"003朱中华"在企业应用平台中执行【业务工作】【供应链】【存货核算】【业务核算】【期末处理】命令,打开【期末处理-1月】窗口,选中【原材料库】。单击【处理】,打开【仓库平均单价计算表】窗口,单击【确定】按钮,返回【期末处理-1月】窗口,提示存货核算期末处理完毕,【原材料库】期末处理完毕。单击【取消】按钮,退出【期末处理-1月】窗口,操作结果如图6-119所示。

(5)财务部"003朱中华"在企业应用平台中执行【业务工作】【供应链】【存货核算】【财务

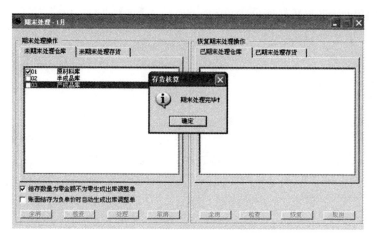

图 6-119 【期末处理——1月】窗口

核算】【生成凭证】命令,单击【选择】,打开【查询条件】窗口,单击【确定】按钮,打开【未生成凭证单据一览表】窗口,单击【选择】记录【其他出库单】,单击【确定】按钮,选择【记账凭证】,单击【生成】按钮,生成一张记账凭证,单击【保存】按钮,操作结果如图6-120所示。

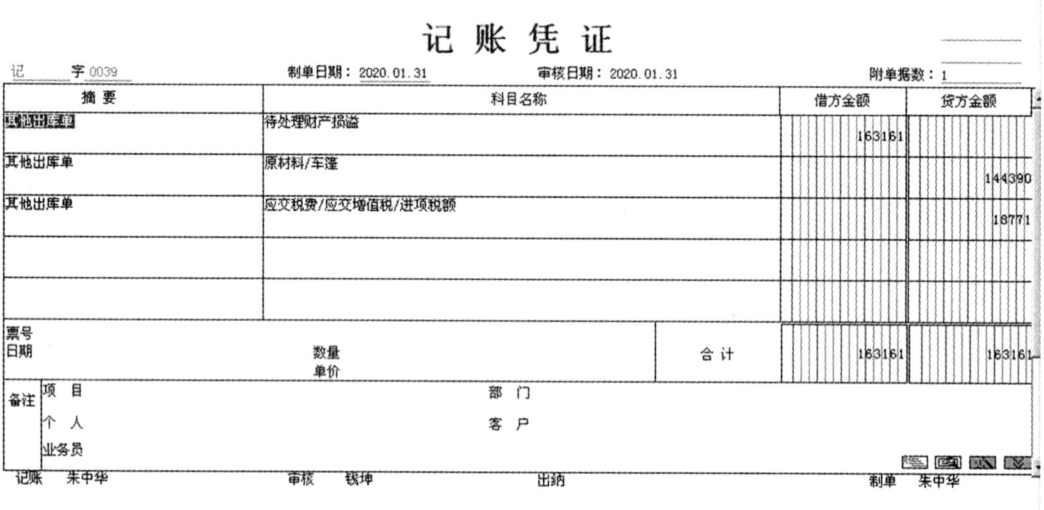

图 6-120 【记账凭证】窗口

(6)财务经理"002 钱坤"登录企业应用平台,单击【财务会计】【总账】【凭证】【主管签字】,对相关凭证审核后,单击【签字】。

(7)记账会计"003 朱中华"登录企业应用平台,单击【财务会计】【总账】【凭证】【记账】,按屏幕提示完成记账工作。

▶ 35. 盘亏处理

【业务描述】

2020年1月31日,经调查实存数短缺属于仓管员管理不善导致的,相关处理通知见附录B"1月份日常经济业务"(扫描二维码)表 B 35-1 材料盘亏处理通知单。

【岗位说明】

财务部“003 朱中华”制单、记账；“002 钱坤”复核。

【操作指导】

（1）财务部“003 朱中华”在企业应用平台中执行【业务工作】【财务会计】【总账】【凭证处理】【填制凭证】命令，打开【填制凭证】窗口，填制凭证后，单击【保存】按钮，操作结果如图 6-121 所示。

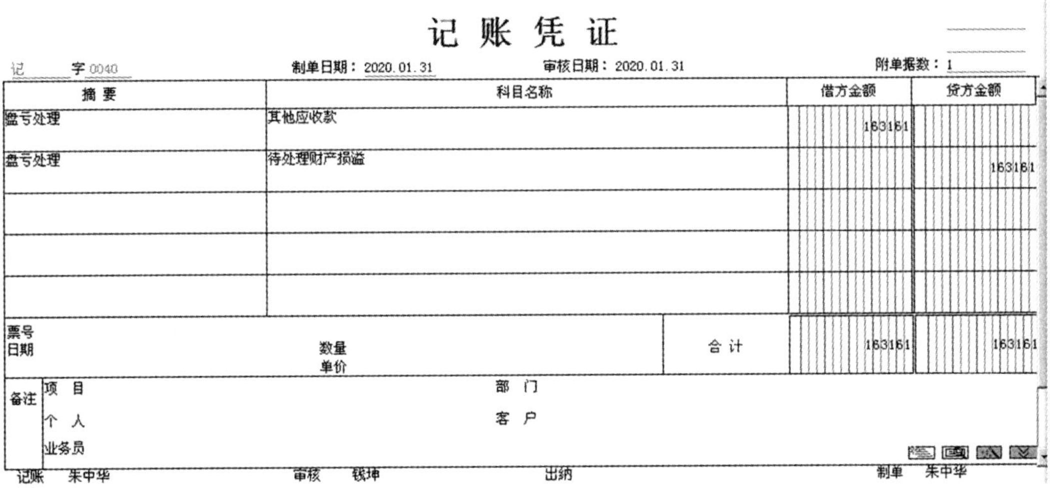

记账凭证

记　字 0040　　制单日期：2020.01.31　　审核日期：2020.01.31　　附单据数：1

摘要	科目名称	借方金额	贷方金额
盘亏处理	其他应收款	163161	
盘亏处理	待处理财产损溢		163161
票号 日期　数量 单价	合计	163161	163161

备注　项目　　部门

个人　　客户

业务员

记账　朱中华　　审核　钱坤　　出纳　　制单　朱中华

图 6-121　【记账凭证】窗口

（2）财务经理“002 钱坤”登录企业应用平台，单击【财务会计】【总账】【凭证】【主管签字】，对相关凭证审核后，单击【签字】。

（3）记账会计“003 朱中华”登录企业应用平台，单击【财务会计】【总账】【凭证】【记账】，按屏幕提示完成记账工作。

▶ 36. 计算并结转本月完工产品成本

【业务描述】

2020 年 1 月 31 日，根据公司费用成本核算规定：产品成本用品种法计算，月末不计算在产品成本。计算并结转本月完工产品成本（原材料、自制半成品使用全月一次加权平均）。

【岗位说明】

“003 朱中华”进行原材料库、半成品库、成品库的成本核算、制单；“002 钱坤”复核。

【操作指导】

（1）确认原材料库涉及的经济型车架与经济型童车的直接材料成本。财务部“003 朱中华”在企业应用平台中执行【业务工作】【供应链】【存货核算】【财务核算】【生成凭证】命令，单击【选择】按钮，打开【查询条件】窗口，单击【确定】按钮，打开【未生成凭证单据一览表】窗口，单击【选择】，选择【原材料库】发出的材料出库单，单击【确定】按钮，选择【记账凭证】，单击【生成】按钮，生成四张记账凭证，单击【保存】按钮，操作结果如图 6-122～图 6-125 所示。

记账凭证

已生成 记字 0041 制单日期：2020.01.31 审核日期：2020.01.31 附单据数：1

摘要	科目名称	借方金额	贷方金额
材料出库单	生产成本/经济型童车/直接材料	1847826.00	
材料出库单	原材料/车轮		581256.00
材料出库单	原材料/车蓬		779706.00
材料出库单	原材料/经济型童车包装套件		486864.00
	合计	1847826.00	1847826.00

备注：项目 经济型童车　部门 组装车间　个人　客户　业务员

记账 朱中华　审核 钱坤　出纳　制单 朱中华

图 6-122 【记账凭证】窗口

记账凭证

已生成 记字 0042 制单日期：2020.01.31 审核日期：2020.01.31 附单据数：1

摘要	科目名称	借方金额	贷方金额
材料出库单	生产成本/经济型车架/直接材料	1569888.00	
材料出库单	原材料/钢管		1136916.00
材料出库单	原材料/坐垫		432972.00
	合计	1569888.00	1569888.00

备注：项目 经济型车架　部门 机加车间　个人　客户　业务员

记账 朱中华　审核 钱坤　出纳　制单 朱中华

图 6-123 【记账凭证】窗口

记账凭证

已生成 记字 0043 制单日期：2020.01.31 审核日期：2020.01.31 附单据数：1

摘要	科目名称	借方金额	贷方金额
生产经济型车架	生产成本/经济型车架/直接材料	1453600.00	
生产经济型车架	原材料/钢管		1052700.00
生产经济型车架	原材料/坐垫		400900.00
	合计	1453600.00	1453600.00

备注：项目 经济型车架　部门 机加车间　个人　客户　业务员

记账 朱中华　审核 钱坤　出纳　制单 朱中华

图 6-124 【记账凭证】窗口

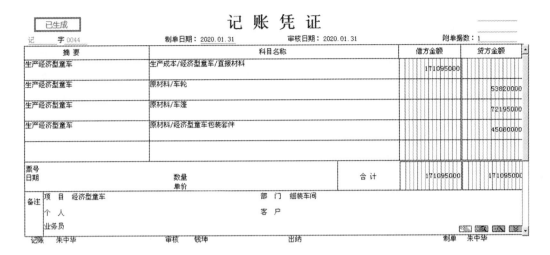

图 6-125 【记账凭证】窗口

(2) 查询"经济型童车车架"项目总账。财务部"003 朱中华"在企业应用平台中执行【总账】【账表】【项目辅助账】【项目总账】命令,打开【项目总账条件】窗口,修改【项目大类】为"生产成本核算",项目为"经济型车架",选中【包含未记账凭证】复选框,如图 6-126 所示。单击【确定】按钮,打开【经济型车架】的【项目总账】窗口,操作结果如图 6-127 所示。

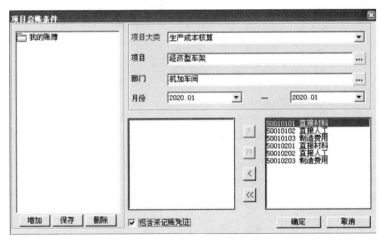

图 6-126 【项目总账条件】窗口

项目总账

科目编码	科目名称	方向	期初余额	本期借方发生	本期贷方发生	方向	期末余额
0010101	直接材料	平		3,023,488.00	3,023,488.00	平	
0010102	直接人工	平		102,312.00	102,312.00	平	
0010103	制造费用	平		66,860.75	66,860.75	平	
计		平		3,192,660.75	3,192,660.75	平	

图 6-127 【项目总账】窗口

（3）录入"经济型车架"完工自制半成品成本。财务部"003 朱中华"在企业应用平台中执行【业务工作】【供应链】【存货核算】系统，执行【业务核算】【产成品成本分配】命令，打开【产成品成本分配】窗口，单击【查询】按钮，打开【产成品成本分配表查询】窗口，选中【半成品库】，其他信息默认，单击【确定】按钮，返回【产成品成本分配】窗口，在【经济型童车车架】对应的【金额】栏录入金额，单击【分配】按钮，弹出【存货核算】窗口，提示"分配操作顺利完成！"单击【确定】按钮，退出【存货核算】窗口，关闭【产成品成本分配表】窗口，操作结果如图 6-128、图 6-129 所示。

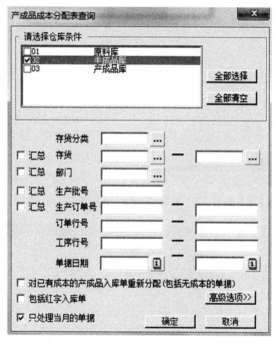

图 6-128 【产成品成本分配表查询】窗口

图 6-129 【产成品成本分配】窗口

（4）半成品库正常单据记账。财务部"003 朱中华"在企业应用平台中执行【业务工作】【供应链】【存货核算】系统，执行【业务核算】【正常单据记账】命令，打开【查询条件选择】窗口。单击【确定】按钮，打开【正常单据记账列表】窗口，单击【选择】按钮，选中【经济型童车车架】产品入库列表，单击【记账】按钮，系统提示【记账成功】，单击【确定】按钮，操作结果如图 6-130 所示，单击【退出】按钮。

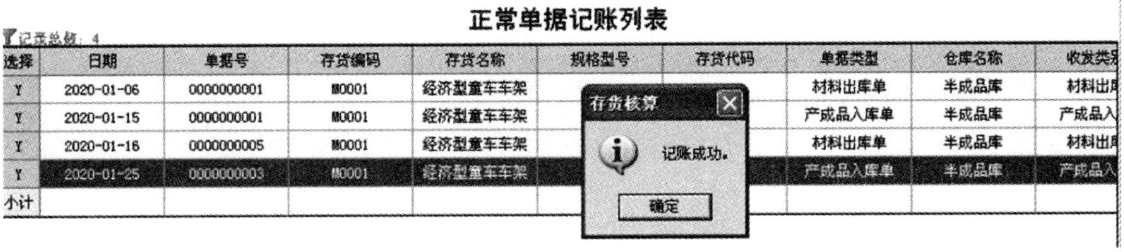

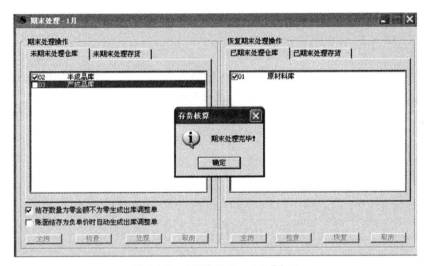

图 6-130 【正常单据记账列表】窗口

(5) 半成品库的经济型童车车架月末处理(计算全月一次加权平均单价)。财务部"003 朱中华"在企业应用平台中执行【业务工作】【供应链】【存货核算】系统,执行【期末处理】,选择【半成品库】,点击【处理】,提示"期末处理完毕!",操作结果如图 6-131 所示,点击【确定】退出。

图 6-131 【期末处理—1月】窗口

(6) 确认经济型童车车架成本以及领用车架的经济型童车的直接材料成本。财务部"003 朱中华"在企业应用平台中执行【业务工作】【供应链】【存货核算】【财务核算】【生成凭证】命令,打开【生成凭证】窗口,单击【选择】按钮,打开【查询条件】窗口,选中【产成品入库单】复选框,单击【确定】按钮或单击【全选】按钮,选中待生成凭证的信息,单击【确定】按钮,返回【生成凭证】窗口,将【对方科目编码】栏录入"经济型童车车架",在【项目大类】栏录入"00生产成本核算",在【项目编码】栏录入"经济型童车车架",单击【生成】按钮,生成记账凭证(凭证科目和金额可修改),单击【保存】按钮,凭证保存成功,操作结果如图 6-132、图 6-133 所示。同理,执行【业务工作】【供应链】【存货核算】【财务核算】【生成凭证】命令,打开【生成凭证】窗口,单击【选择】按钮,打开【查询条件】窗口,选中【材料出库单】(从半成品库出库的单据)复选框,单击【确定】按钮,选中待生成凭证信息,单击【确定】按钮,返回【生成凭证】窗口,将【对方科目】编码录入"经济型童车",【项目大类】录入"00生产成本核算",在【项目编码】录入"经济型童车",单击【生成】按钮,生成记账凭证,单击【保存】按钮,凭证保存成功。操作结果如图 6-134、图 6-135 所示。

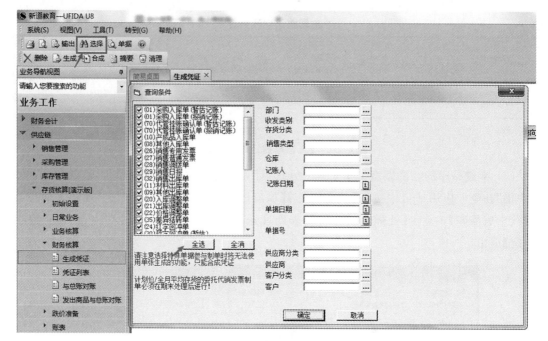

图 6-132 【查询条件】窗口

图 6-133 【记账凭证】窗口

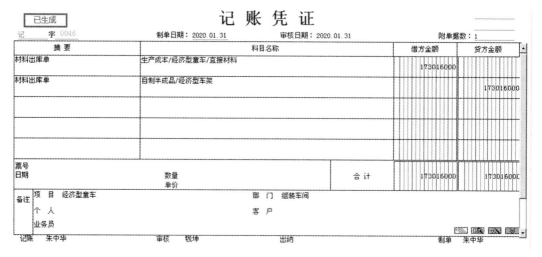

图 6-134 【记账凭证】窗口

记账凭证

摘要	科目名称	借方金额	贷方金额
生产经济型童车	生产成本/经济型童车/直接材料	160200000	
生产经济型童车	自制半成品/经济型车架		160200000
	合计	160200000	160200000

已生成　记　字 0047　制单日期：2020.01.31　审核日期：2020.01.31　附单据数：1

备注：项目 经济型童车　部门 组装车间
个人　客户
业务员

记账 朱中华　审核 钱坤　出纳　制单 朱中华

图 6-135 【记账凭证】窗口

（7）查询"经济型童车"项目总账。财务部"003 朱中华"在企业应用平台中执行【总账】【账表】【项目辅助账】【项目总账】【项目总账】命令，打开【项目总账条件】窗口，修改【项目大类】为"生产成本核算"，【项目】为"经济型童车"，选中【包含未记账凭证】复选框。单击【确定】按钮，打开"经济型童车"的【项目总账】窗口，操作结果如图 6-136、图 6-137 所示。

项目总账

项目：经济型童车　部门：组装车间

科目编码	科目名称	方向	期初余额	本期借方发生	本期贷方发生	方向	期末余额
50010201	直接材料	平		6,890,936.00	6,890,936.00	平	
50010202	直接人工	平		110,838.00	110,838.00	平	
50010203	制造费用	平		53,610.75	53,610.75	平	
合计		平		7,055,384.75	7,055,384.75	平	

图 6-136 【项目总账】窗口

项目明细账

项目：经济型童车　部门：组装车间

2020年 月 日	凭证号数	科目编码	科目名称	摘要	借方	贷方	方向	余额
01 31	记-0041	50010201	直接材料	材料出库单_组装车间	1,847,826.00		借	1,847,826.00
01 31	记-0043	50010201	直接材料	材料出库单_组装车间	1,710,950.00		借	3,558,776.00
01 31	记-0046	50010201	直接材料	材料出库单_组装车间	3,332,160.00		借	6,890,936.00
01 31	记-0047	50010201	直接材料	产成品入库单_组装车间		6,890,936.00	平	
01				当前合计	6,890,936.00	6,890,936.00	平	
01				当前累计	6,890,936.00	6,890,936.00	平	
01 31	记-0034	50010202	直接人工	计提工资_组装车间	78,000.00		借	78,000.00
01 31	记-0035	50010202	直接人工	计提公司社会保险费_组装车间	25,038.00		借	103,038.00
01 31	记-0036	50010202	直接人工	计提公司住房公积金_组装车间	7,800.00		借	110,838.00
01 31	记-0047	50010202	直接人工	产成品入库单_组装车间		110,838.00	平	
01				当前合计	110,838.00	110,838.00	平	
01				当前累计	110,838.00	110,838.00	平	
01 31	记-0038	50010203	制造费用	结转制造费用_组装车间	53,610.75		借	53,610.75
01 31	记-0047	50010203	制造费用	产成品入库单_组装车间		53,610.75	平	
01				当前合计	53,610.75	53,610.75	平	
01				当前累计	53,610.75	53,610.75	平	
				合计	7,055,384.75	7,055,384.75	平	

图 6-137 【项目明细账】窗口

（8）录入"经济型童车"完工产品成本。财务部"003 朱中华"在企业应用平台中进入【业务工作】【供应链】【存货核算】系统，执行【业务核算】【产成品成本分配】命令，打开【产成品成本分配】窗口，单击【查询】按钮，打开【产成品成本分配表查询】窗口，选中【产成品库】，其他信息默认，单击【确定】按钮，操作结果如图 6-138 所示，返回【产成品成本分配】窗口，在【经济型童车】对应的【金额】栏录入金额，单击【分配】按钮，弹出【存货核算】窗口，提示"分配操作顺利完成！"单击【确定】按钮，退出【存货核算】窗口，关闭【产成品成本分配表】窗口。

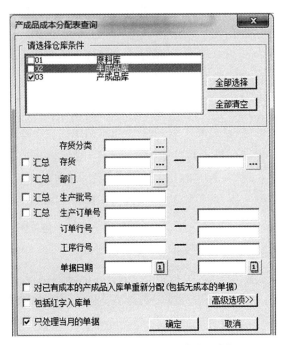

图 6-138 【产成品成本分配表查询】窗口

（9）产成品库正常单据记账。财务部"003 朱中华"在企业应用平台中进入【业务工作】【供应链】【存货核算】系统，执行【业务核算】【正常单据记账】命令，打开【查询条件选择】窗口。单击【确定】按钮，打开【正常单据记账列表】窗口（图 6-139），单击【选择】按钮，选中【经济型童车】产品入库单列表，单击【记账】按钮，跳转至【仓库平均单价计算表】，单击【确定】，系统提示"记账成功"，单击【确定】按钮，单击【退出】按钮，操作结果如图 6-140 所示。

正常单据记账列表

选择	日期	单据号	存货编码	存货名称	规格型号	存货代码	单据类型	仓库名称	收发类别
Y	2020-01-15	0000000002	P0001	经济型童车			产成品入库单	产成品库	产成品入
Y	2020-01-25	0000000004	P0001	经济型童车			产成品入库单	产成品库	产成品入
小计									

图 6-139 【正常单据记账列表】窗口

仓库:	003产成品库			1月份		平均单价查询表				
▼记录数:1										
存货编码	存货名称	存货代码	存货规格	存货单位	平均单价	结存金额	存货自由项1	存货自由项2	存货自由项3	存货自由项4
P0001	经济型童车			辆	705.20	3,809,543.15				
	小计									

图 6-140 【仓库平均单价查询表】窗口

（10）确认经济型童车成本。财务部"003 朱中华"在企业应用平台中执行【供应链】【存货核算】【财务核算】【生成凭证】命令，打开【生成凭证】窗口，单击【选择】按钮，打开【查询条件】窗口，选中【产成品入库单】(入库到产成品库的单据），单击【确定】按钮，返回【生成凭证】窗口，单击【生成】按钮，单击【保存】按钮，凭证保存成功。操作结果如图 6-141 所示。

已生成		记 账 凭 证		
记 字 0048		制单日期：2020.01.31 审核日期：2020.01.31		附单据数：2
摘 要		科目名称	借方金额	贷方金额
产成品入库单		库存商品/经济型童车	705538475	
产成品入库单		生产成本/经济型童车/直接材料		689093600
产成品入库单		生产成本/经济型童车/直接人工		11083800
产成品入库单		生产成本/经济型童车/制造费用		5361075
票号 日期		数量 10400.00000辆 单价 678.40238	合 计 705538475	705538475
备注	项 目 个 人 业务员	部 门 客 户		
记账 朱中华		审核 钱坤 出纳		制单 朱中华

图 6-141 【记账凭证】窗口

▶ 37．计算并结转本期已销产品成本

【业务描述】

2020 年 1 月 31 日，根据产品出库汇总表计算并结转本期已销产品成本，并填写发出产品计算表(月末结转成本，全月一次加权平均）。

【岗位说明】

"003 朱中华"进行结转本期已销产品成本、制单、记账；"002 钱坤"复核。

【操作指导】

（1）产成品库的经济型车架月末处理(计算全月一次加权平均单价）。财务部"003 朱中华"在企业应用平台中进入【业务工作】【供应链】【存货核算】系统，执行【期末处理】命令，选中【产成品库】，打开【查询条件选择】窗口。单击【确定】按钮，打开【正常单据记账列表】窗口，单击【处理】按钮，系统提示"期末处理完毕"，单击【确定】按钮，单击【退出】按钮，操作结果如图 6-142 所示。

（2）结转已销经济型童车主营业务成本。财务部"003 朱中华"在企业应用平台中进入【业务工作】【供应链】【存货核算】系统，执行【财务核算】【生成凭证】命令，打开【生成凭证

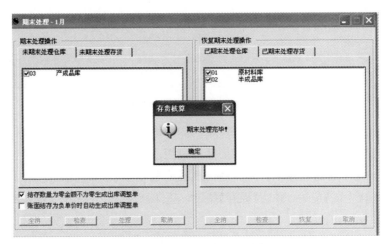

图 6-142 【期末处理—1月】窗口

窗口,单击【选择】按钮,打开【查询条件】窗口,选中票据类型【专用发票】复选框,单击【确定】按钮,选中待生成凭证的信息,如图 6-143 所示。单击【确定】按钮,返回【生成凭证】窗口,单击【生成】按钮,将【对方科目编码】栏录入"经济型童车",在【项目大类】栏录入"00 生产成本核算",在【项目编码】栏录入"经济型童车",单击【生成】按钮,生成记账凭证(凭证科目和金额可修改),操作结果如图 6-144～图 6-147 所示,单击【保存】按钮,凭证保存成功。

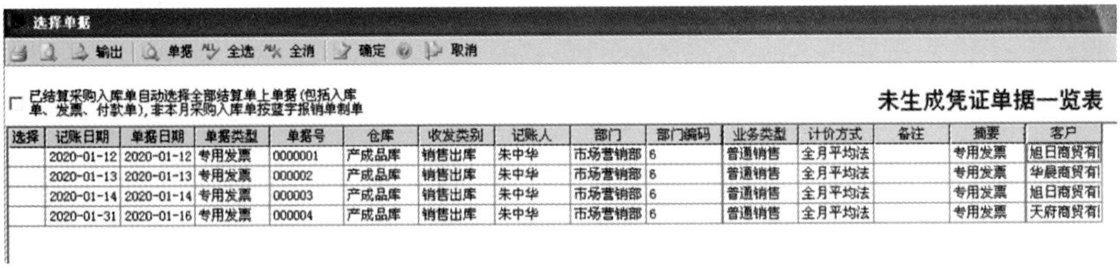

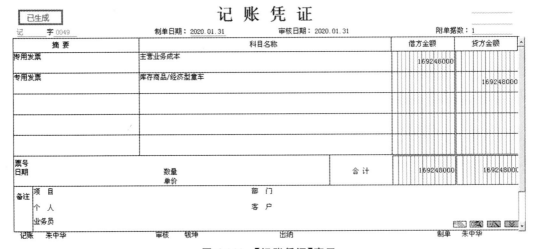

图 6-143 【选择单据】窗口

图 6-144 【记账凭证】窗口

第六章 日常经济业务处理实操

已生成		记 账 凭 证			
记 字 0050		制单日期:2020.01.31	审核日期:2020.01.31		附单据数:1
摘要		科目名称		借方金额	贷方金额
专用发票		主营业务成本		211560000	
专用发票		库存商品/经济型童车			211560000
票号日期		数量单价	合计	211560000	211560000
备注	项 目个 人业务员		部 门客 户		
记账 朱中华		审核 钱坤	出纳	制单 朱中华	

图 6-145 【记账凭证】窗口

已生成		记 账 凭 证			
记 字 0051		制单日期:2020.01.31	审核日期:2020.01.31		附单据数:1
摘要		科目名称		借方金额	贷方金额
专用发票		主营业务成本		141040	
专用发票		库存商品/经济型童车			141040
票号日期		数量单价	合计	141040	141040
备注	项 目个 人业务员		部 门客 户		
记账 朱中华		审核 钱坤	出纳	制单 朱中华	

图 6-146 【记账凭证】窗口

已生成		记 账 凭 证			
记 字 0052		制单日期:2020.01.31	审核日期:2020.01.31		附单据数:1
摘要		科目名称		借方金额	贷方金额
专用发票		主营业务成本		352600000	
专用发票		库存商品/经济型童车			352600000
票号日期		数量单价	合计	352600000	352600000
备注	项 目个 人业务员		部 门客 户		
记账 朱中华		审核 钱坤	出纳	制单 朱中华	

图 6-147 【记账凭证】窗口

(3)"002 钱坤"对尚未审核的凭证完成审核。

(4)"003 朱中华"按要求完成凭证记账。

▶ 38. 计算本月应交增值税、结转本月应交未交增值税

【业务描述】

2020 年 1 月 31 日，计算本月应交增值税，并结转本月应交未交增值税（表 6-2）。

表 6-2 结转未交增值税

摘要	方向	会计科目编码	金额公式
结算未交增值税	借	应交增值税——转出未交增值税 22210106	取应交税费——应交增值税（222101）的期末余额
	贷	未交增值税 222104	JG( )

【岗位说明】

"003 朱中华"设置自定义转账凭证、记账；"002 钱坤"复核。

【操作指导】

(1)自定义结转税费转账凭证。在总账管理系统中，执行【总账】【期末】【转账定义】【自定义转账】命令，打开【自定义转账】窗口，单击【增加】按钮，打开【转账目录】窗口，输入转账序号"001"，在转账说明栏录入"结转未交增值税"，凭证类别选择【记账凭证】，单击【确定】按钮，返回【自定义转账设置】窗口，单击【增行】按钮，在第一条分录的科目编码栏录入"22210106"；在借、贷栏选择【借】，在金额公式栏，单击参照按钮，选择【期末余额】，单击【下一步】按钮，打开【公式向导】窗口，修改【科目】为"222101"，其他条件默认。单击【完成】按钮，返回【自定义转账设置】窗口，继续单击【增行】按钮，在第二条分录的科目编码栏录入"222104"；在借贷方向栏选择【贷】，在金额公式栏直接录入"JG( )"，单击【保存】按钮，操作结果如图 6-148 所示。

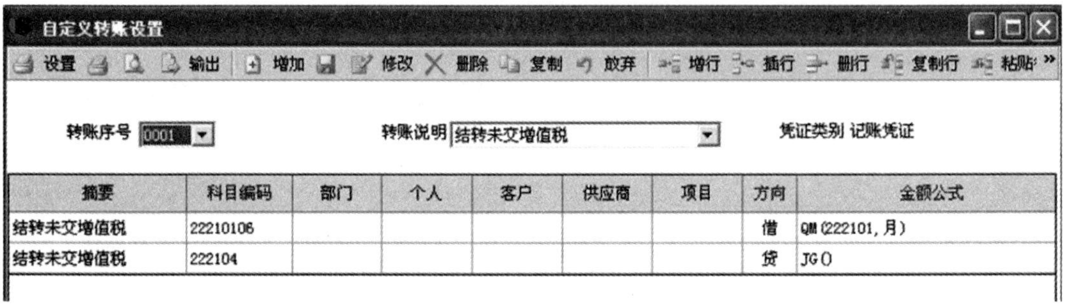

图 6-148 【自定义转账设置】窗口

(2)生成结转税费会计凭证。"003 朱中华"在总账管理系统中，执行【总账】【期末】【转账生成】【自定义转账】命令，选择自定义转账"2020.01"，选中【是否结转】，点击【确定】，如图 6-149 所示。生成转账凭证，凭证科目和金额可修改。操作结果如图 6-150 所示。

(3)"002 钱坤"对尚未审核的凭证完成审核。

(4)"003 朱中华"按要求完成凭证记账。

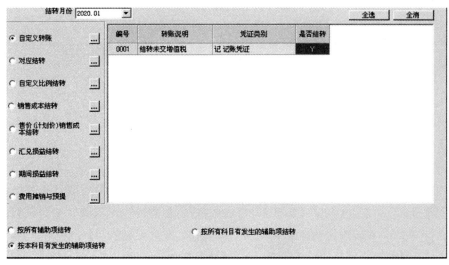

图 6-149 【转账生成】窗口

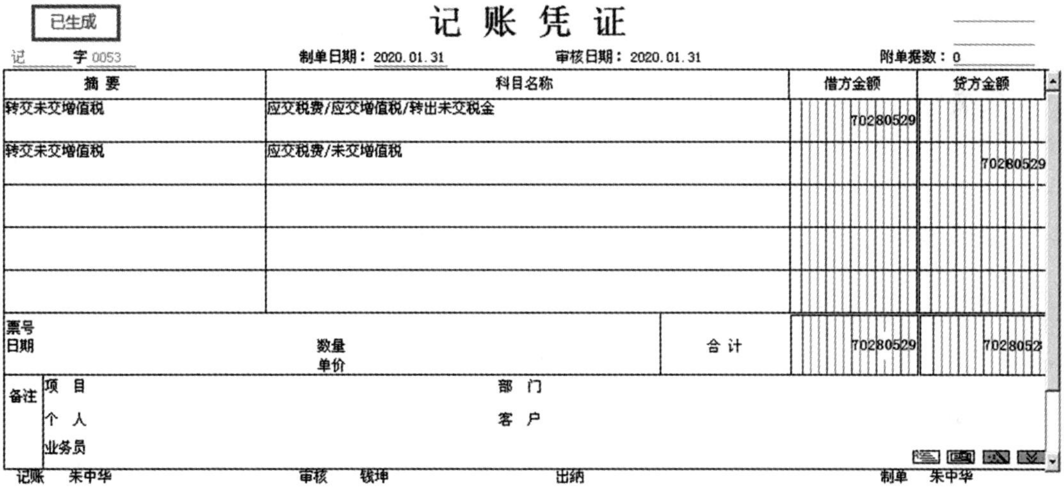

图 6-150 【记账凭证】窗口

▶ 39. 计算本月应交城市维护建设税、教育费附加

【业务描述】

2020 年 1 月 31 日,根据本月应交增值税计算本月应交城市维护建设税(简称城建税)、教育费附加,如表 6-3、表 6-4 所示。

表 6-3 计提城建税

摘 要	方 向	会计科目编码	金额公式
计提城建税	借	营业税金及附加 6403	未交增值税(222104)*0.07
	贷	应交城建税 222105	JG()借方余额

表 6-4　计提教育费附加

摘　　要	方　向	会计科目编码	金　额　公　式
计提教育费附加	借	营业税金及附加 6403	未交增值税（222104）* 0.03
	贷	应交教育费附加 222106	JG( )借方余额

【岗位说明】

"003 朱中华"设置自定义转账凭证、记账；"002 钱坤"复核。

【操作指导】

（1）自定义结转城建税转账凭证。在总账管理系统中，执行【总账】【期末】【转账定义】【自定义转账】命令，打开【自定义转账】窗口，单击【增加】按钮，打开【转账目录】窗口，输入转账序号"002"，在转账说明栏录入"计提城建税"，凭证类别选择【记账凭证】，单击【确定】按钮，返回【自定义转账设置】窗口，单击【增行】按钮，在第一条分录的科目编码栏录入"6403"；在借、贷栏选择【借】，在金额公式栏，单击参照按钮，选择【贷方发生额】，单击【下一步】按钮，打开【公式向导】窗口，修改【科目】为"未交增值税的期末余额 * 0.07"，其他条件默认。单击【完成】按钮，返回【自定义转账设置】窗口，继续单击【增行】按钮，在第二条分录的科目编码栏录入"应交城建税"；在借贷方向栏选择【贷】，在金额公式栏直接录入"JG( )"，单击【保存】按钮，操作结果如图 6-151 所示。

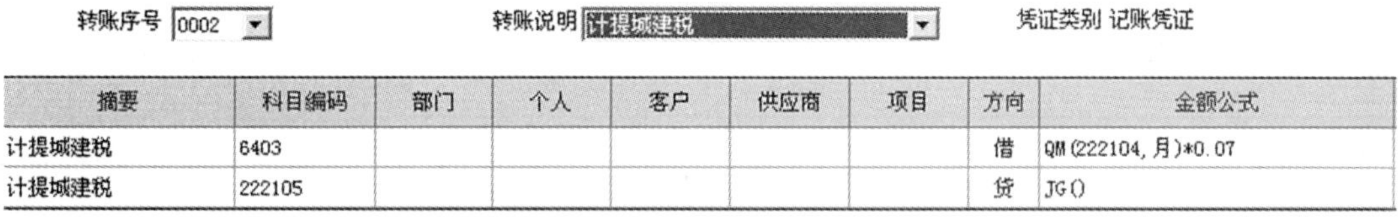

摘要	科目编码	部门	个人	客户	供应商	项目	方向	金额公式
计提城建税	6403						借	QM(222104,月)*0.07
计提城建税	222105						贷	JG( )

转账序号 0002　　转账说明 计提城建税　　凭证类别 记账凭证

图 6-151　【自定义转账设置】窗口

（2）自定义结转教育费附加转账凭证。在总账管理系统中，执行【总账】【期末】【转账定义】【自定义转账】命令，打开【自定义转账】窗口，单击【增加】按钮，打开【转账目录】窗口，输入转账序号"003"，在转账说明栏录入"计提教育费附加"，凭证类别选择【记账凭证】，单击【确定】按钮，返回【自定义转账设置】窗口，单击【增行】按钮，在第一条分录的科目编码栏录入"6403"；在借、贷栏选择【借】，在金额公式栏，单击参照按钮，选择【贷方发生额】，单击【下一步】按钮，打开【公式向导】窗口，修改【科目】为"未交增值税的期末余额 * 0.03"，其他条件默认。单击【完成】按钮，返回【自定义转账设置】窗口，继续单击【增行】按钮，在第二条分录的科目编码栏录入"应交城建税"；在借贷方向栏选择【贷】，在金额公式栏直接录入"JG( )"，单击【保存】按钮，操作结果如图 6-152 所示。

（3）生成结转税费会计凭证，在总账管理系统中，"003 朱中华"执行【总账】【期末】【转账生成】命令，打开【转账生成】窗口，选择【自定义转账】单选框。在【结转未交增值税】栏对应的【是否结转】栏双击出现"Y"标记，单击【确定】按钮，生成凭证，如图 6-153 所示。单击【保存】按钮，凭证保存成功。

摘要	科目编码	部门	个人	客户	供应商	项目	方向	金额公式
计提教育费附加	6403						借	QM(222104,月)*0.03
计提教育费附加	222106						贷	JG()

图 6-152 【自定义转账设置】窗口

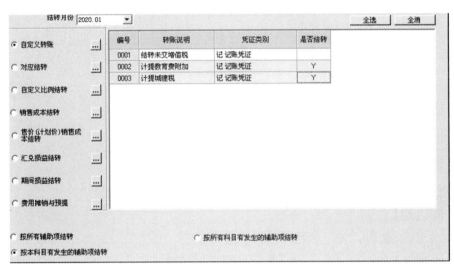

图 6-153 【转账生成】窗口

（4）"002 钱坤"对尚未审核的凭证完成审核；"003 朱中华"完成凭证记账，操作结果如图 6-154、图 6-155 所示。依次完成城建税和教育费附加的计提。

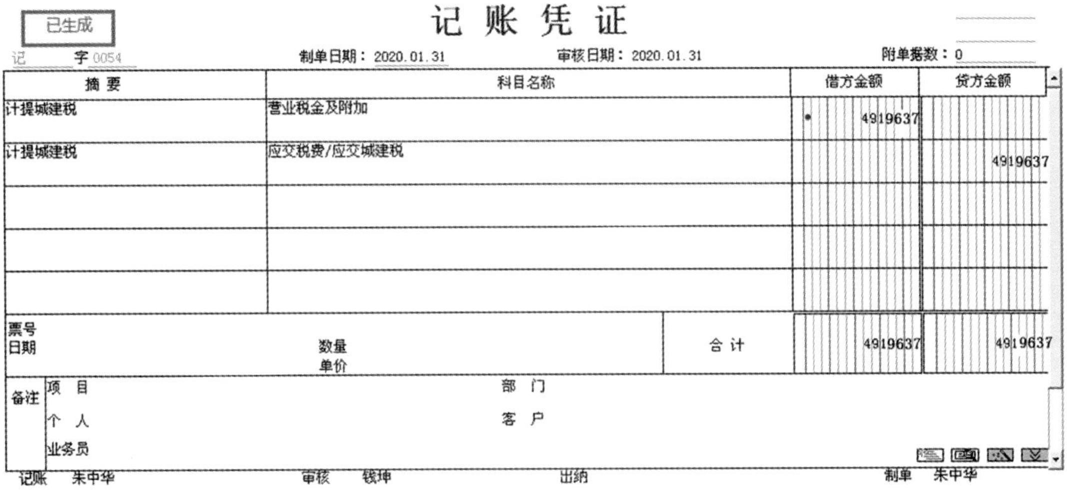

摘要	科目名称	借方金额	贷方金额
计提城建税	营业税金及附加	4919637	
计提城建税	应交税费/应交城建税		4919637
	合计	4919637	4919637

图 6-154 【记账凭证】窗口

（5）"002 钱坤"对尚未审核的凭证完成审核。

（6）"003 朱中华"按要求完成凭证记账。

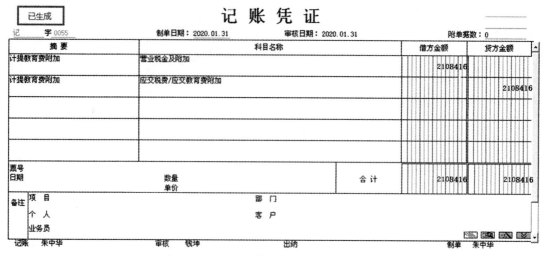

图 6-155 【记账凭证】窗口

▶ 40. 将本月各损益类账户发生额结转到本年利润账户

【业务描述】

2020年1月31日，结转本月各损益类账户发生额到本年利润账户。

【岗位说明】

"003 朱中华"制单；"002 钱坤"复核。

【操作指导】

（1）设置结转期间损益转账凭证。"003 朱中华"执行【总账】【期末】【转账定义】【期间损益】命令，打开【期间损益结转设置】窗口。选择凭证类别为【记账凭证】，在【本年利润】科目栏输入"4103"单击【确定】按钮，完成【期间损益结转设置】，操作结果如图 6-156 所示。

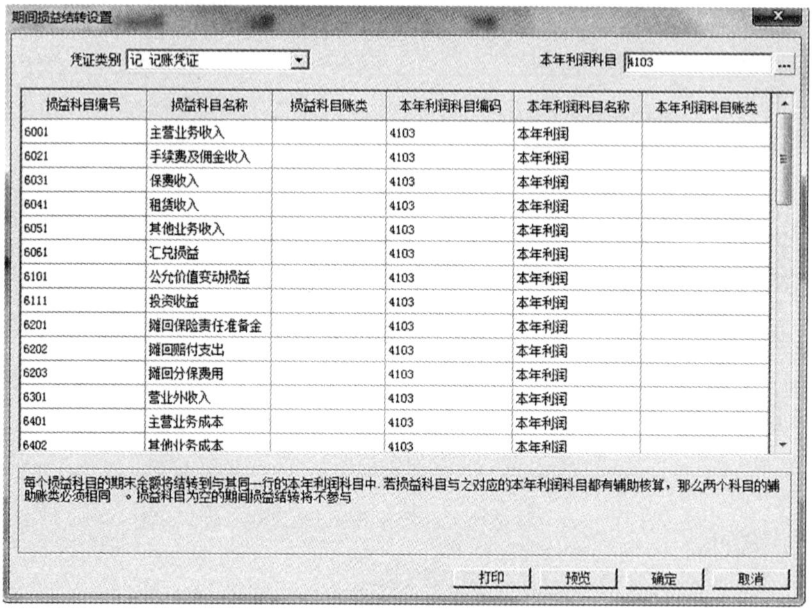

图 6-156 【期间损益结转设置】窗口

（2）结转期间损益。“003 朱中华”执行【财务会计】【总账】【期末】【转账生成】命令，打开【转账生成】窗口，选择【期间损益】单选框。在【类型】栏选择【收入】，单击【全选】按钮，单击【确定】按钮，生成结转损益收入的凭证，关闭【凭证】窗口。在【类型】栏选择【支出】，单击【全选】按钮，系统提示“2020 年 01 月或之前未记账的凭证，是否继续结转？”单击【是】按钮，生成结转损益支出的凭证。

（3）“002 钱坤”对尚未审核的凭证完成审核；“003 朱中华”完成凭证记账，操作结果如图 6-157 所示。

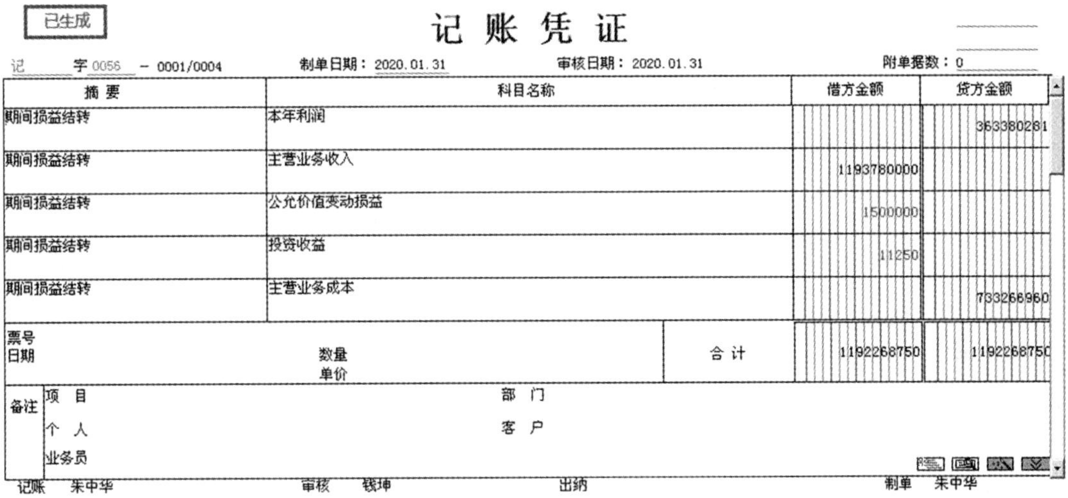
已生成

记 账 凭 证

记 字 0056 － 0001/0004　制单日期：2020.01.31　审核日期：2020.01.31　附单据数：0

摘要	科目名称	借方金额	贷方金额
期间损益结转	本年利润		363380281
期间损益结转	主营业务收入	1193780000	
期间损益结转	公允价值变动损益	1500000	
期间损益结转	投资收益	11250	
期间损益结转	主营业务成本		733266960
票号 日期	数量 单价　合计	1192268750	1192268750

备注　项目　部门　个人　客户　业务员

记账 朱中华　审核 钱坤　出纳　制单 朱中华

图 6-157 【记账凭证】窗口

▶ 41. 计提并结转所得税费用

【业务描述】

2020 年 1 月 31 日，自定义所得税费用转账，并结转本月企业所得税，审核记账。计提企业所得税如表 6-5 所示。

表 6-5　计提企业所得税

摘　　要	方　　向	会计科目编码	金额公式
结算未交增值税	借	所得税费用 6801	[(本年利润 4103 贷方发生额)－(本年利润 4103 借方发生额)] * 0.25
	贷	应交企业所得税 222103	JG( )借方余额

【岗位说明】

“003 朱中华”自定义所得税费用、计提所得税费用、结转所得税费用的会计凭证；“002 钱坤”审核凭证；“003 朱中华”完成凭证记账。

【操作指导】

（1）自定义结转所得税费用转账凭证。“003 朱中华”在总账管理系统中，执行【总账】【期末】【转账定义】【自定义转账】命令，打开【自定义转账】窗口，单击【增加】按钮，打开

【转账目录】窗口，输入转账序号"004"，在转账说明栏录入"计提企业所得税"，凭证类别选择【记账凭证】，单击【确定】按钮；返回【自定义转账设置】窗口，单击【增行】按钮，在第一条分录的科目编码栏录入"6801"，在借、贷栏选择【借】，在金额公式栏，单击参照按钮，输入"(FS(4103，月，借)－FS(4103，月，贷))*0.25"，单击【保存】按钮；继续单击【增行】按钮，在第二条分录的科目编码栏录入"计提企业所得税"，在借贷方向栏选择【贷】，在金额公式栏直接录入"JG()"，单击【保存】按钮，操作结果如图6-158所示。

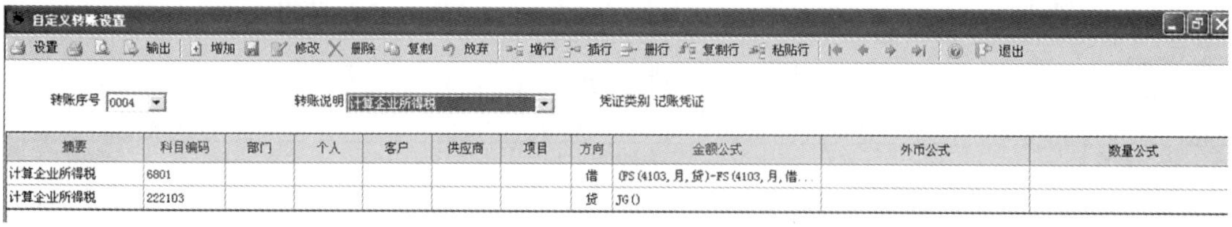

图6-158 【自定义转账设置】窗口

（2）计提并结转企业所得税。"003 朱中华"执行【总账】【期末】【转账生成】命令，打开【转账生成】窗口，选择【自定义转账】单选框。在【计提企业所得税】栏对应的【是否结转】栏双击出现"Y"标记，单击【确定】按钮，生成凭证，单击【保存】按钮，凭证保存成功，操作结果如图6-159、图6-160所示。

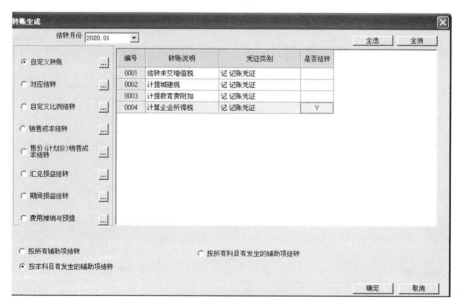

图6-159 【转账生成】窗口

（3）结转所得税费用。"003 朱中华"执行【财务会计】【总账】【期末】【转账生成】命令，打开【转账生成】窗口，选择【期间损益】单选框。在【类型】栏选择【全部】，单击【6801 所得税费用】按钮，如图6-161所示。系统提示"2020.01月或之前未记账的凭证，是否继续结转？"，单击【是】按钮，生成结转损益支出的凭证。

（4）"002 钱坤"对尚未审核的凭证完成审核；"003 朱中华"完成凭证记账，操作结果如图6-162所示。

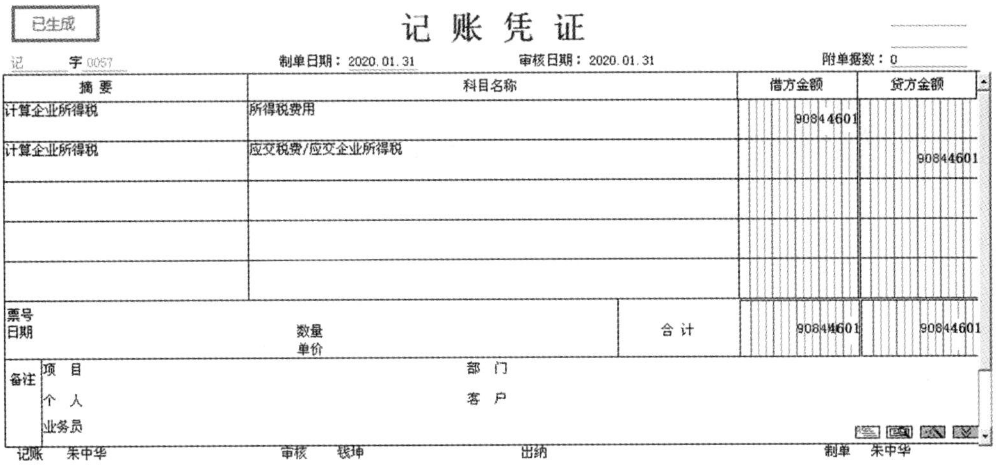

图 6-160 【记账凭证】窗口

图 6-161 【转账生成】窗口

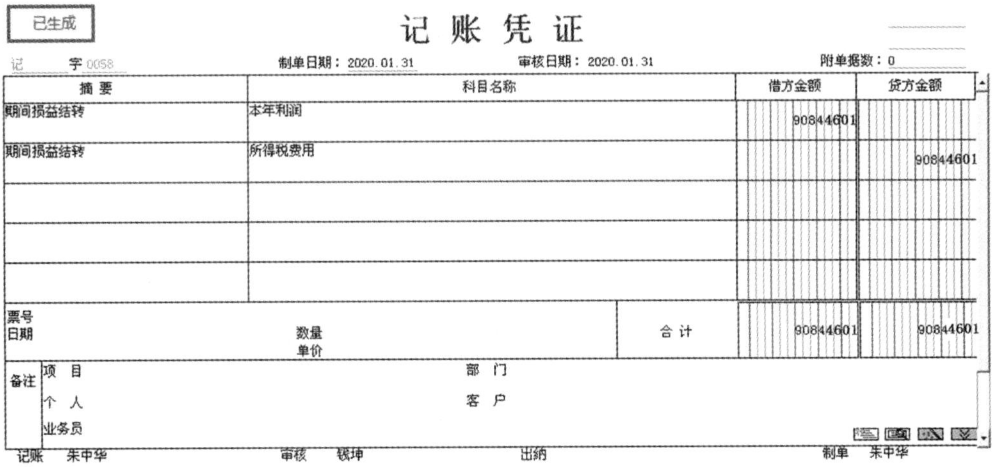

图 6-162 【记账凭证】窗口

第七章　期末会计事项处理实操

第一节　结账对账

一、子系统期末结账

▶ 1. 采购管理系统结转

【业务描述】

2020年1月31日，"010付海生"完成采购管理系统结账。

【岗位说明】

"010付海生"完成采购管理系统结账。

【操作指导】

在采购管理系统中，"010付海生"执行【月末结账】命令，打开【结账】窗口，选中【会计月份】为"1"，单击【结账】，打开【月末结账】窗口，单击【否】按钮，完成采购管理系统结账，操作结果如图7-1所示。

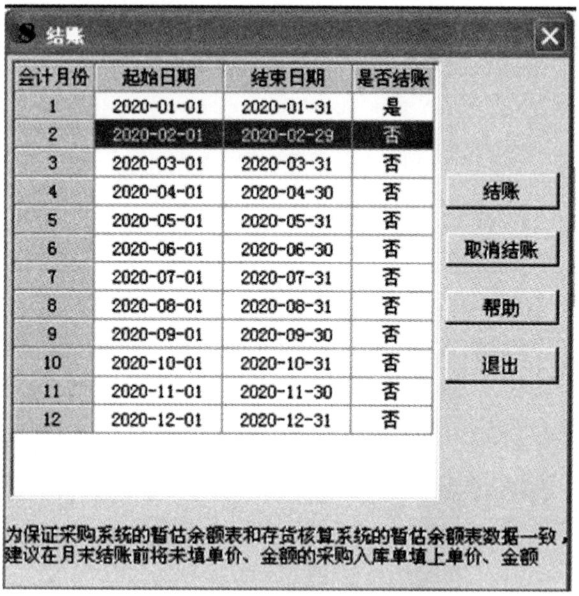

图7-1　采购管理系统【结账】窗口

▶ 2.销售管理系统结账

【业务描述】

2020年1月31日,"007马博"完成销售管理系统结账。

【岗位说明】

"007马博"完成销售管理系统结账。

【操作指导】

在销售管理系统中,"007马博"执行【月末结账】命令,打开【结账】窗口,选中【会计月份】为"1",单击【结账】,打开【月末结账】窗口,单击【否】按钮,完成销售管理系统结账,操作结果如图7-2所示。

图7-2 销售管理系统【结账】窗口

▶ 3.库存管理系统结账

【业务描述】

2020年1月31日,"006王宝珠"完成库存管理系统结账。

【岗位说明】

"006王宝珠"完成库存管理系统结账。

【操作指导】

在库存管理系统中,"006王宝珠"执行【月末结账】命令,打开【结账】窗口,选中【会计月份】为"1",单击【结账】,打开【库存管理】窗口,系统提示"库存启用月份结账后将不能修改期初数据,是否继续结账?"单击【是】按钮,完成库存管理系统结账,操作结果如图7-3所示,单击【退出】按钮。

图 7-3 库存管理系统【结账】窗口

▶ 4. 存货核算系统月末处理与结账

【业务描述】

2020年1月31日,"003朱中华"完成存货核算系统月末处理与结账。

【岗位说明】

"003朱中华"完成存货核算系统月末处理与结账。

【操作指导】

在存货核算系统中,"003朱中华"执行【业务核算】【月末结账】命令,打开【结账】窗口,单击【月末检测】按钮,系统提示"检测成功!"单击【确定】按钮,退出【存货核算】窗口,单击【结账】按钮,系统提示"月末结账完成!"单击【确定】按钮,操作结果如图7-4所示,退出【结账】窗口。

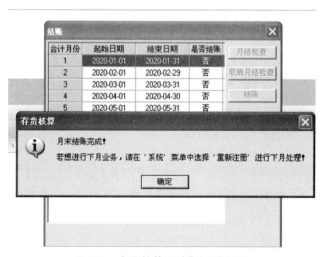

图 7-4 存货核算系统【结账】窗口

▶ 5. 应收款管理系统月末结账

【业务描述】

2020年1月31日,"003朱中华"完成应收款管理系统月末结账。

【岗位说明】

"003朱中华"完成应收款管理系统月末结账。

【操作指导】

在应收款管理系统中,"003朱中华"执行【期末处理】【月末结账】命令,打开【月末处理】窗口,双击选中"1月份记账标志",单击【下一步】,系统提示单据【处理情况】,所有单据均已处理完毕,单击【完成】按钮,系统提示"1月份结账成功",单击【确定】按钮,操作结果如图7-5所示,退出应收款管理【月末结账】窗口。

图 7-5　应收款管理系统【月末结账——月末处理】窗口

▶ 6. 应付款管理系统月末结账

【业务描述】

2020年1月31日,"003朱中华"完成应付款管理系统月末结账。

【岗位说明】

"003朱中华"完成应付款管理系统月末结账。

【操作指导】

在应付款管理系统中,"003朱中华"执行【期末处理】【月末结账】命令,打开【月末处理】窗口。双击选中"1月份记账标志",单击【下一步】,系统提示单据【处理情况】,所有单据均已处理完毕,单击【完成】按钮,系统提示"1月份结账成功",单击【确定】按钮,操作结果如图7-6所示,退出应付款管理【月末结账】窗口。

▶ 7. 固定资产管理系统月末结账

【业务描述】

2020年1月31日,"003朱中华"完成固定资产管理系统月末结账。

图 7-6 应付款管理系统【月末结账——月末处理】窗口

【岗位说明】

"003 朱中华"完成固定资产管理系统月末结账。

【操作指导】

在固定资产管理系统中,"003 朱中华"执行【固定资产】【处理】【月末结账】命令,打开【月末结账】窗口,单击【开始结账】命令,弹出【与账务对账结果】对话框,操作结果如图 7-7 所示,单击【确定】命令,系统提示"月末结账成功完成!"如图 7-8 所示,单击【确定】按钮,系统提示"本账套最新可修改日期已经更改为 2020-02-01,而您现在的登录日期为 2020-01-31,您不能对此账套的任何数据进行修改!"如图 7-9 所示。

图 7-7 固定资产管理系统【与财务对账结果】窗口

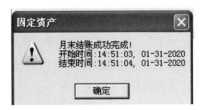

图 7-8 固定资产管理系统【月末结账】窗口

图 7-9　固定资产管理系统【结账】提示窗口

▶ 8. 薪资管理系统月末结账

【业务描述】

2020 年 1 月 31 日,"003 朱中华"办理薪资管理系统月末结账。

【岗位说明】

"003 朱中华"完成薪资管理系统月末结账。

【操作指导】

在薪资管理系统中,"003 朱中华"执行【业务处理】【月末处理】命令,打开【月末处理】窗口,单击【确定】按钮,系统提示"月末处理之后,本月工资将不许变动!继续月末处理吗?"操作结果如图 7-10 所示,单击【是】按钮,系统继续提示"是否选择清零?"单击【是】按钮,打开【选择清零项目】窗口,选择需要清零的项目【缺勤扣款】【缺勤天数】【代扣税】,单击【确定】按钮,系统提示"月末处理完毕!"操作结果如图 7-11 所示。

图 7-10　薪资管理系统【月末处理】窗口

图 7-11　薪资管理系统【月末处理】提示窗口

二、总账管理系统与子系统期末对账

▶ 1. 与应收款管理系统对账

【业务描述】

2020 年 1 月 31 日,"003 朱中华"完成应收款管理系统与总账对账。

【岗位说明】

"003 朱中华"完成应收款管理系统与总账对账。

【操作指导】

在应收款管理系统中，“003 朱中华”执行【应收款管理】【账表管理】【业务账表】【与总账对账】命令，打开【对账条件】窗口，所有条件默认，单击【确定】按钮，弹出【与总账对账结果】窗口，显示与对账结果平衡。操作结果如图 7-12 所示。

金额式

与总账对账结果

对账不平

日期：2020-01-01至2020-01-31

客户		币种	应收系统				
编号	名称		期初本币	借方本币	贷方本币	期末本币	期初本币
1	旭日商贸有限公司	人民币		2,980,714.00	2,980,714.00		
4	天府商贸有限公司	人民币		6,780,000.00	6,780,000.00		
	合计			9,760,714.00	9,760,714.00		

图 7-12　应收款管理系统【与总账对账结果】窗口

▶ 2. 与应付款管理系统对账

【业务描述】

2020 年 1 月 31 日，“003 朱中华”完成应付款管理系统与总账对账。

【岗位说明】

“003 朱中华”完成应付款管理系统与总账对账。

【操作指导】

在应付款管理系统中，“003 朱中华”执行【应付款管理】【账表管理】【业务账表】【与总账对账】命令，打开【对账条件】窗口，所有条件默认，单击【确定】按钮，弹出【与总账对账结果】窗口，显示与对账结果平衡，操作结果如图 7-13 所示。

金额式

与总账对账结果

对账不平

日期：2020-01-01至2020-0

供应商		应付系统			总账系统			
编号	名称	借方本币	贷方本币	期末本币	期初本币	借方本币	贷方本币	期末本币
3	思远工贸有限公司	3,836,655.10	3,836,655.10			3,836,655.10	3,836,655.10	
5	隆飞物流有限公司	4,905.00	4,905.00			4,905.00	4,905.00	
6	完美物业有限公司	58,079.30	49,986.12	49,986.12	58,079.30	58,079.30	49,986.12	49,986.12
	合计	3,899,639.40	3,891,546.22	49,986.12	58,079.30	3,899,639.40	3,891,546.22	49,986.12

图 7-13　应付款管理系统【与总账对账结果】窗口

▶ 3. 与固定资产管理系统对账

【业务描述】

2020 年 1 月 31 日，“003 朱中华”完成固定资产管理系统与总账对账。

【岗位说明】

“003 朱中华”完成固定资产管理系统与总账对账。

【操作指导】

在固定资产管理系统中，财务部“003 朱中华”执行【固定资产】【处理】【对账】，打开【与账务对账结果】窗口，系统提示“结果：平衡”，单击【确定】按钮，退出【与账务对账结果】窗口，操作结果如图 7-14 所示。

图 7-14　固定资产管理系统【与账务对账结果】窗口

▶ 4．总账对账

【业务描述】

2020 年 1 月 31 日，"002 钱坤"完成总账对账。

【岗位说明】

"002 钱坤"完成总账对账。

【操作指导】

在总账管理系统中，"002 钱坤"执行【总账】【期末】【对账】命令，打开【对账】窗口，单击【试算】按钮，系统显示"试算结果平衡"，单击【确定】按钮，退出【2020.01 试算平衡表】窗口（图 7-15），单击【检查】按钮，系统提示"总账、辅助账、多辅助账、凭证数据正确！"（图 7-16）单击【确定】按钮，选中【检查科目档案辅助项与账务数据的一致性】【总账与明细账】【总账与辅助账】及【辅助账与明细账】复选框（图 7-17），单击【选择】按钮，激活【对账】菜单，单击【对账】按钮，系统完成对账，查看对账结果。

图 7-15　总账对账【2020.01 试算平衡表】窗口

图 7-16　总账对账【总账】窗口

图 7-17　总账对账【对账】窗口

三、总账管理系统结账

【业务描述】

2020年1月31日,"002钱坤"完成总账结账。

【岗位说明】

"002钱坤"完成总账结账。

【操作指导】

在总账管理系统中,"002钱坤"执行【总账】【期末】【结账】命令,打开【结账】窗口,系统默认【2020.01】,单击【下一步】,打开【结账—开始结账】窗口,单击【对账】按钮,显示【核对2020年01月账簿】,单击【下一步】,打开【结账—核对账簿】窗口,显示【2020年01月工作报告】(图7-18),单击【下一步】,打开【结账—月度工作报告】窗口,系统提示"2020年01月工作检查完成,可以结账",单击【结账】按钮,总账结账完成。

图 7-18　总账管理系统【结账】窗口

第二节 报表生成

一、生成资产负债表

【业务描述】

2020年1月31日,"002钱坤"利用报表模板生成本月资产负债表。

【岗位说明】

"002钱坤"生成本月资产负债表。

【操作指导】

(1)在企业应用平台中,"002钱坤"执行【财务会计】【UFO报表】命令,打开【UFO报表】,系统提示【日积月累】,单击【关闭】按钮。单击【新建】按钮,打开一张空白表页,执行【格式】【报表模板(M)】命令,打开【报表模板】窗口,在【您所在的行业】栏,选择"2007年新会计制度科目",在【财务报表】栏选择"资产负债表",操作结果如图7-19所示。

图7-19 资产负债表【报表模板】窗口

(2)单击【确认】按钮,系统提示"模板格式将覆盖本表格式!是否继续?"单击【确定】按钮,操作结果如图7-20所示。

图7-20 "是否继续"提示窗口

(3)生成资产负债表模板,此时报表为【格式】状态。在A3【编制单位:】单元格录入"城科童飞制造有限公司"。将报表从【格式】状态切换到【数据】状态,执行【数据】【关键字】【录入关键字】命令,打开【录入关键字】窗口,录入"2020年1月31日",单击【确认】按钮,系统提示"是否重算第1页?"单击【是】按钮,系统自动计算资产负债表各项目数据,操作结果如图7-21所示。

(4)单击【保存】按钮,将资产负债表以"资产负债表.rep"命名,保存到"我的文档"里,如图7-22所示。

资产	行次	期末余额	年初余额	负债和所有者权益	行次	期末余额	年初余额
流动资产：				流动负债：			
货币资金	1	15,571,396.61	10,020,000.00	短期借款	32	500,000.00	
交易性金融资产	2	60,000.00		交易性金融负债	33		
应收票据	3			应付票据	34		
应收账款	4			应付账款	35	49,986.12	58,079.30
预付款项	5			预收款项	36		
应收利息	6			应付职工薪酬	37	376,961.55	377,275.50
应收股利	7			应交税费	38	1,681,845.78	204,413.79
其他应收款	8	3,631.61		应付利息	39	2,083.33	
存货	9	7,645,366.00	9,372,348.00	应付股利	40		
一年内到期的非流动资产	10			其他应付款	41		
其他流动资产	11			一年内到期的非流动负债	42		
流动资产合计	12	23,280,394.22	19,392,348.00	其他流动负债	43		
非流动资产：				流动负债合计	44	2,610,876.78	639,768.59
可供出售金融资产	13			非流动负债：			
持有至到期投资	14			长期借款	45		
长期应收款	15			应付债券	46		
长期股权投资	16			长期应付款	47		
投资性房地产	17			专项应付款	48		
固定资产	18	26,313,200.00	25,504,800.00	预计负债	49		
在建工程	19			递延所得税负债	50		
工程物资	20			其他非流动负债	51		
固定资产清理	21			非流动负债合计	52		
生产性生物资产	22			负债合计	53	2610876.78	639768.59
油气资产	23			所有者权益（或股东权益）：			
无形资产	24			实收资本（或股本）	54	35,000,000.00	35,000,000.00
开发支出	25			资本公积	55		
商誉	26			减：库存股	56	演示数据	
长期待摊费用	27			盈余公积	57	338,608.01	338,608.01
递延所得税资产	28			未分配利润	58	11,644,109.43	8,918,771.40
其他非流动资产	29			所有者权益（或股东权益）	59	46,982,717.44	44,257,379.41
非流动资产合计	30	26313200.00	25504800.00				
资产总计	31	49593594.22	44897148.00	和所有者权益（或股东权益）	60	49,593,594.22	44,897,148.00

图 7-21 【资产负债表】窗口

图 7-22 资产负债表【另存为】窗口

二、生成利润表

【业务描述】

2020年1月31日，"002 钱坤"利用报表模板生成本月利润表。

【岗位说明】

"002 钱坤"生成本月利润表。

【操作指导】

（1）在企业应用平台中，"002 钱坤"执行【财务会计】【UFO 报表】命令，打开【UFO 报表】，系统提示【日积月累】，单击【关闭】按钮，单击【新建】按钮，打开一张空白表页，执行【格式】【报表模板(M)】命令，打开【报表模板】窗口，在【您所在的行业】栏选择【2007 年新会计制度科目】,在【财务报表】栏选择【利润表】,操作结果如图 7-23 所示,单击【确认】按钮,系统提示"模板格式将覆盖本表格式!是否继续?"单击【确定】按钮。

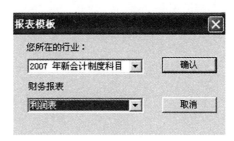

图 7-23 利润表【报表模板】窗口

(2)生成利润表模板,此时报表为【格式】状态。在 A3【编制单位:】单元格录入"城科童飞制造有限公司"。将报表从【格式】状态切换到【数据】状态,执行【数据】【关键字】【录入关键字】命令,打开【录入关键字】窗口,录入"2020 年 1 月 31 日",单击【确认】按钮,系统提示"是否重算第 1 页?"单击【是】按钮,系统自动计算利润表各项目数据,操作结果如图 7-24 所示。单击【保存】按钮,将利润表命名,保存。

利润表

编制单位:城科童飞制造有限公司　　　　2020 年　　　1 月　　　　　　单位:元

项　　　目	行数	本期金额	上期金额
一、营业收入	1	11 937 800.00	
减:营业成本	2	7 332 669.60	
营业税金及附加	3	70 280.53	
销售费用	4	554 771.50	
管理费用	5	329 098.50	
财务费用	6	2 083.33	
资产减值损失	7		
加:公允价值变动收益(损失以"-"号填列)	8	-15 000.00	
投资收益(损失以"-"号填列)	9	-112.50	
其中:对联营企业和合营企业的投资收益	10		
二、营业利润(亏损以"-"号填列)	11	3 633 784.04	
加:营业外收入	12		
减:营业外支出	13		
其中:非流动资产处置损失	14		
三、利润总额(亏损总额以"-"号填列)	15	3 633 784.04	
减:所得税费用	16	908 446.01	
四、净利润(净亏损以"-"号填列)	17	2 725 338.03	
五、每股收益:	18		
(一)基本每股收益	19		
(二)稀释每股收益	20		

图 7-24 【利润表】窗口

(3)单击【保存】按钮,将利润表以"利润表.rep"命名,保存到"我的文档"里,操作结果如图 7-25 所示。

图 7-25　利润表【另存为】窗口

第三节　财务报表初步分析

一、偿债能力指标分析

【业务描述】

2020 年 1 月 31 日，"002 钱坤"对企业偿债能力指标进行分析。偿债能力指标如表 7-1 所示。

表 7-1　偿债能力指标

偿债能力	指　标	公　式	说　明
长期偿债能力	资产负债率	负债总额/资产总额	反映企业资产对债权人权益的保障程度
	产权比率	负债总额/所有者权益总额	反映企业所有者权益对债权人权益的保障程度
	利息保障倍数	息税前利润/利息支出	反映了获利能力对债务偿付的保障程度
短期偿债能力	流动比率	流动资产/流动负债	表明企业每一元流动负债有多少流动资产作为偿还保证
	速动比率	速动资产/流动负债（速动资产＝流动资产－存货）	一般情况下，速动比率越高，说明企业偿还流动负债的能力越强

【岗位说明】

"002 钱坤"计算相关偿债能力指标，并分析。

【操作指导】

（1）流动比率：一般情况下，流动比率越高，说明企业短期偿债能力越强。国际上通常认为，流动比率的下限为 100%，而流动比率等于 200% 时较为适当。流动比率过低，表明企业可能难以按期偿还债务；流动比率过高，表明企业流动资产占用较多，会影响资金的使用效率和企业的筹资成本，进而影响获利能力。

(2) 速动比率：一般情况下，速动比率越高，说明企业偿还流动负债的能力越强。国际上通常认为，速动比率等于100%时较为适当。速动比率小于100%，表明企业面临很大的偿债风险；速动比率大于100%，表明企业会因现金及应收账款占用过多而增加企业的机会成本。

(3) 资产负债率：一般情况下，资产负债率越小，说明企业长期偿债能力越强。保守的观点认为资产负债率不应高于50%，而国际上通常认为资产负债率等于60%时较为适当。对债权人来说，该指标越小越好，这样企业偿债越有保证；对企业所有者来说，该指标过小表明企业对财务杠杆利用不够。企业的经营决策者应当将偿债能力指标与获利能力指标结合起来分析。

(4) 产权比率：一般情况下，产权比率越低，说明企业长期偿债能力越强。产权比率与资产负债率对评价偿债能力的作用基本相同，两者的主要区别是：资产负债率侧重于分析债务偿付安全性的物质保障程度；产权比率则侧重于揭示财务结构的稳健程度以及自有资金对偿债风险的承受能力。

(5) 利息保障倍数：一般情况下，利息保障倍数(又称已获利息倍数)越高，说明企业长期偿债能力越强。国际上通常认为，该指标为3时较为适当，从长期来看至少应大于1。

二、营运能力指标分析

【业务描述】

2020年1月31日，【005 钱坤】对企业营运能力进行分析。营运能力指标如表7-2所示。

表7-2 营运能力指标

营运能力指标		公 式	说 明
营运能力	存货周转率	销货成本/存货平均余额	反映企业销售能力和流动资产流动性的一个指标，也是衡量企业生产经营各个环节中存货运营效率的一个综合性指标
	应收账款周转率	赊销收入净额/应收账款平均余额	反映应收账款周转速度的指标
	流动资产周转率	销售收入/流动资产的平均占用额	反映企业流动资产周转速度的指标
	固定资产周转率	销售收入/固定资产平均净值	反映企业固定资产周转情况，从而衡量固定资产利用效率的一项指标
	总资产周转率	销售收入净额/平均资产总额	这一比率可用来分析企业全部资产的使用效率

【岗位说明】

"002 钱坤"计算相关营运能力指标，并分析。

【操作指导】

(1) 存货周转率：在一般情况下，存货周转率越高越好。在存货平均水平一定的条件下，存货周转率越高，表明企业的销货成本数额增多，产品销售的数量增长，企业的销售能力加强。

（2）应收账款周转率：在一定时期内应收账款周转的次数越多，表明应收账款回收速度越快，企业管理工作的效率越高。这不仅有利于企业及时收回贷款，减少或避免发生坏账损失的可能性，而且有利于提高企业资产的流动性，提高企业短期债务的偿还能力。

（3）流动资产周转率：在一定时期内，流动资产周转次数越多，表明以相同的流动资产完成的周转额越多，流动资产利用的效果越好。流动资产周转率用周转天数表示时，周转一次所需要的天数越少，表明流动资产在经历生产和销售各阶段时占用的时间越短，周转越快。生产经营任何一个环节上的工作得到改善，都会反映到周转天数的缩短上来。

（4）固定资产周转率：固定资产周转率高，表明企业固定资产利用充分，同时也能表明企业固定资产投资得当，固定资产结构合理，能够充分发挥效率；反之，如果固定资产周转率不高，则表明固定资产使用效率不高，提供的生产成果不多，企业的营运能力不强。

（5）总资产周转率：如果这个比率较低，则说明企业利用全部资产进行经营的效率较差，最终会影响企业的获得能力。这样，企业就应该采取措施提高各项资产的利用程度从而提高销售收入或处理多余资产。

三、盈利能力指标分析

【业务描述】

2020年1月31日，"002钱坤"对企业盈利能力进行分析，如表7-3所示。

表7-3 盈利能力指标

盈利能力指标		公　　式	说　　明
盈利能力	净资产收益率	（净利润/平均净资产）×100% 平均净资产＝（所有者权益年初数＋所有者权益年末数）/2	是企业一定时期净利润与平均净资产的比率，反映了企业自有资金的投资收益水平
	销售毛利率	[（销售收入－销售成本）/销售收入]×100%	分析企业经营业务的获利水平
	总资产报酬率	（息税前利润总额/平均资产总额）×100% 息税前利润总额＝利润总额＋利息支出	是企业一定时期内获得的报酬总额与平均资产总额的比率，反映企业资产的综合利用效果。

【岗位说明】

"002钱坤"计算相关盈利能力指标，并分析。

【操作指导】

（1）净资产收益率：一般认为，净资产收益率越高，企业自有资本获取收益的能力越强，运营效益越好，对企业投资人、债权人利益的保证程度越高。

(2) 销售毛利率：销售毛利率越高，表明企业市场竞争力越强，发展潜力越大，盈利能力越强。

(3) 总资产报酬率：一般情况下，总资产报酬率越高，表明企业的资产利用效益越好，整个企业盈利能力越强。

四、发展能力指标分析

【业务描述】

2020年1月31日，"002钱坤"对企业盈利能力进行分析，如表7-4所示。

表7-4 发展能力指标

发展能力指标		公　　式	说　　明
发展能力	资本保值增值率	本年末所有者权益总额/年初所有者权益总额	反映企业当年资本在企业自身努力下实际增减变动的情况
	总资产增长率	本年总资产增长额/年初资产总额 本年总资产增长额＝年末资产总额－年初资产总额	反映企业本期资产规模的增长情况
	资本积累率	企业本年所有者权益增长额/年初所有者权益 本年所有者权益增长额＝年末所有者权益总额－年初所有者权益总额	反映企业当年资本的积累能力

【岗位说明】

"002钱坤"计算相关发展能力指标，并分析。

【操作指导】

(1) 资本保值增值率：一般认为，资本保值增值率越高，表明企业的资本保全状况越好，所有者权益增长越快，债权人的债务越有保障。该指标通常应当大于100%。

(2) 总资产增长率：总资产增长率越高，表明企业一定时期内资产经营规模扩张的速度越快。但在分析时，需要关注资产规模扩张的质和量的关系，以及企业的后续发展能力，避免盲目扩张。

(3) 资本积累率：资本积累率越高，表明企业的资本积累越多，应对风险、持续发展的能力越强。

实训 & 附录

课后练习

课后练习业务见附录C：2月日常经济业务原始凭证(扫描二维码)。

实训须知

实训时间安排、所需材料详情见附录D：实训须知(扫描二维码)。

附录

附录A：企业基本的财务信息

附录B：1月日常经济业务原始凭证

附录C：2月日常经济业务原始凭证

附录D：实训须知

教师服务

感谢您选用清华大学出版社的教材！为了更好地服务教学，我们为授课教师提供本书的教学辅助资源，以及本学科重点教材信息。请您扫码获取。

▶▶ 教辅获取

本书教辅资源，授课教师扫码获取

▶▶ 样书赠送

会计学类重点教材，教师扫码获取样书

 清华大学出版社

E-mail：tupfuwu@163.com
电话：010-83470332 / 83470142
地址：北京市海淀区双清路学研大厦 B 座 509
网址：https://www.tup.com.cn/
传真：8610-83470107
邮编：100084